| 光明社科文库 |

残疾人保障与社保基金管理：
理论、实践与案例

包学雄 等◎著

光明日报出版社

图书在版编目（CIP）数据

残疾人保障与社保基金管理：理论、实践与案例 / 包学雄等著. -- 北京：光明日报出版社，2022.12

ISBN 978-7-5194-7054-8

Ⅰ.①残… Ⅱ.①包… Ⅲ.①残疾人—社会保障—研究—中国②社会保障基金—基金管理—研究—中国 Ⅳ.①D669.69②D632.1

中国版本图书馆 CIP 数据核字（2022）第 251518 号

残疾人保障与社保基金管理：理论、实践与案例

CANJIREN BAOZHANG YU SHEBAO JIJIN GUANLI：LILUN SHIJIAN YU ANLI

著　　者：包学雄　等

责任编辑：郭玫君　　责任校对：李海慧

封面设计：中联华文　　责任印制：曹　净

出版发行：光明日报出版社

地　　址：北京市西城区永安路 106 号，100050

电　　话：010-63169890（咨询），010-63131930（邮购）

传　　真：010-63131930

网　　址：http://book.gmw.cn

E - mail：gmrbcbs@gmw.cn

法律顾问：北京市兰台律师事务所龚柳方律师

印　　刷：三河市华东印刷有限公司

装　　订：三河市华东印刷有限公司

本书如有破损、缺页、装订错误，请与本社联系调换，电话：010-63131930

开　　本：170mm×240mm

字　　数：287 千字　　印　　张：14.5

版　　次：2023 年 2 月第 1 版　　印　　次：2023 年 2 月第 1 次印刷

书　　号：ISBN 978-7-5194-7054-8

定　　价：95.00 元

前言

从1883年德国建立现代意义上的社会保障制度算起，社会保障制度至今有近140年的历史。社会保障制度是国家依法建立的一种抵御社会风险和保障国民基本生活的制度安排和服务体系，它包括社会保险、社会福利、社会救助等子系统。社会保障事关全体社会成员的切身利益，一方面有利于保证政府公共政策得到贯彻实施，事关社会和谐稳定；另一方面有利于为社会成员抵御社会风险提供经济保障，使老有所终、壮有所用、幼有所长、病有所医。

改革开放之前，尽管我国残疾人社会保障事业有了近30年的发展历史，但基础薄弱，针对残疾人的公共政策比较零散，残疾人社会保障事业处在比较低的起点上。改革开放之后，我国经济社会发生了巨大的变化，残疾人事业进入新发展阶段。1987年完成了首次全国残疾人抽样调查，1990年12月第七届全国人大常委会第十七次会议通过了《中华人民共和国残疾人保障法》，并于1991年5月15日实施。2008年4月第十一全国人大常委会第二次会议对该法进行了修订。自中共中央、国务院［2008］7号文《中共中央、国务院关于促进残疾人事业发展的意见》发布后，建设残疾人社会保障和社会服务两个体系，已经成为各级党委、政府和残联的一项重要工作。自2008年以来，我国残疾人社会保障制度取得了长足进步，但仍然存在一些困难。党的二十大报告提出“健全社会保障体系”，同时提出，“促进残疾人事业全面发展。”因此，针对如何健全社会保障体系与促进残疾人事业发展开展理论研究，具有重要的理论意义与现实意义。

在残疾人社会保障体系中，残疾人教育保障与就业保障处于十分重要的地位。残疾人教育包括普通教育和特殊教育。凡是具有接受普通教育能力的残疾人，应尽量由普通教育机构对其实施教育，这样既节省公共财政预算支出，又便于残疾人与社会融合，这是国内外普遍提倡的做法。我国残疾人普通教育跟普通教育一样，其主要目的是培养一大批有理想、有道德、有文化、遵纪守法的文明公民。如果普通教育系统的设施不适合某些残疾儿童，这些儿童应在特殊学校就读。正规教育班的教学如果不能满足某些残疾人的需求时，有必要开办特别班或训练中心。特殊教育的目的是对残疾程度较深的盲、聋、智障等类别的残疾人给予特殊帮助，使他们克服生理缺陷带来的困难，提高文化科学知识水平，掌握劳动技能，成为文明公民。残疾人教育是一种人力资本投资，可以在一定程度上恢复残疾人失去的机体和社会的功能，发挥他们的潜能，从而有助于他们融入社会生活。通过教育，可以培养残疾人成为物质财富和精神财富的创造者，成为我国社会主义现代化建设的推动力量。因此，发展残疾人教育对残疾人本身发展，对促进残疾人就业及社会发展都具有重大意义。

残疾人保障还包括残疾人的就业保障。促进残疾人就业有利于充分开发人力资源。妥善解决残疾人的就业问题，是保障残疾人公民基本权利的基础。生存权、劳动权是公民的基本权利，残疾人作为社会平等的成员，毫无疑义地拥有这些基本权利。妥善解决残疾人的就业问题，有利于从根本上改善残疾人自身的生活状况，提高他们的社会地位，真正实现平等参与社会生活、共享社会物质文化成果的目标，有利于促进社会和谐。

本书第一章至第四章对残疾人社会保障问题从理论与实践相结合的角度展开了讨论，并提出了相应的政策建议。同时，我国残疾人社会保障事业的发展，与助残社会组织的发展有着十分密切的关系。本书针对助残社会组织的发展困境，提出了破解之策。

在社会保障制度中，社会保障基金是重要的物质基础。在社会保障管理中，为克服市场机制的缺陷、维护社会保障基金市场运行的秩序、改善社会保障基金运营机构安全性，需要有政府及其他公共部门干预，完善社会保障基金监督与管理体系。本书第五章与第六章对社会保障基金及基金监管问题进行了研究。

近年来，我国公共管理专业硕士（MPA）教学改革不断深化，案例分析已经成为提高 MPA 研究生素质的重要手段之一。全国公共管理专业学位研究生教育指导委员会已经成功举办五届中国研究生公共管理案例大赛，目前正举办第六届大赛，包括名校在内的具有 MPA 培养资格的高等学校几乎都积极参与其中，案例大赛的影响越来越大。为配合学科建设，本书第七章纳入了新案例，对残疾儿童教育保障进行了案例分析。

本书共分为七章。第一章研究残疾人的教育保障问题。以广西壮族自治区南宁市为例，对残疾人融合教育的发展困境及其成因进行了探讨。第二章研究残疾人的就业保障问题，分别对残疾人按比例就业制度与残疾人灵活就业制度进行了探讨。第三章研究残疾人就业援助服务问题。该章选取了民族地区作为研究对象，采用实地访谈、问卷调查等研究方法，提出了改进残疾人就业援助服务供给的新方案。第四章研究助残社会组织发展问题。以南宁市为例，分析了助残社会组织发展面临的困境，并提出了破解之策。第五章研究社会保障基金监督与管理问题之一——城镇职工大病统筹基金的监管问题，提出了政策建议。第六章研究社会保障基金监督与管理问题之二——临时救助及其标准问题，提出了新方案。第七章从残疾儿童的教育保障角度，根据实例，分析了自闭症儿童特殊教育的发展困境。

本书作者通过实地调研，取得了较丰富的材料。在此基础上，运用公共管理、经济学、社会学等多学科理论构建分析框架，将理论与实践结合起来，在理论与方法上均有所创新。本书部分章节论述的问题虽然主要面向民族地区的残疾人社会保障及社会保障基金监督与管理方面，但有些问题却是全国甚至是在世界范围内存在的，具有共性，因此，论述的范围并不限于我国民族地区。

本书可供高校本科生、硕士生、博士生、相关科研人员及人力资源与社会保障工作者参考。

包学雄

2022 年 10 月 26 日于南宁市相思湖畔

目 录
CONTENTS

第一章

义务教育阶段残疾人融合教育的发展困境及对策分析：以南宁市为例

第一节　研究背景

一、历史背景

残疾人教育是指对视力、听力、言语、智力、肢体有残疾的人实施的教育。它包括普通教育与特殊教育。残疾人教育事业的产生与发展是人类社会文明进步的必然规律，是世界各国教育体系不断完善的重要组成部分。

20 世纪 80 年代，融合教育思想在后现代主义思潮与西方民权运动的推动下产生①，随后被许多西方发达国家广泛应用于特殊教育，1994 年西班牙《萨拉曼卡宣言》和《特殊需要教育行动纲领》正式确立融合教育目标，它提倡“学校应该接纳所有的儿童，而不考虑其身体的、智力的、社会的、情感的、语言的或其他任何条件”。融合教育的倡导者们呼吁特殊教育与普通教育重新组合、融为一体，并倾向于让学生在普通教室而非抽出（pull-out）在普通教室外接受教育与服务。融合教育思想呼吁彻底告别隔离的、等级制教育体系的影响。在此之后融合教育就成为特殊教育重要的话题，也逐渐地成了全国教育的发展目标。在融合教育理念的渗透及影响下，残疾学生得以进入普通学校接受教育，打破了“隔离但平等”的双轨制教育体系，改变了主流社会对残疾人的偏见，让残疾人更好地回归到主流社会中。融合教育思想成为判断残疾人是否获得公平教育权的重要标志。

二、现实背景

近年来，随着我国教育水平的提高，残疾人融合教育已不再是西方国家独

---

① 周丹，王雁，胡玉君．二十一世纪以来国际融合教育教师研究热点——基于科学知识图谱的可视化分析［J］．中国特殊教育，2017（12）：11.

有的话语，其在我国正以“随班就读”的形式散发着独特魅力。根据教育部《2018 年全国教育事业发展统计公报》数据显示，2018 年，我国随班就读在校生为 32.91 万人，占特殊教育在校生的比例为 49.41%。① 当前，我国残疾人融合教育体系正在形成之中，融合教育的基础虽已基本奠定，但目前主要实施于学前教育阶段，义务教育阶段的融合教育还处于发展起步阶段，相关的研究成果也十分有限。而义务教育阶段是一个人成长成才的关键时期，是提升国民素质、建设教育强国、实现中华民族伟大复兴的重大奠基性工程②。研究义务教育阶段残疾人融合教育的发展状况不仅对于完善我国现有的残疾人特殊教育体系具有十分重大的现实意义，并且还获得了国家相关法律政策的大力支持。早在 1986 年 4 月 12 日第六届全国人民代表大会第四次会议通过的《中华人民共和国义务教育法》就提到要保障残疾的适龄儿童、少年接受义务教育，这也是我国首次将《宪法》中残疾人受教育的权利在普通法律中具体规定。1990 年 12 月 28 日第七届全国人民代表大会常务委员会第十七次会议上通过的《中华人民共和国残疾人保障法》中提到，国家保障残疾人享有平等接受教育的权利。各级人民政府对接受义务教育的残疾学生、贫困残疾人家庭的学生提供免费教科书，并给予寄宿生活费等费用补助。伴随着第二次全国特殊教育工作会议的召开，以国家加快法制进程建设为契机，1994 年我国《残疾人教育条例》颁布。这是我国第一部有关残疾人教育的行政法规，它强调了国家保障残疾人平等接受教育的义务，规定了实施特殊教育学校接收残疾人入学的基本要求，明确了政府、社会、学校在残疾人受教育过程中的相关责任，对残疾人入学、就学等制度予以初步规定。《残疾人保障法》《残疾人教育条例》对保障残疾人受教育权利的实现，推进残疾人教育事业的发展起到了积极作用。2016 年，国务院出台的《“十三五”加快残疾人小康进程规划纲要》指出，为家庭经济困难的残疾儿童、青少年提供包括义务教育、高中阶段教育在内的 12 年免费教育。2017 年，教育部等七部门出台《第二期特殊教育提升计划（2017—2020 年）》，指出到 2020 年，各级各类特殊教育普及水平全面提高，残疾儿童少年义务教育入学率达到 95%以上，普通学校随班就读质量整体提高。

南宁市作为民族地区，当地残疾人数量在全国城市排名中相对靠前，以南宁市为例，探索义务教育阶段残疾人融合教育的发展困境及对策十分具有代表

---

① 2018 年全国教育事业发展基本情况年度发布——中国教育在线，https：//www.eol.cn/yidong/ydsjxx/201902/t20190226_ 1646186.shtml？source=yidong.

② 宋乃庆，罗士琰，王晓杰．义务教育改革与发展 40 年的中国模式［J］．南京社会科学，2018（9）：25.

性。一方面该研究可以推动我国现有的残疾人教育体系的完善，另一方面也可以为其他民族地区提供借鉴与指导经验。为贯彻落实国家相关政策及精神，南宁市在2014年出台了《南宁市特殊教育提升计划（2014—2016年）实施方案》，并指出要不断提升特殊教育发展水平，切实保障残疾人受教育权利，全面推进全纳教育。这一政策的出台在一定程度上促进了南宁市残疾人融合教育事业的发展，但在实际运行的过程中也遭遇一系列问题，如部分人士对融合教育存在认识偏见，认为将残疾学生与健全学生一并纳入普通班级中学习会影响正常的课堂教学水平，不利于健全学生的学习；国家及地方政府虽有政策出台，但仅限于宏观的顶层设计，缺乏具体的实施标准；学校在基础设施建设、教育资源配置上也倾向于普通学生，很少考虑到残疾学生的需求；家庭及社会的支持力度也远远不够。这些问题的存在也时刻提醒着我们，残疾人融合教育的发展及完善仍有很长的一段路要走。

第二节 文献综述

一、国外文献综述

融合教育理念是在“回归主流”运动的基础上发展起来的。20世纪50年代以来，由于受到北欧“正常化”运动的影响，美国等发达国家特殊教育界开始主张改变以往将残疾儿童集中到特殊学校隔离的传统教育方式，让那些特殊的儿童可以“回归主流”，与普通儿童一起接受教育。1975年美国颁布的《教育所有残障儿童法案》将回归主流运动的思想通过法律的形式确定了下来。①回归主流的教育思想虽然在立法上取得了巨大的成功但是在实施的过程中效果却不能令人满意。回归主流并没有改变原有的隔离的特殊教育体制，传统的特殊教育官僚的、低效率的结构并没有从根本上改变，公平的教育目标依然没有实现。这一结果激起了众多人士的不满。在对回归主流思想批判的基础上，20世纪80年代，基于机会均等的社会基础而提出的融合教育思想在西方国家逐渐兴起。它倡导“零拒绝”的哲学，提出采用普通教育与特殊教育相结合的教育形式，使所有不同类型的儿童进入普通学校学习和生活，目的是让残疾人回归

① 于松海．美国《障碍者教育法》的演进及其特殊教育理念［J］．辽宁师范大学学报（社会科学版），2008（4）：78-80.

到普通校园中，共享人类文明成果。融合教育思想成为继“回归主流”教育理念后被广泛应用的全新教育理论，被诸多西方发达国家广泛应用于特殊教育中，并不断加以完善。

（一）对融合教育的概念研究

1994年，西班牙萨拉曼卡召开了“世界特殊教育需要大会”，大会通过了《萨拉曼卡宣言》和《特殊需要教育行动纲领》，并对“融合教育”的内涵进行了阐释：“每一个儿童都有独一无二的个人特点、兴趣、能力和学习需要。教育系统的设计和教育方案的实施应充分考虑到这些特点与需要的广泛差异性。有特殊教育需要的儿童必须有机会进入普通学校，这些学校应该将在以儿童为中心的教育活动中满足他们的需要。实施融合教育方针的普通学校，是反对歧视、创造欢迎残疾人的社区、建立融合型社会和实现人人受教育的最有效途径。”①

美国“教育重组与融合国家中心”对融合教育的定义则强调对特殊儿童的特殊化的教育：“融合教育是对残疾学生的服务。所谓残疾学生包括：那些重度伤残的学生，在边缘学校的学生，在适龄基础教育课堂中那些需要支持性服务和补充帮助才能在各方面（学业上、行为上和社交上）获得成功的残疾学生。融合教育就是要帮助残疾学生准备好完全的参与社会并能够对社会有所贡献。”

此外，另外一个阐述融合教育内涵的关键国际官方文件是UNESCO在2005年出版的《融合教育指南》。② 在该指南中提到应该将融合看作是积极回应学生多样性的动态过程，并且不将个体差异看成是问题，而是看成增进学习的机会。UNESCO描述一个全面广泛的定义：“融合教育是通过增加学习、文化与社区的参与，减少教育系统的排斥，关注并满足所有学习者多样化需求的过程。全纳教育以覆盖所有适龄儿童为共识，以常规系统负责教育所有儿童为信念，它涉及教育内容、教育途径、教育结构与教育战略的变革与调整。”融合教育有四个关键的要素：（1）融合是一个过程；（2）融合涉及鉴别与消除障碍；（3）融合意味着所有学生的到场、参与和成功；（4）融合意味着对那些被边缘化、被排斥、低成就的学生特别的关注。

从以上这些官方文件对融合教育的定义上看，融合教育的含义是模糊不清的。《萨拉曼卡宣言》中的定义认为融合教育是面向所有儿童的，强调教育管理

---

① UNESCO. The Salamanca Statement and Framework for Action on Special Education [R]. Adapted by the World Conference Special Needs Education and Access and Quality, Salamanca, Spain, June, 1994.

② UNESCO. Guidelines for Inclusion: Ensuring Access to Education for All [M]. Paris: UNESCO, 2005.

方式、教学方式的全面改变，并期待通过建立融合学校增加残疾人士的社会参与和社会融合。《融合教育指南》中的定义也强调所有儿童的社会参与和教育领域的全面变革，并额外提到融合教育是一个渐进的过程。而美国"教育重组与融合国家中心"给出的定义却比较倾向于将融合教育定义为是主要针对特殊儿童的教育，需要对特殊儿童提供全方位的帮助为他们参与社会生活做准备。

除了官方文件上对融合教育的定义外，许多研究者也对融合教育的内涵进行了探讨。Ramsay（1993）认为融合教育能够容纳所有学生的需要、兴趣和经验，只要这是他们应该获得的服务。融合教育应该是更丰富、更多样和更能刺激学生的教育。这样的教育应该是一个更有益于学生学校后在平等的社区中生活，而且这不仅仅是针对现在安排中处于劣势的学生，而是针对所有学生而言。① Falvey 等人（1995）指出："融合教育是指全部接纳，通过一切手段为社区内每位儿童或民众提供接纳的权利与机会……融合学校的基本信念包括 ABC，即接纳、归属和社区感。融合强调如何支持每个儿童特别的禀赋和需要，努力使社区内的每个学生都感到被欢迎、安全及成功。"② Lipsky 和 Gartner（1996）认为融合学校的教育重组并不意味着修补特殊教育，也不意味着不断增加"回归主流"，或者是在独立的特殊教育计划中为学生提供部分融合的机会，而是为了让所有学生都能获得成功，应该对这种双重教育系统提出挑战。③ Duvdevany 等人（2002）认为融合包含两层含义：其一是残疾儿童在正常的环境（即普通学校）接受平等的、适当的教育；其二是残疾人对社区生活的平等、全面地参与，即社区融合。④ Opertti 等人（2009）认为融合教育不应孤立地被理解为只是为了某些特殊的群体。融合教育的重点不应该仅仅指向某些特定的群体，而应拓展为所有人提供有质量、友爱且多样的学习环境和机会。并且，融合教育的主要特征是理解、发现并消除在参与和学习过程中的障碍。融合教育意味着

---

① Ramsay, E. Foreword. In R. Slee (Ed.), Is there a Desk with My Name on It? The Politics of Integration [M]. London: Falmer Press, 1993: 8-9.

② Falvey, M. A., Givner, C. C., & Kimm, C. What is an Inclusive School. In R. A. Villa & J. S. Thousand (Eds), Creating an Inclusive School. US: Association for Supervision and Curriculum Development. 1995: 1-13.

③ Dorothy Kerzner Lipsky, Alan Gartner. Inclusion, School Restructuring, and the Remaking of American Society [J]. Harvard Educational Review, 1996, 44 (4): 762-796.

④ Duvdevany, I., Ben-Zur, H., & Ambar, A. Self-determination and Mental Retardation: Is there an Association with Living Arrangement and Lifestyle Satisfaction? [J]. Mental Retardation, 2002, 40 (5): 379-389.

从责备和惩罚学生的低成就到从文化、社会与教育等因素的多维视角考虑学习障碍。①

综上所述，国外对融合教育进行定义时继承了回归主流将特殊儿童安置在普通教室的主张，并且在哲学理念上完成了对回归主流的批判与超越。其认为残疾是文化和社会环境的产物，融合教育就是要彻底告别隔离的、等级制教育体系的影响，消除特殊儿童遭受社会排斥的障碍。西方融合教育者极力回避针对特殊儿童的“特殊性”，甚至他们的意识中隐藏着不去区别他们的愿望，主张每个儿童都有独特的兴趣与个性，在教学上应该是面对所有儿童，而不只是特殊儿童。总之，西方融合教育支持者认为所有儿童都能在普通教室里接受适合他们需要的教育，在自己所在的社区里接受优质的支持与服务；应彻底消灭残疾与正常儿童的差别以及特殊教育与普通教育之间的区别；建立平等、接纳、合作的社区与学校。

（二）对融合教育安置模式的研究

国外对融合教育模式的研究起源较早。1962 年，Reynolds 所提出的“特殊教育方案体制架构”认为最适当的安置即是最适应个别差异的安置，并提出了障碍程度分级（即轻者尽量统合，重者可以隔离）及进步情形（即有进展者尽量往下回归，情况恶化者可向上远置）。1970 年，Deno 就关于在普通学校如何安置特殊儿童的问题，提出根据学生的不同残疾类型与教育需要提供从最少限制的环境（普通班）到最多限制的环境（不具备教育性质的医院或其他养护性机构）的“瀑布式特殊教育服务体系”。② 这一体系尽可能地使特殊儿童从塔的底端向顶端移动，即从隔离的环境向主流环境过渡，以实现教育公平、社会公正的理想，体现了回归主流思想。特殊儿童通过一系列安置环境的变换，走向主流环境，使特殊教育与普通教育实现交融。另外，还有大量学者做了相关研究试验，探讨特殊儿童就读于普通班级的支持策略。如 Eaves 和 Ho（1997）对 76 名自闭症儿童的教育安置效果进行研究，发现年龄小、语言智商高的中高功能自闭症儿童安置于普通班级的可能性更大，而年龄较大、语言智力落后的低

① Renato Opertti，Jayne Brady，Leana Duncomba. Moving Forward：Inclusive Education as the Core of Education for All［J］. PROSPECTS：Quarterly Review of Comparative Education，September 2009，39（4）：205-214.

② Wyne，M. O.，Connor，P. D. Exceptional Children：A Developmental View［M］. Lexington，Mass：Health，1970：52.

功能自闭症儿童多就读于特殊教育学校或特殊班级中。① Aljunied 和 Frederickson（2011）研究发现，智商和心理理论水平越高的特殊儿童，所需要的特殊教育支持服务就越少，被安置于特殊教育机构或班级中的可能性越小。② White 等人（2007）对 101 名特殊儿童的个体特征与教育安置选择的关系进行了研究，发现从特殊班级转到普通班级的特殊儿童具有更好的语言技能。③

（三）对融合教育的影响因素及困境研究

国外对融合教育的影响因素及困境方面的研究较为有限。Idol 等人（1993）从融合教育学校课堂教学的角度指出有效的融合教育要素包括课堂管理、学校支持性的氛围、学生自身能力、课程难易程度、校长管理能力、教师专业化及教学能力、学校教学材料等，它们是融合教育成败的关键因素。④ Malmin（1999）的研究指出，教师间的合作、学校管理者的观念与方法、相关专业人士的支持是高质量融合教育必不可少的因素。⑤

二、国内文献综述

在我国，随班就读是融合教育的主要实践模式。其教育对象是情绪障碍、有一定语言能力和听力、轻度智力残疾、轻度肢体残疾、低视力、学习困难和学习障碍、言语语言功能障碍的八类特殊儿童。而目前在基础教育阶段，就读于普通小学最多的特殊儿童主要有三种类型：轻度视力残疾、轻度肢体残疾和轻度听力残疾。由于我国融合教育起步较晚，所以较西方而言，相关研究数量较少，理论基础薄弱。截至 2019 年上半年，以“残疾人融合教育”为关键词在相关数据库进行搜索，发现与残疾人融合教育相关的期刊论文约 74 篇、硕博论

---

① Eaves, L. C., Ho, H. H. School Pacement and Academic Achievement in Children with Autistic Spectrum Disorders ［J］. Journal of Developmental and Physical Disabilities, 1997, 9 (4): 277-289.

② Aljunied, M., Frederickson, N. Cognitive Indicators of Different Levels of Special Educational Support Needs in Autism ［J］. Research in Autism Spectrum Disorders, 2011, 5 (1): 368-376.

③ White, S. W., Scahill, L., Klein, A., Koenig, K., et al. Educational Placements and Service Use Patterns of Individuals with Autism Spectrum Disorders ［J］. Journal of Autism and Developmental Disorders, 2007, 37 (8): 1403-1412.

④ Idol, L., West, J. F. Effective Instructionof Difficult Toteach Students: An In—service andpre—service Professional Development Program for Classroom, Remedial and Special Education Teacher. Austin, Tex: Proed, 1993: 3-9.

⑤ Malmin, N. Despite Best Intentions: When Inclusion Fails ［J］. The Journal of Special Education, 1999, 33 (1): 36-49.

文共7篇。以“义务教育”“融合教育”为关键词在相关数据库进行搜索，相关文献数量更少，仅有1篇期刊论文，1篇硕士论文。以上研究数量可以看出，国内义务教育阶段残疾人融合教育的发展还有很大的空间，其研究的必要性值得重视。关于融合教育的理论研究，到目前还没有比较完整的研究体系，更多的研究体现在对融合教育理论的阐述。归纳起来，主要研究表现在这样几个方面：

（一）对融合教育含义的研究

随着社会的发展，融合教育逐渐得到了大多数教育研究者的认可。学者雷江华（2012）指出融合教育作为一种教育思潮正在席卷全球，推动世界各国的教育改革，是特殊教育领域发展的必然趋势。① 由于不同学者对融合教育寄予了不同的期待，因此在对融合教育进行概念界定时，其观点也存在着显著差异。学者郭福荣（1994）认为，融合教育是指教育应当满足所有儿童的需要，每一所普通学校都必须接受服务区域内的所有儿童入学，并为这些儿童都能受到自身所需要的教育提供条件。② 学者黄志成（2001）则认为融合教育是一种全新的教育理念和持续的过程，“它接纳所有学生，反对歧视排斥，促进积极参与，注重集体合作，满足不同需求，建立全纳社会”。③ 学者李义胜和蔡骏（2003）提出融合教育是“一种集特殊教育和普通教育优势于一身的教育”。④ 另外，学者葛新斌（2016）对融合教育与全纳教育的含义进行了界定与区分。他提出“融合教育”起源于特殊教育领域，是特殊教育发展过程中的一个阶段性概念；而“全纳教育”起源于全民教育，其涵盖的范围包括特殊教育在内的整个教育体系。⑤ 由此可见，关于融合教育的含义不同学者虽有不同的看法，但都渗透着人文主义的精神，都力求使特殊儿童与正常儿童共同、平等地享受教育。

（二）对融合教育理念的研究

在对融合教育理念的相关研究中，学者丁勇（2007）最先发表相关看法。他对融合教育的理念抱有肯定的态度，认为融合教育是21世纪教育发展界的前沿趋势之一，必须得到国家的倡导和支持。⑥ 此外，学者邓猛的贡献也较为显

---

① 雷江华．融合教育导论［M］．北京：北京大学出版社，2012：1.

② 郭福荣．关于世界特殊教育大会的报告［J］．特殊教育研究，1994（3）：2.

③ 黄志成．试论全纳教育的价值取向［J］．外国教育研究，2001（6）：17-22.

④ 李义胜，蔡骏．全纳教育：普通学校对特殊儿童的融合［J］．现代特殊教育，2003（5）：7-9.

⑤ 葛新斌，杨岩岩．“融合教育”与“全纳教育”意涵之辨析［J］．湖南师范大学教育科学学报，2016，15（4）：58-62.

⑥ 丁勇．全纳教育——当代教育发展的方向、内涵和启示［J］．外国教育研究，2007（8）：22-23.

著。2009年，邓猛在《融合教育的理论反思》一文中以客观的角度从融合教育的起源、理念、发展和实施进行了较为理性的思考。融合教育起源于美国，那时人们被理想主义的“乌托邦”影响着，其理念根源是文艺复兴时期人们追求平等、自由的美好愿望。书中在建构主义和后现实主义思潮的认识论基础上，将融合教育的哲学理论认识提升了一个高度，并总结出融合教育的真正理蕴和特征，即接纳不同、包容差异。考虑到我国的本土化特色，邓猛在对融合教育理念认识的基础上，提出了一种适用于我国国情的新型教育形式——随班就读。他指出随班就读可以理解成为满足我国国情需要的融合教育形式，融合教育强调的是对理论层面的探讨的认识，而随班就读侧重指的是实践上的实施。① 同年，邓猛在其著作《融合教育与随班就读：理想与现实之间》中还指出当前我国的随班就读尚处于发展和起步阶段，所以在理论层面的界定还不是很完善，对于回归主流、一体化思想以及融合教育的区分也不是很到位。② 而学者马红英、谭和平（2011）在《特殊教育需要学生的教育》一书中侧重于从全民教育、受教育权、回归主流、差异教学、零拒绝以及最少受限制环境六个方面来解释融合教育，并对融合教育的基本理念进行了详细阐述，同时根据当前我国融合教育实践的现状指出为提高融合质量，首先应该改造普通学校的环境。③ 可见，融合教育的核心宗旨是保障每一个人的受教育权利，不仅仅是特殊教育领域的责任和任务，还涉及了普通教育与特殊教育两个领域，普通教育有着不可推卸的责任来促进融合教育的发展。普通学校作为辟通教育实施的主战地，应当在课程、教学、管理、师资培训、辅助设施设备、支持服务等方面做出回应和变革，尽可能地促进融合教育公平的实现。

（三）对融合教育实施对策的研究

我国学者为了获得融合教育的实践经验，纷纷向国外发达国家如美国、日本等国的残疾人融合教育实践学习，结合中国本土化特色开展有针对性的融合教育。早在1987年，《中国盲童文学》编辑部主任徐白仑以西方“一体化”教育思想为依据，制定了“让特殊儿童在本村就近进入普通小学随班就读”的

① 邓猛．融合教育的理论反思［N］．中国社会科学报，2009-12-15（8）．

② 邓猛．融合教育与随班就读：理想与现实之间［M］．武汉：华中师范大学出版社，2009：228-273.

③ 马红英，谭和平．特殊教育需要学生的教育［M］．北京：北京大学出版社，2011：12-20.

《金钥匙盲童教育计划》，开启了我国融合教育实践的大门。① 邓猛教授（2007）在《随班就读与融合教育——中西方特殊教育模式的比较》一文中，提出可以在吸取西方发达国家融合教育实践经验的基础上，来开展我国本土化的融合教育，以提高融合教育的质量。还指出我国融合教育实施的首要任务即是将那些还没有进入普通学校的特殊儿童招收进来，并深入探讨了当前我国融合教育开展的模式。② 另有著名学者周念丽（2008）在对英国、美国和日本进行了比较研究，又对教育环境的创设和保教原则进行了阐述，产生了历时 8 年的学前融合教育实践研究的结晶——《学前融合教育的比较与实证研究》。该书通过理论比较与个案研究的方式提出了如何为学前特殊儿童量身定做集体与个别化的教育计划。③ 总之，经过了近 30 年的发展，我国融合教育取得了长足进步及较大发展，俨然已逐渐成为我国特殊儿童接受教育、融入社会的主流形式。

三、文献评述

通过梳理国内外相关文献，发现国外在融合教育的实践方面已经取得了长足发展，并形成了一系列安置特殊儿童的模式。当前我国融合教育的理论基础已经基本奠定，众多学者已将融合教育的理念明晰化地呈现出来，认为融合教育的基本理念就是教育公平。④ 同时，融合教育的体系正在形成之中，目前主要实施于学前教育阶段，并为学前儿童探索出了集体与个别化的教育计划这一教育方案。高等教育阶段也有学者进行了相关研究，并且取得了一定的研究成果。而义务教育阶段的融合教育却很少有人进行研究，现有的研究主要集中在我国的教育工作者对融合教育的态度研究这一方面，缺少理论及实践方面的研究，目前仍处于发展的起步阶段。特别是针对民族地区义务教育阶段的融合教育研究成果几乎为空白，不能给予当地教师充分的理论基础，提供相关实践教学经验和思考。因此，研究义务教育阶段这一领域的融合教育显得尤为必要。

---

① 邓猛．融合教育与随班就读：理想与现实之间［M］．武汉：华中师范大学出版社，2009：11.

② 邓猛．随班就读与融合教育——中西方特殊教育模式的比较［J］．华中师范大学学报，2007，46（4）：125-129.

③ 周念丽．学前融合教育的比较与实证研究［M］．上海：华东师范大学出版社，2008：1.

④ 雷江华．融合教育导论［M］．北京：北京大学出版社，2012：1.

第三节　残疾人义务教育阶段融合教育发展的历史演变

在西方，残疾人义务教育阶段融合教育发展的历史演变过程可以划分为三个阶段，即兴起阶段、争论阶段以及发展阶段。而在我国，通过对相关文献进行搜集与整理可以发现，我国残疾人义务教育阶段融合教育发展的历史演变过程也可以划分为三个阶段，即萌芽阶段、初步发展阶段及快速发展阶段。

一、萌芽阶段：新中国成立—20 世纪 80 年代中期

在新中国成立后至 20 世纪 80 年代中期，在党和政府的关心和照顾下，我国残疾人教育事业有了一定的进步和发展，基础教育得到了相应的改善，为我国残疾人融合教育的发展奠定了基础。在新中国成立之后，我国残疾人教育事业随之被纳入国家教育体系之中，并进入一个新的发展时期，成为国民教育的组成部分。其中，最显著的标志是 1951 年国家政务院颁布的《关于改革学制的决定》，其规定了“各级人民政府应设立聋、哑、盲等特殊学校，对生理有缺陷的儿童、青年和成人施以教育”。1953 年教育部设立盲聋哑教育处，1980 年改为特殊教育处，作为主管特殊儿童学前和义务教育的国家残疾人教育管理的职能部门。于是，全国一批批特殊学校建立起来（见表 1-1），从 1949 年时的 42 所盲聋学校，在校生 2000 人增至 1976 年时的 269 所，在校生 28500 人，再至 1985 年，特殊学校已经增至 350 所，在校生 41706 人，比 1949 年增长了近 20 倍。其中，1966 年至 1976 年期间，我国特殊教育的发展受到“文化大革命”的强烈冲击，许多特殊学校随之解散，特殊教育师资流失非常严重。“文化大革命”结束后，残疾人特殊教育重获发展，特殊学校数量也逐渐增多，对特殊教育的需求也在增加。随着改革开放政策的实行，我国政治、经济、文化事业得到迅速发展，教育事业也逐步提上发展日程。在国际教育发展的影响下，我国残疾人特殊教育事业也重新焕发生机。这一时期，我国残疾人义务教育虽处于隔离式的发展阶段，但是随班就读的个别案例却开始出现，如 20 世纪 50 年代四川大巴山地区就有残疾儿童进入普通小学就读的情况。残疾人融合教育的萌芽逐渐展露。

表 1-1 我国特殊教育学校和在校人数增长变化情况表

年份	特殊教育学校（所）	在校生人数（人）
1949	42	2000
1957	66	7538
1960	479	26701
1965	266	22850
1975	246	26782
1976	269	28500
1981	302	33497
1982	312	33673
1983	319	35700
1984	326	39684
1985	350	41706

资料来源：1949—1981 年数据出自《中国教育统计年鉴（1949—1981）》；1982—1985 年数据出自《中国残疾人事业年鉴（1949—1993）》。

二、初步发展阶段：20 世纪 80 年代中期—20 世纪末

20 世纪 80 年代中期至 20 世纪末，残疾人教育事业得到进一步发展。全国特殊教育学校从 1985 年的 350 所增至 2000 年的 1648 所，在校生从 41706 人增至 600000 人。残疾人特殊教育的发展也为我国残疾人融合教育的开展提供了良好的土壤。1985 年 5 月 27 日中共中央发布《关于教育体制改革的决定》。《决定》指出义务教育是依法律规定适龄儿童和青少年都必须接受，国家、社会、家庭必须予以保证的国民教育，为现代生产发展和现代生活所必需，是现代文明的一个标志。这一决定将残疾人也纳入义务教育的范畴。1986 年《中华人民共和国义务教育法》以国家立法的形式正式确立实施九年制义务教育，掀开了我国普及九年义务教育的新篇章，也为残疾人更好地享受九年义务教育提供了法律保障。1994 年“世界特殊教育需要大会”对“融合教育”理念进行了详细阐释，并在国际上产生了深远的影响。国内一些学者开始将残疾人教育研究的重点转向融合教育方向。这一时期，关于“融合教育”的研究成果涌现出来，从 1986 年到 2000 年国内相关的期刊文献共 8 篇。同时，从 1998 年到 2000 年三年时间里，残疾人在普通学校特教班及随班就读学生人数从 22.55 万人增至 23.93 万人，残疾人融合教育逐步发展起来。①

① 教育发展统计公报．中华人民共和国教育部政府门户网站，http：//www.moe.edu.cn/jyb_ sjzl/sjzl_ fztjgb/.

三、快速发展阶段：21 世纪初至今

随着国际教育民主化思潮的推动，融合教育理念更加深入人心，并且得到全世界特殊教育领域和普通教育领域的赞同，使得我国残疾人教育事业也得到快速的发展。进入 21 世纪以来，关于“融合教育”的研究成果日益增多，从 2001 年到 2019 年近 20 年的时间里，“融合教育”相关研究成果已从 8 篇增长至 990 篇，关于“残疾人融合教育”的研究成果达 81 篇。2008 年《残疾人权利公约》在我国生效，国内的残疾人权益保障工作与国际人权机制进一步联系起来。我国残疾人教育保障制度进入了国际化的发展道路。国家尊重和保障残疾人各项权益，承担保障义务，已是不可推卸的法律责任。2008 年《残疾人保障法》全面修订，它对残疾人的教育制度进行了专门规定，首次规定了“禁止基于残疾的歧视”原则，重申了残疾人受教育的权利，规定要求国家完善相应的福利制度，要求社会、家庭、学校承担保障义务，将“着重发展义务教育”改为了“保障义务教育”。修订后的《残疾人保障法》促使我国残疾人保障事业进入法治化、规范化的发展道路。在依法治国与依法治校的大背景下，残疾人教育法律制度进入了全面依法治理的阶段。2009 年，国务院转发教育部等部门《关于进一步加快特殊教育事业发展意见》，提出“全面提高残疾儿童少年义务教育普及水平，不断完善残疾人教育体系”，并且指出“城市和经济发达地区，适龄视力、听力、智力残疾儿童少年（以下简称三类残疾儿童少年）入学率要基本达到当地普通儿童少年水平；已经‘普九’的中西部农村地区，其三类残疾儿童少年入学率要逐年提高；未‘普九’地区要将残疾儿童少年义务教育作为普及九年义务教育的重要内容，三类残疾儿童少年入学率达到 70%左右；积极创造条件，以多种形式对重度肢体残疾、重度智力残疾、孤独症、脑瘫和多重残疾儿童少年等实施义务教育，保障儿童福利机构适龄残疾儿童少年接受义务教育”。①《意见》的出台以政策形式对不同地区残疾人义务教育阶段的入学率进行规定，这也给残疾人融合教育的发展提供了巨大的空间。2017 年，修订后的《残疾人教育条例》提出要“保障义务教育”，并且明确提出“残疾人教育应当提高教育质量，积极推进融合教育，根据残疾人的残疾类别和接受能力，采取

① 关于进一步加快特殊教育事业发展的意见．中华人民共和国教育部政府门户网站，http：//www. moe. edu. cn/jyb _ xxgk/moe _ 1777/moe _ 1778/201410/t20141021 _ 180368. Html.

普通教育方式或者特殊教育方式，优先采取普通教育方式”。① 这表明，残疾人不仅享有平等的受教育权利，而且享有与普通人一样在普通机构接受教育的权利，同时也明确了融合教育是未来特殊教育发展的趋势，需要我们进一步的推广实行。

第四节 南宁市义务教育阶段残疾人融合教育实施现状

当前，南宁市义务教育阶段残疾人融合教育工作正在逐步推进。经过多年的努力，南宁市残疾人受教育机会不断扩大，义务教育普及水平明显提高；财政投入大幅增长，办学条件得到改善；教师队伍建设也取得了一定成效。但同时，仍有很多不足需要多方共同参与并进一步完善。

一、政府层面的实施状况

政府对残疾学生义务教育阶段融合教育的支持主要体现在法律法规政策的制定和实施以及对残疾学生融合教育的经费投入等方面。通过对南宁市各中小学校调查发现，有将近一半以上的残疾学生对国家的法律法规和政策能否为其提供教育权利保障持不确定及怀疑态度。在对一些学生进行访谈时，仅有很小一部分学生了解国家对残疾人教育支持的有关法律法规和政策，而不了解者的人数较多。同时，也有学生们反映，自己有意愿了解这方面的内容但是却缺乏相关的了解途径。这种情况在一定程度上说明了当地政府在残疾人教育支持法律政策宣传及实施方面做得并不到位。

在经费投入方面，国家在“十二五”期间就专门制定了针对特殊教育的经费投入支持政策。同时规定，各级政府对残疾学生的经费拨款要高于普通学生。2014 年，教育部等七部委印发《特殊教育提升计划（2014-2016 年）》，指出“加大特殊教育经费的投入，向参与融合教育实践的教师在绩效中予以倾斜”。② 此外，国务院在 2018 年出台的《关于全面深化新时代教师队伍建设改革的意

① 残疾人教育条例．政府信息公开专栏，http：//www. gov. cn/zhengce/content/2017-02/23/content_ 5170264. Htm.

② 国务院新闻办公室门户网站．特殊教育提升计划（2014-2016 年）［EB/OL］．http：//www. scio. gov. cn/xwfbh/xwbfbh/wqfbh/2014/20140213/xgzc30389/DocnnKnt/1362835/1362835. Htm，2014-4-13.

见》中也提到绩效工资分配要向特殊教育教师倾斜。① 但在具体的执行过程中，情况却不尽如人意。调查发现，在南宁市普通中小学中，残疾学生很少有获得相关部门或组织提供的补助及帮助，在学校享受的待遇和普通学生无异。通过对部分老师进行访谈发现，参与融合教育的教师们很少领到特殊教师津贴，绩效倾斜也存在难以实现的局面。

二、学校层面的实施状况

残疾人义务教育阶段融合教育的开展离不开学校层面的各项支持，学校也是残疾学生接受义务教育的重要支持主体之一，是实施残疾人义务融合教育的主要场所，承担着培养人才的重要任务，并有着促进残疾学生身体机能康复、健康生活、顺利完成学业的重要职责。因此，学校层面的支持就显得尤为重要。通过对南宁市部分中小学走访调查发现，在安置形式上，南宁市严格遵循《残疾人教育条例》提出的“残疾人教育应积极推进融合教育，优先采取普通教育方式”的要求。随着残疾人教育改革的逐渐深入，南宁市残疾人教育安置形式也在不断地发生变化，呈现出从隔离到多元的阶段性特征。② 1986 年至 1992 年，南宁市残疾人义务教育安置形式以隔离式教育为主，随班就读为辅；1993 年至 2001 年则呈现出以随班就读为主、特教学校为骨干的逐步融合趋势；2002 年至 2011 年融合趋势总体稳定，隔离式特教学校呈减少趋势；2012 年至今融合趋势进一步加强。当前，南宁市中小学残疾学生融合教育的安置形式以随班就读为主。

在师资力量方面，调查发现，南宁市众多小学及中学特殊教育师资力量稀缺，很少配备专业的特殊教育教师。同时，学校对于有随班就读情况存在的班级教师也缺乏相应的职业培训，教师们特殊教育专业技能不足，特殊教育辅助技能欠缺，与残疾学生沟通、协调能力有待提高。这导致部分教师很难分析残疾学生身心特质上的差异，难以了解为了让残疾学生适应普通班级的学习需提供何种支持服务。事实上，在 2015 年我国颁布的《特殊教育教师专业标准（试行）》中就为我国残疾人教育教师的培养、准入、培训、考核等工作提供了重要依据。然而，在实际落实的过程中，南宁市很多中小学并未严格按照以上标

---

① 中华人民共和国教育部门户网站．关于全面深化新时代教师队伍建设改革的意见［EB/OL］．http：//www.moe.gov.cn/jyb_ xxgk/moe_ 1777/moe_ 1778/201801/t20180131_ 326144.Html，2018-1-20.

② 陈红，赵斌．我国残疾人教育发展趋势、挑战与对策——基于《残疾人教育条例》的思考［J］．现代特殊教育（高等教育研究），2017（8）：4.

准引进专业的特殊教育教师人才，也未对一些教师进行相关培训及考核，这也导致南宁市残疾人义务教育阶段融合教育的发展存在师资力量薄弱、质量不高等与《条例》要求不相符的情况。另外，随着融合教育趋势的日益推进，特殊教育的对象已从原来的感官障碍等显性障碍类型向发展性障碍等隐性障碍类型延展。近年来，在南宁市，一些重度残疾及自闭症少年儿童也得以进入普通高校学习。按照相关政策规定，学校需配备一定数量的康复及心理健康教师。但目前，由于我国整体特殊教育师资结构尚不完整，平均 1.8 所学校才拥有 1 名专职康复教师，4.9 所学校拥有 1 名专职心理健康教师，无法满足特殊儿童教育康复及教学需求，南宁市中小学康复教师及心理健康教师的配备状况也不理想，有些接纳残疾学生的学校甚至未配备康复教师及心理健康教师，只有在遇到紧急情况时才会求助相关康复机构及心理咨询机构。

在基础设施及无障碍设施建设方面，由于义务教育阶段残疾学生人数的逐年增加，如果学校的教学设施和生活设施没有相应的改变，残疾学生的学习和生活就会受到严重影响。从教育公平的角度来说，在学习和生活方面，对于低视力学生，学校需要提供明亮的教室和必需的视力辅助设备；对于全盲的学生更需要特殊的学习和生活辅助工具，对无障碍设施也有一定的要求，尤其是盲道、无障碍电梯等；对于肢体残疾学生，无障碍设施更加重要，教学楼、宿舍、餐厅、图书馆等场所都应具备无障碍通道或设施（如坡道或电梯等）；对于听障学生，由于他们生活在无声世界里，因此在校园内的教学楼、教室以及宿舍等各类场所应设置提示指示灯以及震动装置等，为他们的学习和生活提供方便。但在实际调查中却发现，在南宁市中小学中，残疾学生很难获得这样的辅助设备或器具，学校对无障碍建设的重视程度也较低，到目前为止，绝大多数中小学未能完全达到国家规定的无障碍建设标准。另外，学校为各类残障学生提供康复训练的场所更是不足，这使得学生不能积极参与到身体的康复训练活动中来。这导致残疾学生的受教育权利无法得到根本保障，部分残疾学生由于视力、听力及肢体等障碍，在学习及生活中面临重重困难。

在教育经费分配方面，国家规定，普通学校在籍的残疾儿童每年可获得 2 万元的教育经费支持，用于普通学校的无障碍设施、教具、体育设施等硬件建设，以改善普通学校开展融合教育的硬件条件。但通过调查发现，南宁市绝大多数中小学校关于教育经费的使用和分配几乎很少投入特殊学生教育设备的建设或辅助器材中，对特殊儿童的投入仅仅限于生活补助费而已。并且，残疾学生的特殊教育专项经费未与学校其他经费独立开来，管理方面也较为混乱，没有做到专款专用，特殊教育经费在用途方面存在模糊不清的状态。

在教学方式上，通过调查发现，由于南宁市融合教育以随班就读为主，因此在普通学校中教师们日常接触较多的也是普通学生，其教育教学实践活动也是以普通学生为主，积累的教育教学经验也同样适用于普通学生。同时，在开展课程时教学方法也过于传统化，绝大部分学科以讲授式为主，少部分学科加以 PPT 课件方式呈现。班级中是否存在特殊儿童，都不会影响教师原来的教学方式及教学进度。这种情况导致相当部分的随班就读演变为“随班混读”，学校只负责接收残疾学生，而残疾学生的学习状况、人际交往能力、社会实践能力能否得到提高却很少关注。这种教学方法未能考虑到残疾学生的特殊情况，容易导致残疾学生在融合教育的过程中由于跟不上正常的课程进度，影响学习成绩，进而产生消极自卑的心理，使自己成为班集体中的“局外人”，随之产生厌学心理。

三、家庭层面的支持情况

在特殊儿童少年的成长中，家长是最了解其生活习惯、脾气及性格的人，所以家长和家庭对特殊儿童少年融入普通学校起着至关重要的作用。通常家庭能够提供给残疾孩子最多的就是情感上的支持以及经济上的支持。通过对一些残疾孩子的家长进行交流，发现家庭成员通常在孩子与学校间充当沟通交流的重要桥梁，当残疾学生在校面临困难时，若家长主动与学校老师进行沟通交流，主动为孩子辅导功课，及时掌握孩子在校的表现，给予孩子强有力的情感支持，孩子则更容易融入普通班集体中。另外，通过对部分家长进行访谈，发现若家长重视残疾孩子的早期干预和康复训练，最大限度地开发其潜能，使其在康复的关键时期能够获得最大缺陷补偿，则能为其进入普通学校学习打下良好的基础。由此可见，家庭是残疾孩子情感、经济等方面的最大依靠和坚强后盾，对残疾学生更好地适应普通学校的生活有着至关重要的作用。因此，家庭这一支持主体构成了残疾人义务融合教育支持体系的一个不可或缺的角色。

四、社区层面的支持情况

残疾人家庭应是受到城市中社区居委会或农村村委会特别的关注，而残疾人在社区更是应受到关心、帮助和照顾的对象。对于残疾中小学生来说，社区的支持可以为其生活、学习等方面提供便利。通过走访调查南宁市中小学附近的一些居民小区，发现社区在帮助残疾人家庭中确实发挥了一定的作用。大多数社区都会详细登记残疾人家庭的相关信息，为残疾人家庭提供物质、经济等方面的援助。同时，社区也致力于营造尊重残疾人群体的和谐氛围，当期开展社区实践活动，使残疾人家庭也能参与其中，增加了残疾儿童少年与外界沟通交流的机会，锻炼其交际能力，使其步入学校时能够更好地与班级同学相处。但同时，调查也发现，很多社区在残疾人无障碍设施改造或建设中未能积极参与，社区无障碍环境建设较差。

五、残联的支持情况

非政府组织或其他社会团体、企业或个人等对残疾学生的支持往往表现在经费支持与相关物质支持等方面，通常在学校设立奖助学金或阶段性地提供实物捐赠，旨在对残疾学生提供经费和生活物品上的支持，使他们能够顺利完成学业。在我国，各级残疾人联合会早已被民众所熟知，已经成为一个半官半民的组织，是专门为残疾人提供支持与服务的机构，通常被残疾人看成是自己的组织、自己的依靠。南宁市残疾人联合会在义务教育阶段中小学生融合教育中也发挥了以上作用。但同时，从调查结果来看，南宁市残疾人联合会虽为一些残疾中小学生提供过经济或物质等支持，但并不是所有学生均能获得。其中，有些残疾学生很确切地表示接受过残联的援助，但从未接受过残联支持的学生更多。问其原因，很多人表示自己获取相关资助的信息渠道较为狭窄，不了解如何去申请相关救助。也有人表示，之前有过申请资助项目的经历，但往往申请程序较为烦琐，要求较为严苛，所以最终放弃了相关补助。这也反映了非政府组织对残疾学生的资助非常有限，且资助项目信息公开也不到位。另外，非政府组织或其他团体对残疾学生的支持还体现在提供志愿者服务方面。调查显示，真正获得过相关组织提供的志愿者服务的残疾中小学生人数极为有限，大部分残疾学生并未获得过任何志愿者服务。另外，通过对南宁市残疾人联合会工作人员进行交流，了解到残疾人联合会虽在残疾人教育、康复、就业、社会保障等各方面权利的政策制定中起到一定的作用，但其作为非政府组织，权威性有限，对于一些落实不到位的残疾人援助政策，残联很多时候也无能为力。

第五节 南宁市义务教育阶段残疾人融合教育实施困境

一、政府政策与经费支持力度不够

（一）政策法规强调原则性，缺乏问责机制

我国对残疾人义务教育立法以及对融合教育立法，相对于西方发达国家比较落后。到目前，我国尚无专门针对残疾人接受义务融合教育的专门立法。对于义务融合教育权利的条文，均分散在我国的宪法、教育法、残疾人保障法以及一些相关的法规文件当中。同时，现有的法律法规及政策在实施过程中，往往难以找到具体操作的条文和细则，而且在法律法规以及独立的政策文件中，难以找出对应的违背法律法规以及相关文件规定的处罚细则，更是查阅不到执行此项政策制度规定者被追责或问责的执行办法，尤其缺乏政府问责机制的建设。因此，地方政府在落实这些政策文件时就显得困难重重。这也导致南宁市一些中小学未按照相关政策规定为残疾中小学生提供教育援助、无障碍环境建设、配备特殊教育教师时，没有对应的处罚问责机制去改善这种情况。

（二）经费投入严重不足

南宁市政府对残疾人义务教育的投入近年来虽有所增加，但一直没有特殊的政策倾斜，经费投入力度远远不够，从而造成当地残疾人义务融合教育发展滞后。一方面，学校缺乏资金为残疾学生提供辅助工具、建设无障碍设施、打造良好的教学生活环境；另一方面，由于投入经费不足，有残疾学生存在的班级教师，其工资水平和其他普通班级教师的工资水平无异，缺乏薪酬激励机制，导致融合教育教师积极性不高；另外，对残疾学生教育经费投入不够也使得残疾中小学生在学校很少享受到格外照顾，很多花销都是以家庭支持为主。

二、学校管理规范性不强

（一）教学管理中对残疾学生的特殊性关注不够

学校能否适应和满足残疾学生的特殊学习需求直接关系到残疾学生能否顺利完成义务教育阶段的学业。依据《残疾人教育条例》，学校职能部门应为残疾学生提供特殊的帮助与服务。但调查中发现，南宁市很多中小学在对残疾学生生活和学习等方面的各项支持力度均不到位，支持体系尚不健全，教学管理中

对残疾学生的特殊性关注也不够。据访谈调查，残疾学生认为绝大多数授课教师很少考虑到各种残疾类型学生的实际情况，课堂教学中给予这些低视力、有残余听力、肢体残疾等学生的特殊教学，如课堂提问、辅导、提供课堂教学的参考资料和备课材料时仍然是以普通学生为主导，以完成教学任务为主要目的，很少照顾到残疾学生的感受。这种情况极易导致这些学生失去学习的积极性和自信心。同时，班级中有些普通学生对待残疾学生存在排斥的心理，态度十分不友好，从不与残疾学生交流。这也表明在学校融合教育课堂教学中，教师与同学对残疾学生的学习关心和支持很明显存在着诸多方面的不足。

（二）特殊教师人才匮乏培训不到位

义务教育阶段残疾学生学业质量保证的关键是教师。调查结果显示，南宁市很多中小学校中均没有特殊教育专业毕业的老师。师资结构单一，不能满足所有类别学生的需求，教师无法根据特殊学生的外显行为判断其内心的想法和意图，达不到因材施教的效果。另外，很多教师在就职期间，也没有经历过特殊教育专业培训，对特殊教育的特殊性以及专业知识和实践技能、康复技能的了解更是少之又少。调查得知，很多残疾学生表示其任课教师的教育教学不够称职，难以胜任，这一比例几乎占到总体的三成。这样不仅不利于学生的发展，更不利于提高教师自身的水平和技能，为学校发展提供强有力的保障。同时，我国高等师范院校中设置特殊教育专业的高校甚少，据统计，全国不到 10 所，且本科院校仅仅 15 所左右，年培养量不足 2000 人，培养特殊教育专业的硕士、博士则更少。① 这几年在我国政府对特殊教育的大力支持下，虽然已有多家高校的院系开办本专科特殊教育专业，但是总的招收规模还是相对较小。这也导致特殊教育教师资源匮乏，质量普遍较低，成为制约我国残疾人义务融合教育可持续发展的瓶颈。

（三）学校无障碍设施尚不完备

无障碍设施在残疾人日常生活中的作用至关重要。调查显示，南宁市中小学校针对特殊学生的安全设施或资源设备几乎是没有的。校领导和教师们都表示，至今还没有专门为特殊学生所设置的器材、教具或安全设施。现阶段，特殊学生数量与日俱增，为长远发展考虑，也为当下特殊学生自身利益考虑，学校应该将这一问题重视起来，为不同类型特殊学生建立起相应的辅助器材。教育部办公厅在 2016 年 1 月 20 日下发了《普通学校特殊教育资源教室建设指南》的通知，指南要求在普通学校（含幼儿园、普通中小学、中等职业学校）建设

---

① 马宇．教育支持研究的持续探索［M］．南京：江苏美术出版社，2012：82.

资源教室，以增强残疾学生终身学习和融入社会的能力。因此，资源教室的建设也是学校工作的当务之急。另外，针对视力残疾学生，很少有学校建有专用的盲道供其使用，课堂上发放的课本及作业也不是盲文形式；肢体残疾的学生，很多教学楼都未安装电梯等设备，其上下楼需要老师及同学们的协助……这种情况也对融合教育的顺利推进带来了诸多阻碍。

（四）学生参与各类实践活动的机会匮乏

学校在组织学生社团文化活动以及社会实践活动时，往往是从健全学生的角度出发，容易忽略残疾学生的平等参与。在对南宁市某些中小学校的调查中发现，除了少数轻度听力残疾学生（借助助听器可以听到他人讲话）参与了学校开展的社会实践活动，大多数残疾学生很少参加集体的社团文化活动、社会实践活动等。通过对一些残疾学生进行交流，发现他们并非不想参加实践活动，而是这些活动不适合他们。比如校运会，很多项目都是针对健全学生的，很少设置针对残疾学生的运动项目，使残疾学生无法参与其中。在这一点上学校缺乏从融合教育的角度出发，设计各类活动。另外，学校在对学生互帮互助、互相尊重的良好品质培养上做得也不够好。残疾学生表示，自己不参与社会实践活动还有一个原因就是其他健全学生不愿意和他们一起玩耍，认为他们会拖后腿。正是由于残疾学生身体特征的缘故，大大阻碍了其同等参与集体活动的机会，使得他们缺乏社会实践锻炼的机会和意识。

三、部分家庭教育不良

家庭是孩子接受教育的起点，更是孩子除学校外最主要的受教育场所。家庭教育方式的正确与否与孩子的成长关系密切。根据调查结果显示，特殊孩子家长在教育孩子的过程中存在两个主要问题：一是家长对融合教育的内容了解不够，对孩子的保护态度过于强烈；二是辅助方式过于被动。调查结果显示，有残疾小孩的家庭对融合教育理念的接受程度没有想象中的高，主要原因在于残疾小孩在家里的受照顾程度远远大于学校，大部分家长担心自己的孩子在普通学校会受到老师和同学们的歧视，自己必须无时无刻陪在孩子身边才行。这样错误的想法为残疾小孩融入正常的人际交往与健康发展埋下祸根。保护孩子是父母的天职，但过度保护对孩子的成长便会造成负面影响甚至伤害。因此，保护孩子应把握好“度”，只有把握好这个度，才能让孩子在安全、健康的环境中成长。另外，在对残疾孩子进行课业辅导和课外辅助过程中，有些家长不是发自内心主动地想要辅导孩子的学业，只是流于形式，象征性地查看孩子的家庭作业完成情况。家长们关注更多的只是孩子的健康问题，而非学习成绩。这些错误的认知不单单体现出了父母不负责任的教育方式，还会制约孩子的全面发展，极有可能导致孩子失去最佳发展和成长的机会，最终部分丧失甚至全部丧失本不应失去的社交及学习能力。

四、社区支持与服务不到位

社区是残疾人生活以及与他人社会交往的主要场所。但是社区对残疾学生接受融合教育的支持与服务与其他主体相比作用弱化了许多。通过走访调研南宁市中小学附近的社区，发现社区对残疾学生融合教育的支持与服务并不到位，主要表现在支持与援助的重视程度较弱，无障碍环境营造也不到位。调查发现，社区工作人员很少主动关心和帮助残疾学生及其家庭，其职责仅限于登记残疾家庭的相关信息，残疾家庭遇事求助时才会有所回应。在残疾孩子需要接受义务教育搜寻相关学校信息时，社区也很少协助残疾学生家庭获取相关求学信息。在社区救济方面，只有小部分困难家庭曾获得过社区的经济资助或实物援助。同时，社区更是缺乏知识储备足、经验丰富的专业残疾人工作者，队伍建设始终没有跟上，是导致对残疾学生支持效率低下的一个重要原因。在社区无障碍环境建设方面，当前，南宁市很多社区无障碍环境建设较为薄弱。根据政府、残联的要求，所有社区要加强残疾人保障体系的建设和服务体系的建设。残疾学生学习在学校，生活在社区，因此，社区也有必要为残疾人士营造良好的社区无障碍设施建设环境。但是调查的实际情况显示，社区当前的无障碍设施改造或建设的比例较小，与国家规定要求的差距较大，政策落实很不到位。家庭以及社区无障碍设施建设所需资金缺乏，但社区对政府部门的意见反馈与建议却不足，工作的主动性不够，寻求资金来源渠道的积极性也不高，仅仅依靠上级政府的资助和拨款为主要资金来源。社区无障碍环境的营造还在于组织社区成员积极参与社区活动，特别是助残活动，目的是提高社区所有成员对残疾人平等参与社会的认识，尊重残疾人，主动帮助残疾人家庭。但是此类活动的开展少之又少，社区在营造尊重残疾人享有平等公民权的无障碍社会环境、改变社区居民对待残疾人的态度等方面所做的努力非常不到位，从而造成整个社区无障碍环境建设非常薄弱，亟须进一步加强和改进。

五、残联关注和支持力度较弱

我国各级残联是残疾人自己十分信赖的组织，对残疾学生在义务教育阶段更好地接受融合教育给予支持和帮助。当前，南宁市残联虽已经意识到残疾人义务教育的重要性，但是对于政府和学校只是开始呼吁，给予的实际支持却比较少，对在校残疾学生的实际支持也存在不足。由于残联系统的性质，财政主要依靠国家财政的划拨，因此，地方残联重学校的项目支持而轻残疾学生的经费资助。而且，残联给予的经费支持数量较少，幅度有限。通过对南宁市残联工作人员走访调查了解到，残联对残疾学生义务教育阶段的经费支持主要体现在设施、教学设备、教学资源等方面，很少在学校设立残疾人奖助学金或者对残疾人提供相关辅助器具。这一点通过对部分中小学走访调查也得以验证。因此，我国残疾人义务融合教育的发展仍需要更多企业、事业单位、社会爱心人士、慈善机构等非政府组织的大力支持和帮助。

第六节　发展与完善义务教育阶段残疾人融合教育的政策建议

发展与完善义务教育阶段残疾人融合教育，不仅迎合了国家政策的号召，更是体现了教育界一直以来追求的教育公平理念。义务教育阶段融合教育的完善与否，既关系着国家的发展，更推动着特殊教育的进步。通过调查可知，当前南宁市义务教育阶段残疾学生融合教育的发展虽取得一定进展，但也面临着诸多问题与困境亟须解决。以南宁市为研究对象，通过现状调查、问题分析，提出相应的解决对策，为其他地区更好地开展义务融合教育提供借鉴与指导。

一、政府层面：完善政策法规，增加经费支持

大力发展义务融合教育，强劲有力的政策性支持是前提。健全的特殊教育体系、完善的特殊教育政策是促进融合教育稳步发展的关键性因素，相反，如果政策支持不到位，那么就可能导致融合教育在发展过程中受到多种社会因素的阻碍和掣肘。与其他人文领域相同，政策支持也是融合教育的生命之根。要想提高融合教育的发展水平，健全相关政策的工作必不可少。政府层面上，相关部门要完善政策规定，加大执行力度。国家的政策规定具有不容小觑的导向作用，尤其是对于特殊教育发展领域来说，相关教育政策的建设程度将在一定程度上决定着特殊教育的发展方向及目标，也间接性地影响着融合教育的发展程度。虽然在现有的一些政策文件中已表明，国家要重视特殊儿童少年的受教育权利，但现实层面的实践现状却不容乐观。具体到当地教育政府部门，更是情况不尽如人意。因此，地方政府应根据国家政策方针制定出符合当地特色、

有针对性的、细致性的政策方针或实施方案，例如，对已有法规中关于特殊儿童少年入学安置、课程设置、师资配备、经费投入以及学校管理规定等方面内容进一步做出明晰且可操作性的规定，真正做到“对症下药”，并完善相关法律政策的监督、反馈机制，解决当前融合教育发展过程中形成的某些问题，为接受融合教育的残疾学生营造一个强有力的制度保障环境。在经费支持方面，中央政府及地方政府也应加大对残疾学生义务教育阶段的经费投入，完善相应的监督机制，做到专款专用，资金的发放要及时到位。对于挪用特殊教育经费的违规行为，当地的教育部门也要及时给予批评警告，严重时要通过相应的处罚手段予以惩罚。

二、学校层面：加强师资力量，完善基础建设

在师资力量方面，中小学应加强对特殊教育教师人才的引进，提高特殊教育教师的各项待遇，增加吸引力。在教师培训方面，要定期对普通教师开展特殊教育技能培训。由于特殊儿童入学数量的增多、特殊教育师资力量的稀缺以及普通教师对融合教育了解甚少等，大力倡导普通教师接受特殊教育培训工作的呼声越来越高。1994 年，我国颁布的《残疾人教育条例》中的第 41 条教育条例中就规定：“普通师范院校应当有计划地设置残疾人特殊教育必修课程或者选修课程，使学生掌握必要的残疾人特殊教育的基本知识和技能，适应随班就读的残疾学生的教育需要。”如果普通学校的教师不具有专业的教学能力，无法满足残疾学生在教学上的需求，那么就极有可能产生残疾学生在课堂上“随班混读”的现象，意味着他们仍然处于一种“被隔离”对待的状态，这将无益于他们的发展。对普通教师的培训，应侧重进行各类残疾学生心理与发展的掌握训练、手语基本训练、盲文基本训练以及自闭症儿童干预方法［如应用行为分析（ABA）、游戏疗法、音乐疗法等］训练。这样普通教师就能根据不同类型学生的心理发展特点了解其实际教育需要，利用所学的知识、技能与方法与残疾学生流畅地沟通、进行行为干预训练、挖掘残疾学生的潜能，使其获得良好发展。普通教师经过培训后，还能与其他教师互相探讨、共同合作，为融合教育的顺利开展提供强有力的保障。在安置形式上，由于每一个残疾儿童少年的残疾类型、障碍程度及适应学校生活的能力有所不同，因此，随班就读的融合教育安置形式应该结合具体情况来实施，不能一概而论。目前，南宁市融合教育安置形式较为单一，教育环境也缺乏灵活性。这方面应借鉴《残疾人教育条例》中的相关内容，如“从残疾儿童少年的特殊教育需求出发，根据障碍程度及适应学校生活能力的不同，为残疾儿童少年选择最有利于发展学习及社交技巧的教

育环境”（见表1-2）。同时，教育环境的安置可根据残疾儿童少年的教育康复效果而进行灵活调整，这一点在《条例》第18条也有所指出，即“在特殊教育学校学习的残疾儿童、少年，经教育、康复训练，能够接受普通教育的，学校可以建议残疾儿童、少年的父母或者其他监护人将其转入或者升入普通学校接受义务教育，使残疾儿童少年始终在最合适的环境中接受适切教育”。在教学水平方面，学校应提供多样化的课程。在《基础教育课程改革纲要（试行）》中就对课程结构的现状做出了明确要求：必须积极改变课程内容“难、繁、偏、旧”和过于注重书本知识的现状，① 要切实关注每一个学生的学习兴趣和经验，将学生的实际生活融入课程内容的设置中，让他们掌握独立生活和终身学习的技能及知识。学校在课程结构设置方面要做到灵活多变，为不同类型、不同爱好的学生提供多种课程，如声乐课、电子琴课、舞蹈课、书法课等。此外，还要注意到不同年级、不同能力的学生对课程内容的需求现状，将课程的内容类型、层次实现多类型化，以促进不同发展领域、不同学习兴趣的学生发展。真正让课程内容服务于人，而不是人被内容“牵着鼻子走”，让每个学生在各领域内都得到充分发展。同时增设特殊课程。残疾学生作为学校的组成部分，应受到适合其自身发展的教育。对于残疾学生而言，他们应该在学习文化课的同时，进行其他类康复训练的课程学习，如感觉统合训练课、听力训练课、视力矫正课程等。这些课程的增设将利于残疾学生的缺陷矫正及补偿，提高融合教育的质量。在学校资源的配置建设中，要加大经费投入，完善教育设备、为残疾学生建设物理层面的无障碍环境。只有优化教育环境，才能给予残疾学生更加适合的教育发展条件。首先，中小学应该增加和改造无障碍环境的设施，将设施改造重点放在残疾学生的学习和生活设备上，比如为视力障碍儿童设置无障碍通道、为听力障碍儿童引进听力仪器设备等。其次，学校可以从校内选拔残疾学生学业负责人，该负责人主要供事于特殊儿童管理机构，为特殊儿童的在校事务负责，管理特殊需要学生的学习和生活，帮助特殊儿童解决入学、升学等相关问题。最后，学校应该增设手语、盲文等选修课程，加强对普通学生手语、盲文的培训工作，增加普通学生与残疾学生的沟通交流机会。这方面，我们可以借鉴西方发达国家的做法，比如美国为了保障听力障碍学生的权益，将手语列为听力障碍群体的第一交流语言，本国语列为第二交流语言，同时还倡导普通人学习并掌握手语。不仅促进了人们之间的交流和了解，更利于促进和谐社

① 《实用核心法规系列》编写组．教育实用核心法规［M］．北京：中国方正出版社，2004：229.

会公平的实现。

表 1–2　残疾儿童少年义务教育安置形式

残疾人教育阶段	不同情况	不同安置形式
义务教育阶段	适龄残疾儿童少年能够适应普通学校学习生活、接受普通教育	就近的普通学校
	适龄残疾儿童少年能够接受普通教育，学习生活需特别支持	具备相应资源、条件的普通学校
	适龄残疾儿童少年不能接受普通教育	特殊教育学校
	适龄残疾儿童少年需要专人护理，不能到学校就读	送教上门或远程教育

三、家庭层面：注重与学校合作，营造积极向上家庭氛围

家庭教育是融合教育中较难控制的因素。家长能否积极配合学校对孩子进行教育，将直接影响残疾学生发展的成效。基于此，家长应该采取积极合作的态度来寻求有效地提高“家校合作”的质量和效率。首先，家长应该积极配合学校的工作，提高自身教育理念。其次，学校也应该主动担负起“家校合作”的责任，积极制订合作计划方案。只有家长和学校共同努力，才能逐渐形成“家校合作”模式下促进残疾学生发展的合力，具体策略方式可以从以下两个方面来展开：第一，提高家长正确的认知和积极的态度。家长的思想观念决定了家庭教育的质量，而家庭教育的质量间接制约了融合教育的实施程度。关于残疾学生家庭教育出现的一系列问题，其核心原因都归咎于家长的思想认识和教育方式不当，这些问题可以通过家校合作的方式得以解决。学校可以选择恰当教育主题，定期为家长量身定制学习讲座，提高家长的教育意识、纠正家长错误的教育思想，家长也要积极参与其中。第二，家长要与学校老师及时沟通，与老师们建立良好的合作关系，相互理解、相互合作，使残疾学生拥有一个更加有益的学习环境。这对于残疾学生的成长和学业是相当有益的。

四、社区层面：完善社区服务体系，营造良好无障碍环境

对于残疾学生而言，政府、学校及家庭的资源建设和支持还远远不够。因此，如何有效整合社区资源，并使社区能够成为给予充分教育支持、提供适宜教育环境的教育资源是促进义务融合教育全面开展的重要因素。因此，可以从

以下几个方面入手：第一，整合社区资源，多渠道联合。利用市区范围内的相关社区组织和机构的资源给特殊儿童创设一个良好的大教育环境，提供有效的教育支持。各个社区资源机构相互协调合作，不定期地开办交流沟通活动，形成横向联系网络，交流支持方法和策略。同时，各个社区机构与普通学校之间也要保证合作及联系，建立纵向联系网络，这样社区机构和学校之间可以相互学习，汲取相关知识经验。第二，呼吁社区个体成员成为志愿者。首先，社区个体成员作为社区的有机组成部分，是具有相当作用的价值资源，可以呼吁社区内的相关专家、特级教师组成志愿者队伍，定期为残疾学生家庭进行专业培训，促进残疾学生技能水平发展。其次，呼吁社区群众与残疾学生一起开展形式多样的活动，在营造和谐社区氛围的同时，也能使这些孩子的交际能力得到提升。

五、残联层面：拓宽经费筹集渠道，加强与政府合作

残疾人联合会组织作为我国残疾人义务融合教育支持的主体之一，对我国残疾人义务教育发展的推动作用不容小觑。为了更好地发展我国残疾人义务融合教育，残疾人联合会组织的建设也必须得到加强，才能给残疾学生融合教育提供可持续的帮助和支持。首先，残联的经费筹集渠道需要拓宽。当前，残疾人联合会的经费主要来源于国家财政，经费筹集渠道较为单一有限。残疾人联合会还应积极寻求社会团体、企业或个人的慈善捐赠。其次，残疾人联合会应加强与政府的合作力度，创造新型的服务合作关系。残疾人联合会在残疾人政策制定与意见的反馈上，特别是经费的投入、特殊教育体系的完善、残疾人教育质量的提升等方面应发挥作用，提供众多有利于残疾人义务融合教育发展的政策建议，及时传达给政府部门，争取获得政府的支持，为残疾学生提供更多更好的政策服务支持。

第二章

残疾人按比例就业的法律保护与残疾人灵活就业问题探析

第一节　残疾人按比例就业的法律保护问题探析

一、问题的提出

残疾人是需要帮助的特殊群体，需要政府与社会各界人士的扶持，使其能够融入社会。近年来，特别是实施脱贫攻坚战略以来，我国残疾人事业发展取得的成就举世瞩目，许多贫困残疾人实现了精准稳定脱贫，生活质量明显改善。根据 2019 年全国残疾人家庭收入状况调查数据显示，2018 年中国残疾人家庭人均可支配收入达到了 16112.3 元，与 2017 年相比，实际增长 7.4%，增速略高于 2018 年全国居民人均可支配收入①。残疾人生活状况虽然较之前有了大的改善，但是整体就业质量不高。截至 2020 年年底，我国约有 3780.7 万持证残疾人②，其中超过 50%的劳动者仍然从事农业、种植业和养殖业，仅有 2%的残疾人实现了按比例就业。

国内一些学者对残疾人弱势就业的原因进行了研究，主要集中在以下两个方面：一是对残疾人就业的现状进行描述，分析不同地区、城乡之间残疾人就业过程中所面临的问题，并提出针对性的对策③④；二是对影响残疾人就业的原

---

① 厉才茂，冯善伟，杨亚亚，等.2019 年全国残疾人家庭收入状况调查报告［J］. 残疾人研究，2020（2）：75-81.

② 持证残疾人指拥有残疾证的残疾人.

③ 王豪. 积极福利视角下的残疾人就业问题研究［J］. 中州学刊，2016（8）：72-74.

④ 方仪，何侃，潘威. 残疾人就业服务的发展现状、问题及对策［J］. 现代特殊教育，2017（20）：45-48.

因进行分析①②，所构建的指标主要涉及残疾人的受教育程度、残疾程度、身体状况、就业意愿等维度③④⑤，研究方法主要包括文献计量法、Logistic 回归分析、相关性分析等⑥⑦⑧。经过文献梳理，发现已有研究注重于对残疾人就业发展现状、就业过程中所面临的问题、对策建议及其影响残疾人就业的原因进行分析，关于现有的残疾人就业法律法规的研究较少。就业是残疾人实现发展权的基本途径，按比例就业制度是残疾人就业权的重要保障，该制度在促进残疾人就业和社会融合方面发挥着重要作用。因此，本文通过对现有的残疾人按比例就业的法律和政策进行了梳理，分析我国残疾人按比例就业制度的法律保护困境，并据此提出相关的对策建议，以推动保障残疾人充分高质量就业制度建设走向完善。

二、残疾人按比例就业立法的发展历程

残疾人就业立法的目的是促进残疾人能够融入社会并参与工作，为保障残疾人就业的合法权利，西方发达资本主义国家通常确立以反歧视法为基础的"就业机会平等法"和以就业配额制度为基础的"就业配额法"⑨。其中，反歧视法受到残障"社会模式"论的启发，认为残疾是社会不平等和社会歧视导致

---

① 胡仕勇，周悦然．农村残疾人就业影响因素的实证研究［J］．安徽农业科学，2014（21）：7264-7266.

② 刘战旗，阳庆云，陈兵等．智力残疾人支持性就业支持过程及影响因素研究——基于长沙市个案调查［J］．残疾人研究，2015（2）：57-62.

③ 尚珂，梁土坤．我国按比例安排残疾人就业地区差异及影响因素分析［J］．华东经济管理，2013（2）：128-131.

④ 艾靓，刘若亚，郭欣，等．乡村残疾人家庭支持效果评价的影响因素研究［J］．黑龙江社会科学，2020（06）：74-81.

⑤ 张小燕，管越，李森．户籍制度背景下我国残疾人就业影响因素分析［J］．人口与发展，2020（2）：116-123.

⑥ 赖德胜，廖娟，刘伟．我国残疾人就业及其影响因素分析［J］．中国人民大学学报，2008（1）：10-15.

⑦ 徐星月．残疾人就业影响因素研究文献综述［J］．社会保障研究，2016（6）：103-109.

⑧ 袁丹，朱传耿，陈寒昱．中国按比例安排残疾人就业的动力机制与空间分布［J］．地理学报，2021（2）：341-351.

⑨ 英国的《反残疾歧视法》、加拿大的《加拿大人权法》、美国的《美国残疾人法案》，均对就业歧视做出了具体界定；日本的《残疾人雇用促进法》，美国的《康复法案》，美国、韩国的《关于促进残疾人雇佣平等的法律》，均规定了安置残疾人的比例与没有达到规定标准的经济代偿．

的，通过反歧视法将残疾人纳入开放的劳动力市场，而不是将他们排斥在劳动力市场之外；按比例就业受到残疾“医疗模式”论的启发，认为残疾人因自身的生理缺陷，难以在开放的劳动力市场上凭自己的能力同正常人平等竞争工作，需要设立残疾人的安置比例。我国高度重视残疾人按比例就业的工作，先后颁布实施了一系列政策，对于保障残疾人劳动就业权利和积极促进残疾人融入社会发挥了重要作用。我国残疾人按比例就业法制建设经历初步探索、规范发展阶段，目前正处于统筹完善阶段。

第一，初步探索阶段。1990 年《中华人民共和国残疾人保障法》（以下简称《残疾人保障法》）颁布，其中首次提出残疾人按比例就业①，它的颁布为我国残疾人事业的发展奠定了法制基础。遗憾的是，在该法中没有明确具体的安置比例。随后，中央在广东、上海等地进行试点，按照1%~1.5%的比例来安置残疾人就业，如果未达到规定的比例，必须缴纳残疾人就业保障金。1995 年，财政部借鉴各地的实施经验，出台了《残疾人就业保障基金管理暂行规定》，从国家层面对基金的收支进行了规范管理。

第二，规范发展阶段。随着时代的发展与进步，残疾人按比例就业的相关法律制度也在不断完善。2007 年，国务院发布了《残疾人就业条例》，首次在行政法规中明确规定了具体的安置比例，要求用人单位安排残疾人就业的比例不能低于本单位在职职工总数的 1.5%。2008 年，修订了《残疾人保障法》，将残疾人按比例就业作为一项法律制度确立下来；同年，相关部门发布了《关于促进残疾人事业发展的意见》，在坚持以市场为导向就业机制的基础上，依法推进按比例安排残疾人就业。

第三，统筹完善阶段。党的十八大以来，国家高度重视残疾人就业工作，政府有关部门先后发布了《残疾人就业保障基金征收使用管理办法》《机关、事业单位、国有企业带头安排残疾人就业办法》《促进残疾人就业三年行动方案（2022—2024 年）》等一系列保护和促进残疾人就业的规范性文件，进一步督促公共部门、私营部门落实残疾人按比例就业的责任，逐步建立安排残疾人就业情况统计制度，为新时代下残疾人按比例就业描绘了清晰蓝图。我国也逐步确立以《残疾人保障法》和《残疾人就业条例》为主体，以人社、残联等各部门的相关条例和规范性文件为补充的残疾人按比例就业的法律体系。

以 1990 年和 2008 年这两个时间节点为标志，我国残疾人按比例就业从理念

---

① 《中华人民共和国残疾人保障法》第三十条规定：机关、团体、企业事业组织、城乡集体经济组织，应当按一定比例安排残疾人就业，并为其选择适当的工种和岗位.

到政策、再到制度建设，不断实现“跨越式”发展。这一历史进程绝非孤立，它正是与我国残疾人事业发展以及经济社会发展进程相同步的。

三、残疾人按比例就业制度实施情况

按比例就业是我国残疾人就业的主要模式，《残疾人保障法》和《残疾人就业条例》的颁布和实施，就是为了帮助更多残疾人实现稳定就业。从2007—2015年①，每年新增的残疾人按比例就业人数占当年新增残疾人就业总数的比例在23%~30%之间（表2-1），这表明残疾人按比例就业工作取得了一定的成效。但是，2007—2015年城镇新增残疾人按比例就业人数（表2-1）呈现出波动下降的趋势，以及2010—2014年残疾人就业保障金②数额逐年增加（表2-2）证明实施效果不尽如人意。

根据表2-1所示，自2007年以来，我国每年都有新增按比例就业的残疾人，然而，残疾人按比例就业的人数并没有逐年增加，由此可得，每年都有很多按比例就业的残疾人被辞退。2009年，也许是由于2008年的经济危机，大部分用人单位的用工需求下降，导致残疾人失业率急剧上升；2014年，可能是受《劳务派遣暂行规定》实施的影响，被解雇的按比例就业的残疾人数量远高于本年度新增按比例就业的残疾人数量。显而易见，按比例就业的残疾人容易受到政策环境影响，稳定性较差。

表2-1 2007—2015年城镇残疾人按比例就业情况（2007—2015） 单位：人

年份	2007	2008	2009	2010	2011	2012	2013	2014	2015
按比例就业人数	1272439	1276264	1287161	1165449	1161095	1184347	1191454	1183198	1163029
年度新增按比例就业的人数	115048	98561	89019	85632	75242	80098	87215	69619	66099

① 2016年以前，残疾人的就业是城乡分开统计的，按比例就业是在城镇进行统计；2016年以来，城乡合并统计。因此，旧数据更能清晰显示残疾人按比例就业的变化趋势．

② 我国仅公开2010—2014年度残保金征收规模，根据2015年发布的《残疾人就业保障基金征收使用管理办法》规定，残保金征收按属地管理进行，由各级财政部门纳入一般公共预算统筹安排，残疾人事业发展所需经费根据工作需要和财力可能，从一般公共预算统筹安排支出．

续表

年份	2007	2008	2009	2010	2011	2012	2013	2014	2015
本年度比上年度按比例就业增加的人数	3825	10897	-121712	-4354	23252	7107	-8256	-20169	709
每年被解雇的按比例就业的人数	111223	87664	210731	89986	51990	72991	95471	89788	65390

数据来源：中国残疾人事业发展统计公报（2008—2016 年）。

此外，根据表 2-2 的数据显示，从 2010 年至 2014 年，我国残疾人就业保障金的收入在逐年攀升，这也证实了部分学者的研究，在一定程度上，按比例就业制度对残疾人就业产生了“挤出效应”①②。

表 2-2　2010—2014 年残疾人就业保障金的收支明细（2010—2014）　单位：亿元

年份	收入	支出	余额
2010	162.4	58.5	103.9
2011	181.9	47.8	134.1
2012	205.8	50.3	155.5
2013	248.8	63.0	185.8
2014	284.3	72.3	212

数据来源：中国财政年鉴（2011—2015 年）。

四、残疾人按比例就业法律保护的现实困境

（一）国家立法层面的不足

首先是规范性文件层面的不足，部分规范性文件存在不利于保障残疾人平等就业权的规定，例如在《公务员录用体检通用标准》中，对于视力、听力均

① 廖娟．残疾人就业政策效果评估——来自 CHIP 数据的经验证据［J］．人口与经济，2015（2）：68-77.

② 陈鹏．残疾人按比例就业制度实施效果的评估——以《残疾人保障法》修订为例的比较数据分析［J］．武汉理工大学学报（社会科学版），2018（5）：104-111.

有严格的规定，存在健康就业歧视行为，侵害了残疾人平等就业的权利。其次缺乏相应的法律责任条款，同等条件下“优先”录取残疾人、“应当”“可以”“给予优惠”等内容，难以在实践中落到实处。最后是法律制度运行层面的不足，当雇主履行残疾人按比例就业的义务时，只需要在雇用残疾人或者按规定缴纳残疾人保障金两者之间选择其中一个就不会受到行政处罚。然而，根据《残疾人就业保障基金征收使用管理办法》规定，如果上一年员工的年平均工资较低，那么征缴基数也相应较低。在长期实践中，部分用人单位考虑到用工风险、残疾人难以满足岗位需求、劳动力成本①后，更倾向于选择缴纳残疾人就业保障金，而不是吸纳残疾人就业。因此，残疾人就业保障金的征收并没有达到较好的预期效果。

（二）政府服务层面的缺位

政府对工作场所的无障碍设施建设的资金支持局限于少数福利企业或社会企业，绝大部分私营部门被排除在外。根据《残疾人保障法》的规定，雇主需要为残疾劳动者提供合理的工作场所，包括对生活设施、劳动设备的改造。但是，在2012年出台的《无障碍环境建设条例》中规定，工作场所的无障碍设施建设和改造由企业承担全部责任，只有部分发达地区如北京、深圳、上海等地，给予企业无障碍设施改造的资金补贴，多数地区相关补贴、激励措施还处于空白，加之后期无障碍设施的维护都是由企业承担，而企业多是追逐经济效益最大化，很难在无障碍设施改造和建设上投入大量资金。因此，企业更愿意支付残疾人就业保障金，或者雇用不需要无障碍设施的残疾人，也不愿意斥资建设和改造无障碍设施。

（三）司法救济层面的缺失

残疾人按比例就业是通过广泛调动社会力量，来保障残疾人的平等就业权。该制度属于行政法规，是国家通过行政手段强制要求并督促用人单位安置残疾人就业。而最有效的监督来自权利主体的监督，当权利受到侵害时，依靠有效的救济途径主张权利。就业歧视是残疾人在就业过程中常会遇到的现象，但是目前现行法律和条例缺乏“歧视”的定义和雇主对残疾人产生就业歧视行为时

---

① 根据《残疾人就业保障基金征收使用管理办法》规定，被认定为符合按比例就业的残疾职工，应当符合以下三个要求：一是用人单位应当同持有残疾人证的职工签订不少于一年的劳动合同；二是支付的薪资待遇不能低于当地规定的最低工资标准；三是必须按时缴纳足额的社会保险。在我国，虽然各地区社会保险缴费的比例不一致，但是总体上差别不大，绝大部分地区社会保险缴费率超过了职工工资的30%，与世界其他国家相比，我国社会保险缴纳比例较高，用人单位需要承担更多的用工成本.

必须承担的法律责任。残疾人就业过程中的歧视是属于侵权纠纷，根据《民事诉讼法》规定，当事人有责任为自己的诉求提供合理的证据，也就是在残疾人就业过程中受到歧视时，原告必须通过证据证明未被录用的原因是就业歧视，如果原告不能证明，将承担败诉的风险。但是拒绝录用残疾人后，用人单位并没有义务说明不录用的原因，或仅告知不能胜任岗位的工作。因此，残疾人很难证明用人单位拒绝录用自己是因为身体残疾，这导致残疾人在就业过程中遭受歧视时，很难得到有效的救济。

五、完善残疾人按比例就业制度的建议

（一）残疾人按比例就业的立法保护路径

残疾人就业的实践表明，现有的残疾人按比例就业的相关法律制度不足以解决残疾人在就业过程中遇到的困难，在很大程度上，用人单位宁愿缴纳残疾人保障金，也不愿意雇用残疾人。首先，在规范性文件层面上，备案审查机关应及时修改或废止这些侵犯残疾人平等就业权的规范性文件，比如对《公务员录用体检通用标准（试行）》中一些关于视力、听力过于严苛的规定进行修改和完善，厘清不同岗位需要满足的条件资格和身体标准，可以根据工作岗位需求，放宽残疾人的录用标准。其次，我国应尽快制定并出台残疾人反歧视法，通过明确界定“残疾”和“歧视”，让立法具有可操作性。同时，应完善法律执行机制。这样既能减少社会上对残疾人的歧视，又能够为残疾人提供工作上的合理便利。最后，地方层面应健全地方性法规、规章等，根据本地区的实际情况完善残疾人就业保障金的管理制度，进一步明确实施残疾人按比例就业的目的是为了促进残疾人更好地就业。通过激励手段促进用人单位录用一定比例残疾人，对于超额完成按比例就业的企业，加大激励力度，将征收的残疾人保障金用于补贴雇用残疾人数超过法定人数的企业，鼓励用人单位安排更多符合岗位需求的残疾人就业。

（二）残疾人按比例就业的行政保护路径

残疾人按比例就业是一项复杂性的工作，政府必须树立服务意识和责任意识，保障残疾人的就业权利是各级政府义不容辞的责任与义务。首先，公共部门要做好安置残疾人就业的表率作用，以机关事业单位的员工总数（包括编制内和编制外的人员）作为基数来计算安置残疾人就业的人数，对不同类型、不同规模的机关事业单位实施差别化的定额比例，同时根据不同类型的残疾人的就业能力，完善残疾人就业规定。其次，地方政府应当不断扩大残疾人公共服

务的供给范围，当企业为雇用的残疾人提供设施或工作便利时，可以通过管理费用减免或补贴等方式，减轻企业的经济负担。最后，建立一个由政府、社会公众和残疾劳动者组成的多元主体参与的监督机制，加强人力资源和社会保障部门劳动监察队伍建设，各级残联要积极配合人社部门进行监督检查，并注重发挥大众传媒的监督作用坚决打击侵害残疾人就业权益的行为。

（三）残疾人按比例就业的司法保护路径

公平是社会的基本追求，实现社会公平，必须推动社会资源向弱势群体倾斜①，残疾人的权益保护需要通过政府和社会力量的共同努力来实现。在推行残疾人按比例就业制度过程中，需要进一步完善残疾人的就业权利救济机制。首先，需要单独建立残疾人劳动就业纠纷的解决机制，不断加强对残疾人弱势群体的行政和司法保护。可以考虑将各级残疾人联合会作为诉讼调解的首要选择，如果调解失败，当事人根据程序再向法院提起诉讼。其次，各级残疾人联合会应当创新法律援助服务方式，推进信息化服务，完善“残疾人法律顾问”制度，更加有效地发挥残联在残疾人维权中的作用。最后，针对残疾人就业过程中存在歧视情况的举证责任的分配问题，如果原告（残疾人）提供证据证明存在歧视的情况，被告（用人单位）不否认，则支持原告的说法；如果被告否认并且提出辩护请求，那么举证责任转移至被告，被告应当对其辩护请求承担举证责任，被告如不能证明自己的主张，应当支持原告的主张，从而有效维护残疾人平等就业的权利。

---

① 韦彬，姚远琪．网络食品交易的“数字利维坦”风险及其治理［J］．湘潭大学学报（哲学社会科学版），2020（1）：40-45.

第二节　残疾人灵活就业问题探析：以广西为例

一、问题的提出

就业是人民生计的基础，是国民经济的“晴雨表”，同时也是社会稳定的“压舱石”。残疾人由于自身的缺陷，长期以来在社会活动中处于弱势，需要政府与社会各界人士的扶持，使其能够融入社会。近年来，随着我国互联网经济的快速发展与产业结构的优化调整，就业形式更加多元，特别是2020年新冠肺炎疫情暴发以来，世界经济一直处于低迷状态，工作岗位急剧减少，非正规就业为稳定就业和恢复经济提供了更多机会，灵活用工模式受到政府和学者们的普遍关注。

在国家层面，国务院从残疾人群体就业现状出发，出台了《“十三五”加快残疾人小康进程规划纲要》，强调坚持市场引领和政府引导并重，到《“十四五”残疾人保障和发展规划》再次提出强化就业优先政策，实现残疾人充分高质量就业，从顶层规范了我国残疾人灵活就业的发展。在地方层面，各地纷纷出台相关政策支持互联网平台的发展，完善残疾人灵活就业扶持政策，探索建立适合残疾人灵活就业的社会保障体系。政府颁布的这些政策立竿见影，取得了一定的效果，残疾人的生存和发展空间得到了明显改善，但仍有许多问题亟须解决。

根据第二次全国残疾人抽样调查数据显示，广西现有337.5万残疾人，占总人口的7.23%。与其他各省相比较，广西的残疾发生率偏高，居于全国第二位。然而，广西作为边疆少数民族地区，区内经济发展不平衡不充分，政府所提供的财政资金有限，实现残疾人高质量就业有不小的难度。因此，研究残疾人灵活就业对于切实保障残疾人平等就业权利，推动残疾人灵活就业再上新的台阶，广西经济发展和社会的全面进步都具有很强的实践意义和实用价值。

二、文献综述

从20世纪70年代初开始，在国际劳工组织的大力推动下，非正规就业逐渐成为许多国家重要的就业方式，并创造了大量的就业机会①。从 1978 年至 2018 年，我国城镇地区的灵活就业人数已由 15 万人上升至 2.4 亿人，灵活就业所占比重也由 0.16%上升至 56.18%，非正规就业在创造就业领域展示出巨大潜力，已成为我国不可或缺的就业模式②。

究竟何为非正规就业或灵活就业？我国学者们从不同的研究视角予以关注。刘根荣发现，云计算、移动互联网和大数据技术的出现和运用，催生了新的经济形态，对传统经济产生了颠覆性影响，进而推动了灵活就业的产生③。然而我国现行的劳动法律制度侧重于关注劳动合同形式的用工，确立的是工业化雇佣制所形成的标准劳动关系，灵活就业所形成的非标准劳动关系给传统的劳动法体系造成了冲击和挑战④。因此，我国现行的灵活就业法律制度和政策规范亟须完善，要在立法上准确区分传统就业和灵活就业，建立与灵活就业相适应的多层次社会保障体系，弥补在灵活就业中存在的问题⑤。张成刚认为，为了实现公共政策的制定适应劳动力市场的变化，在新就业形态发展中，还需要重视公共政策研究⑥。那么，如何推动灵活就业高质量发展呢？匡亚林等提出，完善我国社会保障及相关劳动法律法规，探索新业态灵活就业人员劳动关系的灵活认定方式，加快劳动立法，将灵活就业人员劳动关系纳入《中华人民共和国劳动法》《中华人民共和国劳动合同法》的约束范围，建立灵活就业人员的劳动保障制度⑦。而落到具体实施层面上，王立剑阐释了灵活就业人员的社会保障模式和社会保障政策完善思路，同时还介绍了我国社会保险权益与用工关系的关联性⑧。也有学者认为，我国已经存在城乡二元分割的社会保障体系，从现阶段实际情

---

① 王立剑．共享经济平台个体经营者用工关系及社会保障实践困境研究［J］．社会保障评论，2021（03）：12-22.

② 吴传琦，尹振宇，张志强．非正规就业劳动者就业满意度的性别差异［J］．首都经济贸易大学学报，2021（04）：65-76.

③ 匡亚林，梁晓林，张帆．新业态灵活就业人员社会保障制度健全研究［J］．学习与实践，2021（01）：93-104.

④ 鲍春雷．发展新就业形态和灵活就业的政策建议［N］．中国经济时报，2020-09-21（004）.

⑤ 焦若水，李国权．残疾人就业：互联网时代的机遇与挑战［J］．残疾人研究，2019（04）：45-53.

⑥ 张成刚．问题与对策：我国新就业形态发展中的公共政策研究［J］．中国人力资源开发，2019（02）：74-82.

⑦ 涂永前．应对灵活用工的劳动法制度重构［J］．中国法学，2018（05）：216-234.

⑧ 白永亮．共享经济下灵活就业法律制度重构［J］．江西社会科学，2017（10）：209-217.

况出发，应单独建立灵活就业者的社会保障体系，改革现行的社会保障制度，形成灵活就业人员社会保险、社会救助体系①。已有的研究注重从宏观角度分析我国灵活就业政策和改进措施，对地方层面和不同身份的灵活就业群体的研究较少。本文以地方层面和特定群体作为研究的出发点，探究广西残疾人灵活就业的现状，总结出广西残疾人灵活就业存在的问题，以期更好地为管理者制定相关政策提供参考依据。

三、广西残疾人灵活就业现状分析

（一）残疾人灵活就业情况较为稳定

从近四年统计数据可以看到，广西城乡之间持证残疾人的就业人数差距不大。按比例就业，2020 年与 2017 年相比增长 25.9%，增长幅度较大；集中就业 2020 年与 2017 年相比减少 18.1%；广西持证残疾人个体就业 2020 年与 2017 年相比减少 13.3%；广西持证残疾人灵活就业、从事农业种养加四年来涨幅不大，较为稳定。综上而言，集中就业、个体就业的传统就业模式受到了严重的挑战，随着互联网经济的快速发展，灵活就业、辅助性就业等新的就业模式引起了社会各界的关注。此外，分析表明，广西残疾人就业呈现出“城乡二元化”，农村残疾人主要以小农经济为主，超过 70%的残疾人从事农业生产和养殖业，基本上依靠家庭赡养，城镇残疾人以灵活就业、按比例就业、集中就业为主。

表 2-3　2017—2020 年广西残疾人就业形式　　单位：人

年份	城乡持证残疾人就业人数	按比例就业	集中就业	个体就业	公益性岗位就业	辅助性就业	灵活就业（含社区、居家就业）	农业种养加
2017	322419	9034	1995	14460	2018	2487	65762	226523
2018	326384	9631	1953	14395	1948	2448	67008	229001
2019	309661	9457	1773	13297	1675	2007	63319	218133
2020	321680	11373	1632	12535	1622	2009	66350	226159

数据来源：广西壮族自治区残疾人联合会，2016—2020 年《广西壮族自治区残疾人事业统计公报》。

（二）残疾人灵活就业保障力度加强

近年来，党和国家不断完善与残疾人就业有关的法律政策，广西结合自身

① 刘根荣．共享经济：传统经济模式的颠覆者［J］．经济学家，2017（05）：97-104.

实际情况，努力做好“十三五”规划和推进小康进程的工作，开展许多特色的残疾人就业援助活动和项目，取得一定的效果。为完善残疾人就业支持政策，保障残疾人灵活就业的权利。2014 年，广西出台了《广西壮族自治区贫困残疾人个体户和灵活就业人员参加基本养老保险补贴暂行办法》，对贫困的残疾人个体户和灵活就业进行补贴，但是受益的群体具有明确的限制；2018 年，发布了《关于扶持残疾人自主就业创业的实施意见》，向自主就业、创业的残疾人提供税收减免、创业和就业补贴；同年颁布《广西壮族自治区个体工商户和灵活就业残疾人参加企业职工基本养老保险补贴办法》，对所有从事个体经营或通过灵活就业方式实现就业并以个人身份缴纳养老保险的残疾人予以补贴。但是上述政策对残疾人灵活就业、缴纳社会保险和享受各种补贴均存在一定的限制。例如，根据要求必须是本地户口才能享有照顾性政策，将流动人口和农村人口排除在政策外，并不利于残疾人为了寻求更好的就业机会进行跨区域流动。

（三）残疾人灵活就业补贴范围扩大

残疾人弹性就业的补贴，可按不同的分类标准，分为缴费式的和非缴费式的补贴。缴费式的补贴主要是政府对灵活就业的残疾人所缴纳的社会保险给予部分补助；非缴费式补贴是不需要基于个人缴费为前提，具有普惠性，主要表现为政府对灵活就业的残疾人直接进行财政补贴。选择何种类型的福利体系与一个地区经济发展、方针政策密切相关，广西残疾人灵活就业补贴已经实现从选择型向普惠性转变，覆盖范围也在不断扩大。2014 年，《广西壮族自治区贫困残疾人个体户和灵活就业人员参加基本养老保险补贴暂行办法》规定，对从事个体经营或灵活就业的贫困残疾人予以养老保险补贴，补贴标准为县（县级市）每年不低于 1200 元/人，市辖区不低于 800 元/人。2018 年，广西多部门联合出台了《广西壮族自治区个体工商户和灵活就业残疾人参加企业职工基本养老保险补贴办法》，受惠群体覆盖面扩大，将所有灵活就业残疾人纳入保障之列，并加大了残疾人灵活就业的养老补贴力度，调动受助的残疾对象参保的积极性。以南宁市为例，2021 年灵活就业养老保险最低缴费下限为 591.1 元/月，根据规定，一名残疾人作为个体工商户或灵活就业人员，在缴纳 12 个月的养老保险费后，到当地残联申请补贴，最终可以获得补贴 4728.84 元。

四、广西残疾人灵活就业存在的问题

（一）残疾人整体就业质量有待进一步提升

残疾人在身心方面存在功能性障碍，平等参与社会生活的机会和权利受到很大的限制，劳动力市场供大于求导致适合残疾人就业岗位少等问题依旧存在，伴随着产业结构调整和市场经济体制的激烈竞争，残疾人就业形势严峻。据官方统计，截至2020年年底，有337.5万残疾人，但只有135.3万人自愿登记为残疾人，其中持证残疾人就业人数为321680人，超过70%以上的残疾劳动者仍然从事农业、种植业和养殖业；残疾人按比例就业人数为9457人，仅有千分之六的残疾人实现了按比例就业①，实际就业人数占广西残疾人总数的8.9%。由于政府资助的官方慈善组织无法满足众多残疾人的需求，主要通过残疾人自力更生或者依靠家庭赡养，因此，政府承诺的与残疾人实际得到的之间存在一定差距②。网络信息平台建设也存在缺陷造成供需不匹配，企业用人需求和残疾人求职的信息不通畅③，残疾人整体就业质量不高，残疾人就业市场还有很大的增长空间。

（二）残疾人就业过程中排斥现象依旧存在

就业歧视是残疾人在就业过程中常会遇到的问题之一，用人单位常常习惯性地认为残疾人素质低下、技能欠缺，企业从经济效益、企业形象、劳动安全等方面考虑，对残疾人实施不合理的考评标准，甚至同工不同酬，忽视残疾人平等就业的权利。国家虽已出台了扶持残疾人就业的相关政策，然而，缺乏法律执行的制裁机制。“事实证明，实施法律比实施其他法律更困难，因为对残疾人的根深蒂固的偏见仍然存在”④。大多数用人单位及政府部门在招聘公告中，时常发生取消残疾人群体的报名资格，认为残疾人只能从事一些低层次、低工资、低技术的工作，残疾人被辞退现象频频发生。在2017年广西公务员考试中，广西残疾人联合会才面向社会定向招录1名残疾人，距离《关于促进残疾人按比例就业的实施意见》的出台，已经过去3年，整个社会也在不同程度上歧视残疾人，认为他们对社会的贡献微乎其微，只能依靠社会的帮助和救济，从而忽视了残疾人自身所拥有的人力资源的价值和能力。

（三）灵活就业服务体系难以满足残疾人需求

灵活就业者在职业发展上略逊于全日制就业者，虽然残疾人可以免费进行职业培训，但是基层政府缺少相关的就业服务。一方面，我国在为残疾人提供

① 广西壮族自治区残疾人联合会．2020年度广西壮族自治区残疾人事业统计公报［EB/OL］．http：//www.gxdpf.org.cn/contents/618/33817.html. 2021-04-26.

② 葛忠明，杨彦．关于残疾人组织发展的思考［J］．残疾人研究，2013（04）：49-52.

③ 梁宏志．中国灵活就业者社会保障问题研究［J］．云南师范大学学报（哲学社会科学版），2010（04）：96-102.

④ 葛忠明，杨彦．关于残疾人组织发展的思考［J］．残疾人研究，2013（04）：49-52.

相关服务上的社会组织非常少，大家所熟悉的就是各级残疾人联合会；另一方面，各地区残疾人联合会“行政化”“官僚化”倾向日益突出，造成组织能力低下①。虽然它们极力争取更多的政府权力，但非政府组织的性质决定了它们在政府部门中处于弱势地位，所提供的就业服务十分有限。此外，灵活就业市场缺乏统一、可信的诚信数据体系和监管系统。灵活就业目前已经创造了大量就业的机会，给更多中低技能、残疾人群体快速就业的可能，但在具体的择业过程中，对就业信息真实性的甄别，以及残疾人职位匹配的体系建设需持续完善。政府就业服务不到位，政府部门职业介绍关注重点在全日制用工方面，没有切实考虑到残疾人的能力需求。

（四）灵活就业法律法规落后于社会发展需要

上层建筑的建设对经济基础有着重要的影响，随着就业观念的转变和灵活就业人员数量的增加，我国采取了一系列措施，为灵活就业人员提供更多的政策支持和法律保障。然而，这些法律的保护效果还远远不够，由于我国劳动法和社会保险法的调整是以正规就业员工为中心的，因此在灵活就业的背景下，存在着一定的制度差距和缺陷。灵活就业者社保缴纳问题面临两大痛点：第一，由于户籍限制，灵活就业人员在没有与企业签订劳动合同的情况下，外地户口不能在就业地缴纳社保；第二，灵活就业者不能单独缴纳工伤保险，大多数没有雇主的灵活就业人员通常被排除在失业和工伤保险计划之外，这些保险只能由雇主提供。即使在正常情况下，灵活就业人员也容易面临巨大的失业和工伤风险，而弱势群体面临的失业风险更大。此外，如果政策鼓励灵活就业，而没有及时改善法律保护，用工单位为了利益最大化与减少用工风险的需要，进而会采取与灵活就业的残疾人不签合同或者签订短期合同的行为，甚至外包给第三方人力资源公司来负责，在一定程度上压榨了残疾人的报酬。残疾人就业一方面是赋能，另一方面是剥削②。

五、完善残疾人灵活就业的建议

（一）积极拓宽残疾人的就业渠道

残疾人就业是一项复杂的系统性工作，政府在为残疾人提供就业方面应当发挥主导作用，为残疾人创造更多的灵活就业机会。一是要推动落实“互联网+

① 许琳，张艳妮．我国残疾人社会保障的现状与问题研究［J］．西北大学学报（哲学社会科学版），2007（06）：80-84.

② 乔观民．大城市非正规就业行为空间研究［D］．上海：华东师范大学，2005.

助残”的就业模式，现如今众多工作岗位从传统的线下模式转向线上模式，给残疾人提供了更多的就业机会，政府应加强对残疾人互联网知识的培训，根据岗位需求开发课程，通过线上线下培训的形式，提升残疾灵活就业人员职业技能和就业能力。二是大力扶持共享经济平台，例如“好活”用工模式，通过互联网、大数据技术进行智能匹配，借助平台助推残疾人就业，将残疾人灵活就业纳入政府监管范围。三是充分发挥社区的作用，广西作为民族地区，拥有诸多国家级非物质文化遗产，当地政府和社区可以支持与鼓励残疾人非物质文化遗产就业，不仅能够实现残疾人稳定就业，促进个人的职业发展，还能在一定程度上推动非物质文化遗产的传承与保护，实现政府、社会、企业的多方共赢。

（二）营造良好的残疾人就业观念

党和政府要通过加大宣传力度，提高社会扶残助残的意识，政府部门应积极落实《关于促进残疾人按比例就业的实施意见》，努力消除对残疾人的观念排斥、就业排斥、社会排斥的现象，以及在企业中逐渐消除残疾人工作能力低下的错误观念，创造有利于残疾人就业的社会环境，使社会认识到残疾人只是因为某种生理残疾而无法参与一些特殊而繁重的工作，并非丧失了劳动能力，进而提升残疾人社会地位与身份认同感。现阶段，在灵活就业大背景下，“科技助残”也为诸多残疾人提供就业机会，比如外卖平台使用智能化的调度系统，根据残障骑手的身体情况进行数据匹配，此外，平台还上线无障碍沟通系统，来方便骑手与用户沟通。

（三）优化灵活就业的政策服务体系

政府应当充分意识到，灵活就业将是未来就业的重要形式，同时也是拓宽残疾人就业的重要渠道。第一，要将就业促进政策和服务落到实处，推动形成共享经济平台灵活就业人员互联网管理与服务指南，在产业监管、灵活就业、社会保险等方面进行配套性和系统化支持，消除对残疾人就业的不合理限制，将各种就业保障支持政策转变为多种形式的就业促进政策。第二，在残疾人就业需求上，政府部门、各级残疾人联合会要做好摸底摸查工作，对有就业意愿的人员，要提供个性化的指导、岗位推荐等服务，各类行业协会向残疾人提供就业援助、职业技能培训等服务，帮助其实现灵活就业或全日制就业的，按规定给予服务补助。第三，发挥人力资源服务公司的效能，以协议的方式确立劳务关系，将残疾灵活就业人员组织起来，帮助其实现灵活就业或稳定就业的，政府可以给予相应的补贴。第四，为残疾人灵活就业提供法律援助通道，自治区总工会要加快组建广西各地市残疾人灵活就业工会组织，确保互助保障、困难职工认定等项目对灵活就业的残疾人员无差别落实。

(四) 健全灵活就业的社会保障制度

虽然残疾人灵活就业早就先行一步，但是相关社会保障制度尚未健全。社会保障权是每个人应该享有的权利，社会保障应确保对弱势群体和有特殊需求的群体进行倾斜。一是鉴于残疾灵活就业人员的收入不稳定，地方社保部门应制定合理的基本养老金和医疗保险缴款水平以及处理暂停缴款的方法，缴款周期可适当延长。二是优化灵活就业的缴费制度，调整只有存在劳动关系才可以缴纳失业、工伤保险的规定，从制度层面明确工伤保险缴纳责任主体，探索一种单独缴款、计算或者在不止一个雇主的情况下合并缴纳的制度，并建立一个适合灵活就业的残疾人员就业统计制度，为其登记、缴费、核查和待遇领取提供基础信息。三是针对一些灵活就业的残疾人没有经济能力和不愿意参加社保的情况，需要进一步推进社会保险从制度全覆盖到人员全覆盖，对于那些困难的残疾灵活就业者，给予一定的社会救助，逐步建立起以社会保险为主、社会救助为辅的覆盖全体残疾灵活就业人员的社会保障体系。

第三章

残疾人就业援助服务供给探究：以河池市为例

第一节　研究背景、研究意义与研究综述

一、研究背景

新中国成立之初，公共就业服务理念蕴含于我国的社会保障体系之中。20世纪80年代之后，我国的公共就业服务体系初步建立起来，就业援助服务体系则是公共就业服务体系中的重要分支。就业援助服务的供给对象为就业困难群体，如1998年期间，中共中央、国务院发布了《关于切实做好国有企业下岗职工基本生活保障和再就业工作的通知》，文件要求各地区要积极促进国企下岗职工再就业，尤其注重对特困下岗职工实施援助。① 此后，我国困难人员就业援助服务制度逐渐完善起来。在2008年，我国颁布了《关于促进残疾人事业发展的意见》，将残疾人列入就业困难人员范围之内，并且提出要为其提供就业援助服务。② 随后，2009年《关于进一步加强公共就业服务体系建设的指导意见》出台，文件提出了建立和完善我国公共就业服务体系的目标，要求县级以上人民政府要加快建立健全公共就业服务机构，为就业困难群体提供就业援助服务，③ 残疾人就业援助服务体系得以明确建立。2010年《关于加快推进残疾人社会保障体系和服务体系建设的指导意见》提出了更具体的指导意见，即要求各级公

---

① 中共中央、国务院．关于切实做好国有企业下岗职工基本生活保障和再就业工作的通知．1998-8-24. http：//www. law-lib. com/law/law_ view1. asp？ id＝67698，2020-11-10查阅．

② 国务院．关于促进残疾人事业发展的意见．2008-3-28，http：//www. gov. cn/jrzg/2008-04/23/content_ 952483. Htm，2020-11-10查阅．

③ 人社部．关于进一步加强公共就业服务体系建设的指导意见．2009-10-9，http：//www. mohrss. gov. cn/rlzyscs/RLZYSCSzhengcewenjian/200910/t20091030 _ 83292. Html，2020-11-12查阅．

共就业服务机构要设立残疾人服务专窗，为残疾人提供就业援助服务。① 随着社会的发展，残疾人就业援助服务供给体系的建设日益受到重视。

近年来，残疾人就业援助服务体系建设先后被纳入“十二五”规划及“十三五”规划的重要事项中，提出要建立健全覆盖城乡的公共就业服务体系。同时强调要通过建立和完善就业援助服务供给长效机制，为残疾人等就业困难人员实施就业援助，切实提升该群体的就业能力，让该群体拥有更多的就业和再就业的机会。党的十九大更是强调要提供全方位公共就业服务，更进一步发展残疾人事业，使残疾人得到全面发展，带动残疾人走向共同富裕。2020 年国务院政府工作报告中也进一步指出要做好帮扶残疾人等困难群体的就业工作，增加就业援助服务的供给。

从全国情况看，民族地区的残疾发生率相对更高，除新疆地区外，其余四个少数民族自治区的残疾人口比例均高于全国平均水平，民族地区的残疾人就业援助服务供给问题更为突出，而广西的残疾发生率为 7. 23%，在五个少数民族自治区中位居第一，并且在全国排第二位，促进残疾人就业的难度也相对更大。② 提升残疾人就业援助供给效果，保障残疾人的就业权益，对于广西来说，任务更为艰巨。在国家“十三五”规划的指导下，广西结合自身实际，于 2017 年颁布了《广西“十三五”基本公共服务均等化规划的通知》，指出广西基本公共服务资源存在总量不足、体制机制创新滞后等问题，并提出了要完善公共就业服务体系的目标，做好残疾人等困难群体的就业援助工作。在“十四五”规划到来之际，完善广西残疾人就业援助服务供给体系，既是统筹推进广西壮族自治区基本公共服务均等化所需要面临的新挑战，同时也是一个发展的新机遇。河池市是广西典型的少数民族地区，该市就业年龄段残疾人口比例又高于全区平均水平，故对河池市残疾人就业援助服务供给进行深入研究，具有一定的典型性，可为其他民族地区起到借鉴作用，有利于推动民族地区公共服务均等化的发展进程。

二、研究意义

（一）理论意义

与其他地区的残疾人相比，少数民族地区的残疾人就业处境更为艰难，因

① 国务院. 关于加快推进残疾人社会保障体系和服务体系建设的指导意见. 2010-3-10. http：//www. gov. cn/zhengce/content/2010-03/12/content_ 7267. Htm，2020-11-12 查阅.

② 包学雄. 残疾人社会保障与基金管理研究［M］. 北京：中国致公出版社，2011：140.

此在残疾人就业援助服务的供给上，需要照顾到民族地区残疾人群体的特殊就业援助服务需求。从当前来看，学术界更多侧重于残疾人就业政策保障、就业歧视等方面的研究，从公共服务视角探究残疾人就业问题的较少。与此同时，当前针对民族地区残疾人就业援助服务供给问题的研究相对较少，本章从公共服务的视角，梳理河池市当前的残疾人就业援助服务供给现状，剖析其存在的问题及根源，探讨优化河池市残疾人就业援助服务供给的有效途径，有助于搭建民族地区残疾人就业援助服务供给的研究框架，提高理论指导实践的高度。

（二）现实意义

在我国脱贫攻坚取得伟大胜利的背景之下，分析民族地区残疾人就业援助服务供给问题，提出相应的解决方案及建议，对巩固和拓展我国脱贫攻坚胜利成果，探索和建立解决相对贫困群体的长效机制具有重要的促进作用。同时，也对我国促进基本公共服务均等化，加快全面建设社会主义现代化进程具有重要的现实意义。具体表现如下：第一，有助于深化我国“以残疾人为本”的服务理念，提升残疾人的生活质量，增加残疾人平等参与社会建设的机会。第二，有利于让民族地区残疾人一同享受社会经济发展带来的成果，这是促进民族共同繁荣的具体表现。总之，以残疾人的就业需求为导向，为残疾人提供更精准的就业援助服务，对有效解决残疾人的相对贫困以及促进我国社会主义现代化进程具有深远意义。

三、国内外研究综述

（一）国外研究综述

西方国家在19世纪末的工业化时代就开始了公共就业服务的建设，其目的主要是为了缓解失业带来的社会问题。到了20世纪70年代初，西方各国开始逐渐将残疾人就业援助服务供给问题纳入学术理论研究和政府政策制定的议程之中，主要目的是为了解决二战后残疾士兵的安置问题。随后，西方国家残疾人就业法律法规日益完善，西方国家还为残疾人提供系列的就业援助服务，如职业康复、职业培训等。

1. 残疾人就业援助服务的内涵

尽管各国学者对残疾人就业援助服务的内涵有众多观点，但均具有相同的特征，一般都是指公共部门为帮助就业困难的残疾人群体实现就业和再就业而提供的系列服务。如学者 Akerstedt 等（2009）认为就业援助服务是国家和政府通过个性化的激励措施、认知矫正服务等方式来帮助残疾人提高就业能力的服务。① Kuznetsova 等（2017）更具体地指出残疾人就业援助服务就是公共部门为残疾人提供的就业指导、职业康复等系列援助。②

2. 残疾人就业援助服务制度保障

西方国家较早建立了残疾人就业的制度保障，Deleire T.（2003）表明《美国残疾人法》规定用人单位不能歧视和随意解雇残疾人，这保障了残疾人的就业权利，但是也存在一定的局限性，如雇主不再轻易聘用残疾人。③ 之后，为了加强保障残疾人的就业权利，2006 年，《联合国残疾人权利公约》将残疾人就业权利的概念纳入涵盖所有生活领域的全面框架，公约提倡各国要做好残疾人就业援助工作，保障残疾人不受歧视，有效获得就业机会和职业晋升。在联合国的倡导下，各国分别制定和完善了本国的系列法律与政策来保障残疾人的就业权利，为残疾人提供就业援助服务。如 Clayton 等（2011）指出经济合作与发展组织国家的政府都通过系列的政策来为残疾人提供就业保障，保证残疾人能够根据自身需求，接受公共部门提供的就业援助服务。④

3. 残疾人就业援助服务供给

关于残疾人就业援助服务的供给主体，Brien J. 和 Dempsey I.（2004）认为残疾人就业援助服务应由国家劳动部、教育部等公共部门来提供。⑤ 关于残疾人就业援助服务的供给形式，Metzel 和 Giordano（2007）指出残疾人就业援助服务供给主要通过职业康复（VR）服务中心和一站式职业中心（One-Stops）来实

---

① Akerstedt T.，Kecklund G.，J. Selén. Disturbed Sleep and Fatigue as Predictors of Return from Long-term Sickness Absence，Industrial Health，vol. 48，2009，pp. 209-214.

② Kuznetsova Y，Yalcin B，Priestley M. Labour Market Integration and Equality for Disabled People：A Comparative Analysis of Nordic and Baltic Countries，Social Policy & Administration，vol. 51，2017，pp. 577-597.

③ Deleire T. The Unintended Consequences of the Americans with Disabilities Act，Regulation，vol. 23，2003，pp. 1811-1834.

④ Stephen Claytonsup/sup，Ben Barrsup/sup，Lotta Nylensup/sup，Bo Burströmsup/sup，Karsten Thielensup/sup，Finn Diderichsensup/sup，Espen Dahlsup/sup and Margaret Whiteheadsup/sup. Effectiveness of Return-to-work Interventions for Disabled People：A Systematic Review of Government Initiatives Focused on Changing the Behaviour of Employers，European Journal of Public Health，vol. 22，2012，pp. 434-439.

⑤ O'Brien J，Dempsey I. Comparative Analysis of Employment Services for People with Disabilities in Australia，Finland，and Sweden，Journal of Policy & Practice in Intellectual Disabilities，vol. 1，2004，pp. 126-135.

施，通过系列康复训练和技能培训服务提高残疾人就业率。① 关于残疾人就业援助服务的供给质量，Spjelkavik（2012）通过对北欧残疾人就业状况的研究，提出了政府应加强残疾人支持性就业服务供给的专业性，才能更精准为残疾人就业服务提供技术保障。②

4. 残疾人就业援助服务需求

在残疾人就业援助服务中，大部分西方国家都曾面临着就业服务供不应求的困境，即残疾人对就业援助的需求日益增长，而残疾人就业援助服务供给资源却不足。对此，Donelly 和 Given（2010）认为相关部门应将残疾人的需求与雇主的需求联系起来，即通过提升残疾求职者的就业能力来满足用人单位的用工需求。③ 也有学者从残疾人就业服务的满意度出发，了解残疾人的真实需求。如 Yujeong（2016）对韩国残疾人的就业满意度做出了调查，了解了残疾人对就业培训、就业环境的需求。④

（二）国内研究综述

1. 残疾人就业援助服务的内涵

我国学者林莉红和孔繁华（2008）认为就业援助是政府为帮助就业困难人员就业而制定的特殊帮扶政策，不仅是对个人及家庭的帮扶，还对劳动就业服务企业、就业培训机构等相关组织实施税收优惠等政策扶持。⑤ 李源（2009）认为残疾人就业援助就是指政府为帮助残疾人群体就业而采取税费减免、贷款贴息以及公益性岗位安置等办法来促进残疾人就业的过程。⑥ 包学雄（2015）认为残疾人就业援助服务是公共就业服务的重要组成部分，其中包括就业培训、自主创业、就业岗位安置等内容。⑦

---

① Metzel D S，Giordano A. Locations of Employment Services and People with Disabilities：A Geographical Analysis of Accessibility，Journal of Disability Policy Studies，vol. 18，2007，pp. 88-97.

② O. Spjelkavik. Supported Employment in NorwayandintheotherNordic Countries，Journal of Vocational Rehabilitation，vol. 37，2012，pp. 163-172.

③ Donelly M，Given F. Employment Programs and Professionals with a Disability，Work，vol. 36，2010，pp. 217-225.

④ Yujeong Park. Predictors of Job Satisfaction among Individuals with Disabilities：Ananalysis of South Korea's National Survey of Employm ent for the Disabled，Researchin Developm ental Disabilities，vol. 1，2016，pp. 198-212.

⑤ 林莉红，孔繁华．社会救助法研究［M］．北京：法律出版社，2008：295.

⑥ 李源．论残疾人的就业援助［J］．湖北社会科学，2009（2）：48-51.

⑦ 包学雄．中国残疾人社会福利研究——积极福利视角［M］．沈阳：辽宁人民出版社，2015：143.

2. 残疾人就业援助服务制度保障

残疾人就业援助服务供给的实施需要法律、政策的支持和保障。从政策支持视角来看，廖慧卿和罗观翠（2012）认为应该把为残疾人提供特殊的职业帮扶纳入国家政策目标。① 刘勇（2013）认为政府应该建立和完善残疾人就业保护机制，为残疾人提供免费就业服务。② 芮洋（2017）认为残疾人就业服务保障制度尚不健全，政府应充分发挥职能，为残疾人建立健全就业保障，如通过公益性组织来为残疾人提供就业岗位援助。③ 此外，张奇林等（2018）指出“残保金”的支出范围涵盖了残疾人就业服务体系建设，但存在大量结余以及挤占挪用“残保金”问题，需要进一步优化制度保障。④ 从法律保障视角来看，高一飞（2011）认为应通过立法保障残疾人的就业优先权。⑤ 赵萌萌和吕学静（2012）分析了中美日三国的就业保障，提出我国应加强对残疾人就业服务保障的完善。⑥ 部分学者进一步对其指出了具体存在的不足，如周云和荣茹静（2015）认为公共就业服务机构为残疾人提供就业服务的形式多为推荐类，但该形式目前尚无法保证残疾人能够真正上岗，并得到应有的待遇水平，其主要原因是缺乏执行监督。⑦

3. 残疾人就业援助服务供给

对于残疾人就业援助服务的供给，徐倩（2015）指出残疾人就业服务是当前我国残疾人就业事项中的一项薄弱环节，需要加大力度来增加残疾人就业服务供给。⑧ 唐果（2018）进一步指出当前就业服务供给质量低的原因是服务机构与残疾人之间存在信息不对称，需要服务供给主体通过相关调查，增强对残

---

① 廖慧卿，罗观翠．基于残障概念模式的残疾人就业政策目标评价［J］．华中科技大学学报（社会科学版），2012（2）：104-113.

② 刘勇．论我国残疾人就业促进法律制度的完善［J］．政治与法律，2013（4）：13-22.

③ 芮洋．经济新常态背景下中国残疾人就业保障政策研究［J］．改革与战略，2017（2）：123-126.

④ 张奇林，刘二鹏，刘轶锋．残疾人就业保障金制度的评价与优化［J］．江淮论坛，2018（2）：136-142.

⑤ 高一飞．论残疾人就业优先权［J］．四川理工学院学报（社会科学版），2011（3）：44-48.

⑥ 赵萌萌，吕学静．中美日残疾人就业保障比较研究［J］．社会福利（理论版），2012（10）：43-47.

⑦ 周云，荣茹静．我国残疾人就业保障策略研究——基于人力资源开发视角［J］．中国人力资源开发，2015（7）：70-75.

⑧ 徐倩．我国残疾人就业服务现状、困境与优化［J］．残疾人研究，2015（3）：28-32.

疾人就业服务需求的回应性。[①] 对于残疾人就业援助服务的供给主体，黄剑锋（2019）认为是残疾人就业服务的主要供给者和递送者应包括政府部门以及经济主体、社会主体，由多元主体共同分担，为残疾人提供就业援助，但同时也指出目前我国的残疾人就业服务依然处于“自上而下”的消极福利供给模式。[②] 对此，周进萍（2019）认为残疾人就业服务供给应转向精准化，“通过服务‘供给侧’，对‘需求侧’精准、高效的回应，解决残疾人面临的就业困境，推动残疾人就业服务高质量发展”。[③]

4. 残疾人就业援助服务需求

残疾人群体在就业援助服务的需求上具有特殊性，当前残疾人就业援助服务的供给往往忽略了残疾人的特殊需求。程凯（2010）认为现有的就业服务供给缺乏满足残疾人特殊需求的内容和有效措施，且随着人口的增长，残疾人的特殊需求会更加突出。[④] 对此，刘琼莲（2015）表示残疾人的特殊需求得不到满足的主要原因是缺失有效的公共服务机制。[⑤] 也有学者认为是公共就业服务存在分布不均等的问题，如王三秀等（2017）指出当前我国在残疾人就业援助服务工作方面“城市化倾向”严重，而对农村地区重视不足。[⑥] 王晓峰等（2021）也认为“城乡二元结构”是影响残疾人就业的重要因素。在城乡差异较大的就业环境下，要促进残疾人就业的协同发展，满足残疾人的特殊就业需求，需推进残疾人公共就业服务均等化，加强对残疾人就业援助服务的供给。[⑦]

5. 民族地区残疾人就业援助服务

民族地区就业援助服务供给建设往往更为落后，相对于其他地区，民族地区残疾人更需要得到就业援助。如许琳等（2007）基于贵州省黔西南自治州的

---

① 唐果．宁波基本公共就业服务质量改善机制构建［J］．北京航空航天大学学报（社会科学版），2018（1）：50-56.

② 黄剑锋．我国残疾人就业研究的系统性文献综述：2007—2018 年［J］．人口与社会，2019（5）：92-110.

③ 周进萍．新时代残疾人就业服务精准供给的路径研究［J］．残疾人研究，2019（3）：56-62.

④ 程凯．我国残疾人社会保障和公共服务状况与发展对策［J］．红旗文稿，2010（9）：30-32.

⑤ 刘琼莲．残疾人均等享有公共服务问题研究［M］．天津：天津人民出版社，2015：70.

⑥ 王三秀，刘丹霞．农村残疾人就业能力构建与就业援助困境应对［J］．青海社会科学，2017（1）：115-122.

⑦ 王晓峰，赵腾腾．互联网影响残疾人就业的作用机制研究［J］．人口学刊，2021（1）：96-112.

调查，从西部残疾人就业服务现状分析了政府在弱势群体扶助中的主体责任。① 包学雄等（2007）进一步指出残疾人就业服务离不开社区这个载体，但民族地区基层社区服务存在“断层”问题，发展较为薄弱。② 朱久兵（2012）则认为西部地区在残疾人就业服务供给主体上，除了政府之外还需要社会的援助。③ 但当前民族地区残疾人就业服务供给仍存在困境，张艳霞（2016）研究了残疾人公共就业服务的现状与问题，发现交通不便，信息闭塞，吸纳就业机会少等因素是西部地区农村残疾人就业率低的原因。④ 对此，王华丽等（2016）认为应构建培训、就业、生产扶持为一体的残疾人就业服务体系。⑤ 明兰等（2019）进一步提出残疾人属于社会弱势群体和边缘人群，而生活在少数民族地区的残疾人面临的困难和挑战相对更大，更加需要得到就业援助。⑥ 同时，部分学者认为民族地区就业援助服务发展滞后的一大重要原因是资源分布不均，如袁丹等（2021）认为“广西、西藏、贵州等少数民族地区残疾人就业水平低的现象主要是来源于地区经济基础和发展速度的不均衡性、国家相关政策效应的不平衡性，以及由此带来的以教育为主等基本公共服务资源的不均等化造成的”。⑦ 区域性差异是当前残疾人就业所面临的困境，要缩小残疾人就业水平的区域性差距，必须促进我国公共就业服务均等化。

（三）国内外研究评述

通过梳理和对比分析国内外残疾人就业援助服务供给研究的相关文献，发现国外很早就将残疾人就业服务纳入学术研究范围内，并注重探讨残疾人就业法规的制定和完善，强调公共部门对残疾人实施就业援助，援助内容包括职业康复、就业培训等项目。迄今为止，西方国家在残疾人就业援助服务供给体系

---

① 许琳，张晖．从西部残疾人就业现状透视政府在弱势群体扶助中的责任［J］．河南师范大学学报（哲学社会科学版），2007（6）：89-92.

② 包学雄，王浪花．完善民族地区社区残疾人服务探析［J］．广西社会科学，2008（3）：175.

③ 朱久兵．西部地区残疾人就业问题研究［J］．人民论坛，2012（36）：244-245.

④ 张艳霞．西部农村残疾人的民生保障与公共服务——基于贵州省黔西南自治州的调查［J］．中国农业大学学报（社会科学版），2016（3）：83-92.

⑤ 王华丽，张倩，何佳儒．少数民族地区残疾人社会保障体系和服务体系建设满意度及影响因素分析——基于新疆维吾尔自治区的调查［J］．社会保障研究，2016（6）：32-39.

⑥ 明兰，伍蛟蛟，杨艳梅．少数民族地区残疾人生活质量提升策略研究——以威宁彝族回族苗族自治县为例［J］．贵州民族研究，2019（2）：62-66.

⑦ 袁丹，朱传耿，陈寒昱．中国按比例安排残疾人就业的动力机制与空间分布［J］．地理学报，2021（2）：341-351.

中的研究已经相当完善，并且积累了较为丰富的理论成果。相比之下，我国残疾人就业援助服务供给研究虽起步相对较晚，但近年来，其研究领域逐步扩大，也形成了一套理论体系，但较少对残疾人就业援助服务供给问题展开针对性研究，相关文献大多是将残疾人就业援助服务供给放在整体的公共服务体系中进行研究。同时，尽管一些学者的研究涉及了民族地区残疾人就业援助服务供给问题，但研究文献还较为缺乏，或是提到了残疾人就业水平的城乡差距以及民族地区与其他地区存在的区域性差距，但却很少探讨如何促进民族地区残疾人就业援助服务的供给，以促进残疾人就业的协同发展。因此，笔者通过实地调查，以河池市残疾人就业援助服务供给现状为研究切入点，根据河池市残疾人就业援助服务供给制度的实施效果，系统化地分析河池市残疾人就业援助服务供给存在问题以及背后根源，进而提出完善河池市残疾人就业援助服务供给的建议，为优化民族地区残疾人就业援助服务供给提供具体的理论和实践参考。

第二节　概念界定及理论基础

一、概念界定

（一）残疾人就业

关于残疾人的界定，《联合国残疾人权利公约》将残疾人定义为“在肢体、精神、智力或感官有长期损伤的人，这些损伤可能会阻碍其正常的参与社会活动”。[①] 我国《中华人民共和国残疾人保障法》则规定“残疾人是指在心理、生理、人体结构上，某种组织、功能丧失或者不正常，无法以正常方式从事某种活动的人”。[②] 在我国，残疾人的法定劳动年龄与健全人的法定劳动年龄一致，16～59 周岁为男性残疾人就业年龄段，而 16～54 周岁为女性残疾人就业年龄段。[③] 综合上述，本文所探讨的残疾人就业就是指在法定劳动年龄内，具有一定就业能力和就业意愿的残疾人，通过进入劳动力市场参加社会劳动来获取一定的劳动报酬或经营收入。

---

① 联合国．联合国残疾人权利公约［J］．中国康复理论与实践，2007（2）：101-108.

② 全国人大．中华人民共和国残疾人保障法．2008-4-24，http：//www. gov. cn/test/2008-12/11/content_ 1174760. Htm，2020-11-12 查阅．

③ 全国人大．中华人民共和国宪法．2018-3-11，http：//www. gov. cn/xinwen/2018-03/22/content_ 5276319. Htm，2020-11-12 查阅．

（二）就业援助服务

我国公共就业服务则是指公共部门为促进劳动者就业或再就业而提供的系列服务，包括职业介绍、就业指导、技能训练等。就业援助服务则是我国公共公业服务的重要组成部分之一，就业援助一词的明确定义是源于2007年我国出台的《中华人民共和国就业促进法》，该就业法将就业援助定义为“各级人民政府采取税费减免、贷款贴息、社会保险补贴、岗位补贴等办法，通过公益性岗位安置等途径，对就业困难人员实行优先扶持和重点帮助”。① 我国部分学者也对就业援助服务做出了相关的定义，如学者廖益光认为“就业援助服务是指公共部门为帮助就业困难的群体就业，为其提供帮扶政策，开展各项就业技能培训、职业介绍或提供就业岗位安置的系列服务”。②

（三）就业援助服务供给

在一个供给体系中，供给与需求应该相对应，并根据社会经济的发展，不断通过调整和完善供给模式来满足供给对象日益发展的需求，以提高供给对象的获得感。同时，在供给体系中，供给主体需要充分掌握供给对象的特征，同时根据供给对象的需求来确定供给的内容，使供给与需求达到一定的匹配度。综合上文所述，本文所指的残疾人就业援助服务供给是以政府为主导，包括残联等在内的组织机构依据法律法规，采取税费减免、贷款贴息等办法，通过就业岗位安置、就业信息和职业介绍、技能培训等途径为法定劳动年龄段内的残疾人提供就业援助服务的过程。

二、研究理论基础

（一）中国特色残疾人就业权利保障理论

我国特色残疾人理论思想萌芽古而有之，“如西周以来的民本思想、儒家的仁义学说等都蕴涵着关怀残疾人的理念，体现出对社会弱势群体的尊重、关爱与救助等等，为构建中国特色残疾人社会保障理论提供了来源”。③ 新中国成立以来，残疾人就业在中国特色残疾人社会保障理论中的地位日益突出，邓朴方最先明确指出就业在我国残疾人事业发展中处于核心地位，他认为我国残疾人

① 全国人大．中华人民共和国就业促进法．2007-8-30，http：//www.gov.cn/flfg/2007-08/31/content_ 732597.Htm，2021-3-23查阅．

② 廖益光．社会救助概论［M］．北京：北京大学出版社，2009：10.

③ 梁德友，周沛．中国特色残疾人事业发展的三个向度［J］．河南社会科学，2015（1）：70-75.

事业发展应以“劳动福利型”为方向，把促进就业放在残疾人事业整体工作中的突出位置。① 在该理念中，保障残疾人劳动权益是解决残疾人事业发展问题的关键。

习近平总书记在系列重要讲话中也强调要维护和保障劳动者的利益和权利，使劳动者能够无障碍地参与我国社会主义事业建设，分享社会发展成果，同时，还应该做到让劳动者能够体面地参加劳动，获得全面发展。② 残疾人则属于特殊的劳动群体，其劳动权益需要通过政府及社会的帮扶来保障。习总书记曾提到“保障民生，就要加强就业援助，帮助就业困难人员实现就业”。③ 残疾人正是需要得到就业援助的困难群体，正如习近平总书记在十九大中指出：“2020 年全面建成小康社会，残疾人一个也不能少”。④ 充分体现了习总书记对残疾人的关怀及对残疾人事业发展的重视。总的来说，自党的十八大以来，习近平总书记提出了一系列关于建设中国特色社会主义事业的新理念。中国特色残疾人就业权利保障理论是我国特色社会主义理论的内容之一，而残疾人就业援助服务供给是推动中国残疾人就业发展的重要保障。提升民族地区残疾人就业援助服务供给的水平，对推进中国特色社会主义残疾人事业的发展有着重大而深远的意义。

（二）积极福利主义理论

在西方国家陷入福利制度危机的背景下，英国社会学家安东尼·吉登斯于 20 世纪 90 年代末，对“国家干预主义”与“新保守主义”进行了批判性反思，并在此基础上，提出了积极社会福利思想，在当时引起了重大反响。⑤ 积极社会福利思想主张以积极福利政策代替西方国家的传统福利模式，使传统西方福利国家走向现代化。其主要强调注重人力投资，在扶持困难群体时，不再是直接发放救济金，提供经济救助，而是提升扶持对象的就业能力。即通过对扶持对象进行系统培训，使其掌握新的劳动技能，从而能够再次获得新的工作机会或

① 邓朴方．人道主义的呼唤（第一辑）［M］．北京：华夏出版社，2006：80-81.

② 习近平．习近平谈治国理政（第 1 卷）［M］．北京：外文出版社，2018：44-48.

③ 习近平．习近平总书记重要讲话文章选编［M］．北京：中央文献出版社、党建读物出版社，2016：216-217.

④ 习近平．决胜全面建成小康社会　夺取新时代中国特色社会主义伟大胜利．2017-10-18，http：//www.12371.cn/special/19da/bg/，2021-3-13 查阅．

⑤ 丁建定，裴默涵．“第三条道路”社会福利思想主张的发展［J］．社会保障研究，2020（6）：88-95.

是进行自主就业创业。[①] 同时主张福利主体多元化，认为“政府不再是社会福利的唯一供给主体，而是需要通过发挥社会的力量来共同完成”。[②] 因此，积极的福利的供给主体之间是一种合作关系，是由国家主导，充分发挥个人、家庭的责任，以及调动民间组织的力量，来共同承担社会福利的供给。

在积极福利理论的视角下，残疾人人力资本开发主要体现在建立健全残疾人就业援助服务供给机制，对残疾人实施就业援助，提升就业困难残疾人的就业能力。当前我国主要形成了以职业培训、职业介绍、就业推荐、创业服务、岗位安置为主的残疾人就业援助服务供给体系。其中，残疾人就业援助服务的供给主体是由政府、家庭以及社会组织等组成，呈现的是多元化的供给主体体系。因此，地方政府应注重发挥其他主体的力量，加大就业援助的投入力度，提升残疾人人力资本价值，增加残疾人实现就业和再就业的机会。

（三）服务型政府理论

服务型政府理论的产生可追溯到20世纪70年代末，我国实施了改革开放的政策，而传统的行政管理模式刻板僵化，不适应改革开放的发展趋势，因而迫切需要探索新的管理模式。服务型政府理论便随着我国公共行政改革而得以产生和发展，在这期间，部分地方政府为了探索具有中国特色的新公共服务模式，在20世纪90年代提出了“服务型政府”的口号，并进行了具体实践。部分学者也对此做出了深刻的探讨，“服务型政府”理念得以产生。服务型政府产生的理论基础是“政府的公共性理论、马克思主义代表制、民主行政理论及以登哈特等人为代表的新公共服务理论”。[③] 这些理论与中国政府所提倡的人本思想、为人民服务思想、科学发展观等有机地结合起来，形成了具有中国特色的服务型政府理论。

服务型政府理论主张以人为本，强调政府的一切活动应从人民群众的根本利益出发，服务于人民，使人民共享社会发展成果。同时以“管理就是服务”为根本理念，这一理念也正是服务型政府区别于传统政府治理之处，它要求政府成为基本公共服务的供给主体。如2005年，温家宝总理在《政府工作报告》

---

① 安东尼·吉登斯．第三条道路：社会民主主义的复兴［M］．郑弋译，北京：北京大学出版社，2000：123.

② 安东尼·吉登斯．第三条道路：社会民主主义的复兴［M］．郑弋译，北京：北京大学出版社，2000：122.

③ 黄克瀛．服务型政府理论溯源［J］．长白学刊，2008（6）：42-45.

中提出"'服务型政府'应寓管理于服务之中"。① 随后，2006年10月，党的十六届六中全会通过《中共中央关于构建社会主义和谐社会若干重大问题的决定》，该决定提到"建设服务型政府，应注重增加公共服务的供给，并提出要将基本公共服务资源朝农村、基层、欠发达地区倾斜，逐步建立起覆盖全民的基本公共服务体系"。② 残疾人就业援助服务体系是基本公共服务体系的重要分支之一，应当被注重。残疾人事业已然成为中国特色社会主义事业的一部分，让残疾人能够平等地参与社会主义事业建设，共享社会发展带来的成果，过上安居乐业的生活，拥有如健全人一样的尊严是必然的发展趋势。随着我国绝对贫困的消除，残疾人的就业援助服务需求不断快速增长。如何转变政府职能，提升政府的服务供给能力，全面满足残疾人的个性化就业援助服务需求，成为各级政府需要面对的新问题。

第三节　河池市残疾人口与残疾人就业状况

河池市是广西壮族自治区14个地级市之一，地处广西壮族自治区西北边陲，现辖"两区九县"，"两区"分别为金城江区、宜州区，"九县"分别是巴马、罗城、都安、环江、南丹、天峨、东兰、凤山、大化，其中有5个民族自治县。河池市主要特征可概括为"少数民族地区""石山、石漠化地区""相对贫困地区"。首先是少数民族地区，河池市内共居住着47个民族的人口，其中少数民族人口比例大，高达总人口的85.23%；其次是相对贫困地区，地理环境的先天性不足使得河池市与广西区内其他地级市相比更为贫困，在"十二五"规划末的时候，全市共有69.1万贫困人口，在精准扶贫中，河池市人口实现脱贫，解决了绝对贫困，但相对贫困仍存在，残疾人是其中的一个重要群体，该群体仍然是河池市返贫监测的重点关注对象；最后是大石山区、石漠化地区，其地理环境恶劣，石山地区占整个河池市总面积的65%，而耕地却占少部分面积，仅为11%。

同时，就业年龄阶段残疾人比例高，如前文所述，广西的残疾发生率高于

① 温家宝．政府工作报告．2005-3-5，http：//www.gov.cn/gongbao/content/2005/content_158717.Htm，2021-3-13查阅．

② 中国共产党第十六届中央委员会．中共中央关于构建社会主义和谐社会若干重大问题的决定．2006-10-11，http：//www.gov.cn/gongbao/content/2006/content_453176.Htm，2021-3-13查阅．

我国平均水平，而河池市就业年龄段残疾人口占全广西残疾人就业年龄人口的21.21%。高于广西14个地级市的就业年龄阶段残疾人口的平均水平，且就业水平又相对偏低。尽管在河池市政府的高度重视下，河池市残疾人事业的建设取得了一定的成效，但就业援助服务供给一直是河池市残疾人公共服务供给中的一块短板，需要进一步的提升和完善。

一、河池市残疾人口状况

根据河池市残疾人联合会数据统计，截至2020年8月18日，河池市持有残疾证书的残疾人口约为13.39万人。如表3-1，按残疾类型的分类，视力残疾类型共有18669人，听力残疾类型共有11786人。言语残疾类型人数相对较少，共有2584人，肢体残疾类型人数最多，高达72479人，智力残疾类型共7799人，精神残疾类型共11867人，多重残疾类型则为8761人。构成分布如表3-1所示，肢体残疾人比重较大，占54.11%。其中城镇残疾人口人数占4.7%，农村残疾人口占95.73%，男性占58%，女性则占48%。就业年龄段持证残疾人约6.57万人，约占广西就业年龄段的残疾人的21.21%。占全市残疾人口的50%。

表3-1 河池市残疾人类别比例

残疾类型	人数（人）	比例（%）
视力残疾	18669	13.94
听力残疾	11786	8.80
言语残疾	2584	1.93
肢体残疾	72479	54.11
智力残疾	7799	5.82
精神残疾	11867	8.86
多重残疾	8761	6.54

资料来源：河池市残疾人联合会，2020年8月18日。

二、河池市残疾人就业状况

残疾人就业的方式分为按比例就业、集中就业等九大类，如表3-2所示。其中按比例就业是国家为了促进残疾人就业，要求政府机关、企事业单位等用人单位按职工总人数的1.5%计算，安排残疾人上岗就业，否则就要向当地的税务部门缴纳残保金。集中就业一般是指通过福利性企业、工疗机构等单位来安排残疾人集体就业，从而更集中地为残疾人提供劳动所需的基本保障形式；个体就业就是残疾人通过自主经营或者独立生产来获得一定收入和报酬的过程，如自主创业等；辅助性就业主要针对的服务对象是无法正常地进入劳动市场的残疾人群体，如重度残疾人或精神、智力类的残疾人，通过采取辅助性手段使这类残疾人集中从事较为简单的生产劳动；社区就业就是由劳动者自愿组成的，向社区居民提供各种公共服务，相对于其他就业类型更具有灵活性；公益性岗位就业是政府为了安置就业困难残疾人就业，出资设置的非营利性的社会公益性岗位；居家就业是以家里或附近工作场为工作地点，并通过完成一定的工作任务来获得报酬的一种就业方式，涉及电子信息、网络服务、物流管理等多项产业领域；农村种养加是指通过种植业、养殖业就业带动其他行业发展的一种模式，是当前农村地区运用较为广泛的一种就业模式；灵活就业也被称为非正规性就业，具有较强的弹性。

在河池市2018—2019年及2020上半年这近三年的残疾人就业类型中，如表3-2，可看出河池市残疾人就业情况不容乐观，存在就业结构失衡、就业水平较低等问题。农业种养加就业的人数相对较高，且增长速度较快，其原因可能是得益于农村精准扶贫政策的实施效果。而其他类型的就业方式占比极少，增长速度缓慢，按比例就业、公益性岗位就业人数较稳定，但是就业数量较低，而集中就业、社区就业、辅助性就业、居家就业等方式变动幅度相当较大，缺乏一定的稳定性和持续性。

表3-2　河池市残疾人2018—2020年就业情况

年份＼类型	按比例就业	集中就业	个体就业（含创业）	社区就业	公益性岗位就业	辅助性就业	居家就业	农业种养加	灵活就业
2018	92	18	40	4	6	16	61	1395	184
2019	87	2	86	0	6	47	51	1872	274
2020	103	0	42	0	4	0	3	645	169

资料来源：河池市残疾人联合会，2020年8月18日。

第四节 河池市残疾人就业援助服务供给制度及其运行成效

一、河池市残疾人就业援助服务供给制度

河池市残疾人就业服务主要依托残疾人联合会组织开展，现在已经建成12个残疾人就业服务中心，初步形成了市、县（区）、镇（乡）、村（社区）四级残疾人就业服务网络。但仅在市、县（区）分别设了残疾人就业服务中心或残疾人就业服务站，乡镇一级尚未设专门的就业服务站点，而是由民政工作人员兼任理事长。到村（社区）这一级，则设一名专职委员，由残疾人或残疾人的亲属来担任。残疾人就业援助制度内容主要由“就业培训援助制度，就业困难群体自主创业小额贷款和税收优惠制度，就业信息和职业介绍、就业岗位援助制度等组成”。① 如表3-3所示，残疾人自主创业小额贷款和税收优惠制度就是通过税收优惠政策及贷款贴息来激励和帮助残疾人进行自主创业；就业信息及职业介绍主要是以河池市残疾人联合会为纽带，由残疾人到市级或县（区）级残联下设的就业服务中心进行求职登记，而就业服务中心则负责收集用人单位的就业信息，将就业信息传达给残疾人，并将残疾人推荐给用人单位；就业培训援助制度就是由政府拨款，残疾人就业服务中心执行，为提升残疾人就业能力而开展的一系列技能培训；就业岗位援助制度是政府出资扶持或通过税收优惠、岗位补贴等办法开发建立就业岗位，以安置就业困难的残疾人员就业。

表3-3 河池市残疾人就业援助服务制度及其主要内容

名称	主要内容
小额贷款和税收优惠制度	通过贴息补息，鼓励和帮扶残疾人自主就业创业
就业信息及职业介绍	通过收集就业信息并向残疾人发布，推荐残疾人就业
就业培训援助制度	通过残疾人开展培训项目，提升残疾人人力资本
就业岗位援助制度	通过开发就业岗位，安置就业困难的残疾人就业

资料来源：河池市残疾人联合会，2020年8月18日，经笔者整理所得。

---

① 何筠，黄春梅．基于新公共管理的我国就业培训援助研究［J］．南昌大学学报（人文社会科学版），2010（6）：26-31.

二、河池市残疾人就业援助服务供给成效

（一）自主创业就业援助

自主就业创业扶持是残疾人就业援助服务供给中的重要一项。2020年，河池市出台了《关于做好2020年河池市残疾人自主就业创业扶持工作的通知》，对落实残疾人自主创业各项任务提出了明确指示。在河池市的创业扶持中，残疾人达到一定的条件就可以享受创业补贴。对此，河池市及各县区对残疾人创业的规模制定了相关的标准，如表3-4，巴马瑶族自治县对残疾人自主就业及创业规模做出了相关标准，比如创办有一定规模的种植业（5~10亩以上）、养殖业（养猪、牛或马5~10头以上，养蚕3~5张以上，养鸡、鸭100只以上等），或者是开办有固定场所的厂场、商店、摊铺等经营活动，达到以上所述的标准的可享受小额贷款等创业扶持优惠政策。2020年，河池市完成扶持残疾人自主创业就业176户，其中市级扶持户数60户，县（区）级扶持户数116户。从2020年全年数据来看，在残疾人自主创业扶持上，市级承担的任务量为三分之一，侧面反映出县（区）级创业扶持力度较弱，资源更倾斜于市区，农村地区的残疾人创业就业扶持发展较为缓慢。

表3-4　巴马瑶族自治县残疾人创业扶持标准

种植业	5~10亩以上
养殖业	养猪、牛或马5~10头以上
	养蚕3~5张以上
	养鸡、鸭100只以上
经营性活动	固定场所的厂场
	固定场所的商店
	固定场所的摊铺

资料来源：巴马瑶族自治县残疾人联合会，2020年8月21日。

（二）就业培训援助

根据广西壮族自治区颁布《广西残疾人职业技能提升计划（2019—2021年）的通知》，河池市及各县（区）分别开展残疾就业培训服务项目。首先，在技能培训项目上，一般包括种养殖、计算机操作、汽车美容、电器维修、美发、盲人按摩、电动车维修等培训项目。其培训产生的费用由残联提供，如培训期间学费、食宿费、往返交通费等。市级开展的培训对象为河池市就业年龄

段内的残疾人，各县（区）的培训对象为本县（区）内就业年龄段残疾人。由各县（区）有职业技能培训需求的残疾人（或残疾人亲属）持残疾证到本县（区）或市残联报名，由县残联制订培训方案并下发文通知后，统一组织开展培训。同时要求参与培训的残疾人要具有劳动的意愿，以及具备接受培训的条件和能力。此外，属于建档立卡贫困户的残疾人可以优先参与培训。在河池市各级残疾人就业服务中心的组织下，残疾人就业培训援助得以开展并且取得了一定成效。2020 年河池市本级和各县（区）残联全年共举办 86 个培训班，其中包括盲人按摩培训、残疾人驾驶汽车培训、妇女手工制作、电子商务以及实用技术培训等项目，共培训残疾人 1993 名，就业率为 76%。河池市残疾人在经过技能培训之后，有效提高了就业率，表明技能培训在残疾人就业援助服务供给中起着重要作用。

（三）就业岗位援助

岗位援助的实施有多种途径，最常见的是公益性岗位。从河池市 2018—2020 年数据来看，残疾人在公益性岗位的安排上数量较少，各地区的残疾人公益性岗位安排不足，成效不高。同时，开展就业援助月也是为残疾人提供就业岗位的途径之一，河池市各级残疾人服务机构与人力资源和社会保障局等相关部门每年都会定期合作开展困难群体就业援助月，参与的企业一般是来自一线城市的企业以及本市部分企业，为残疾人等就业困难群体提供岗位援助，残疾人则包含在就业困难群体当中。2020 年就业援助月期间，河池市共举办了 11 场专题招聘会，为就业困难人员提供的就业岗位共 265 个。在残联及相关部门的组织下，2020 年登记失业的 146 名残疾人，在参与就业援助招聘会中，有 23 名失业残疾人成功实现再就业。尽管再就业残疾人比例不高，但有了一定的成效。

表 3-5 河池市 2020 年残疾人就业援助月开展情况

专题招聘会	岗位数量	登记失业人员	就业人数	就业人数比例
11 场	265 个	146 人	23 人	15.75%

资料来源：河池市残疾人联合会，2021 年 3 月 8 日。

（四）就业信息及职业介绍援助

为残疾人提供就业信息及职业介绍是河池市促进残疾人就业的重要方式，通过当地残疾人到残疾人就业服务中心进行求职登记，服务中心再根据残疾人的求职信息，做好相关登记，如有用人单位有招工需求，就将登记求职的残疾人推荐给用人单位。河池市残疾人就业服务中心在用人单位与残疾人之间形成一条纽带，为残疾人提供职业介绍服务。河池市发布就业信息的主要方式是通过各级就业服务中心层层传达，最后由街道（社区）相关负责人将就业信息传达给需要就业的残疾人。另外，还有一种途径是通过网络招聘，发布就业相关信息，也有部分县（区）利用微信等聊天软件建立相关就业信息发布群，为残疾人发布就业信息。如2020年，河池市高校应届残疾毕业生共有91名，为了促进高校残疾毕业生的就业，河池市各级残疾人就业服务中心通过与当地教育部门合作，对高校应届毕业生开展就业援助，通过网络招聘会等渠道推荐高校残疾毕业生就业，最终使该届毕业生在当年内的就业率达到了82.69%，就业成效较好。同时也充分表明学历高的残疾人更容易就业，教育在促进残疾人就业中有着不可或缺的作用。

三、河池市就业援助服务供给对象调查概况

本研究主要运用的研究方法为实地访谈及问卷调查，笔者于2020年8月18日至2020年8月29日期间，前往河池市进行为期12天的实地调查，选取河池市本级及两区一县作为深入调研地点，即经济发展相对较好的金城江区、宜州区，以及在河池市五个民族自治县中选择了具有较强代表性的巴马瑶族自治县作为深入调查地点。同时，在实地调研后续，通过河池市残疾人联合会向全市各县分发调查问卷，以提升调查结果的全面性和可靠性。此外，在后期使用了SPSS处理和分析问卷数据。

（一）调查的内容和方式

为了对河池市残疾人就业援助服务供给有一个更好的整体把控，本研究通过问卷调查研究的方式对河池市残疾人进行了随机抽样调查。在问卷设计前期，笔者阅读了相关文献资料，并进行归纳和整理，发现前人研究困难人员的就业援助时，一般都从困难人员的文化水平、就业情况、工资收入、服务内容等方面进行分析。基于此，本研究的调查问卷主要围绕残疾人的类型及等级、就业情况、工资水平、就业意愿、服务需求等内容设计。

（二）问卷框架和步骤

本研究参考了前人的研究，将问卷框架大体分为三个部分。第一部分是调查残疾人的基本信息，即收集河池市残疾人的性别、年龄等数据，掌握河池市就业年龄段残疾人各项基础信息；第二部分是调查残疾人的就业单位、就业途径及其接受就业援助服务情况，从中观察河池市残疾人就业援助服务供给的实施效果；第三部分是收集河池市残疾人对就业援助服务供给的满意度及其需求，为下文提出完善河池市残疾人就业援助服务供给的建议提供依据，使河池市残

疾人就业援助服务供给更具有针对性。

（三）调查结果

本次问卷调查采用线下采集和线上调查两种方式。即针对河池市残疾人文化水平偏低，理解能力较弱的群体特征，调查形式采取线上、线下发放问卷等方式相结合。线上调查对象为能够熟练使用互联网的残疾人，线下调查对象为对互联网使用存在障碍的残疾人，包括精神残疾、智力残疾以及不识字的残疾人，由笔者或者其亲属代其填写。本次调查共发放了230份问卷，最终回收了192份，回收率为83.5%。其中有效问卷为174份，回收问卷有效率是90.62%。

1. 性别、户籍及年龄

本次调查对象分别有男性116人，女性58人，约各占67.67%和33.33%。按户籍划分，城镇户籍残疾人共27人，农村户籍147人，分别约占15.52%和84.48%。按年龄划分，16~20岁残疾人共3人；21~30岁共39人；31~40岁共67人；41~50岁共50人；51~60岁共15人。各个年龄段，人数占比最高的是31~40的年龄段，占38.51%，这个年龄段的残疾人大多是已婚，家庭的负担使他们的就业需求更为迫切，其次是21~30岁的残疾人，占22.41%，这个年龄段是就业的黄金年龄段，是残疾人就业服务中心的重点援助对象。

2. 婚姻状况

在接受访问的残疾人中，已婚的残疾人有98人，约占56.32%；未婚的有71人，占40.80%；离异的3人，占1.72%；丧偶及其他情况的各1人，各占0.57%。已婚残疾人数占比例较大，相对于未婚的残疾人，已婚残疾家庭负担更为紧迫，更需要通过就业来维持家庭运转。

3. 残疾类型及等级

按残疾类别划分，本次受访对象有视力残疾13人，占总人数的7.47%；听力残疾、言语残疾各6人，各占3.45%；肢体残疾人数最多，共有124人，占71.26%，肢体残疾人占了总人数的一大半；智力残疾有18人，占10.34%；精神残疾7人，占4.02%。按残疾等级划分，一级残疾人共有28人，占16.09%；二级残疾60人，占34.48%；三级残疾47人，占27.01%；四级残疾39人，占22.41%。

4. 文化情况

在文化水平上，小学文化水平以下的人数相对较多，共64人，占总数的36.78%；初中文化水平的残疾人的比例最大，共65人，占37.36%；高中及中专则有24人，占13.79%；大专及以上有21人，占总人数的12.07%。中小学文化程度的残疾人占大多数，反映了河池市残疾人文化水平偏低。

5. 就业情况

实现就业的残疾人按就业单位类型划分，在公益性岗位就业的人数为 11 人，占 6.32%；福利性企业 1 人，占 0.57%；国有企业、集体单位 5 人，占 2.87%；自主创业 16 人，占 9.20%；灵活就业 23 人，占 13.22%；其他就业 35 人，占 20.11%；未就业 83 人，占 47.70%。

6. 收入情况

按收入情况划分，受访的已就业残疾人工资水平偏低，如表 3-6，已就业的残疾人月工资收入少于 1500 元，约占总人数的 25.86%；月收入为 1500~3000 元，占 19.54%；月收入为 3001~4500 元、4501~6000 元各占 2.87%；而月收入为 6001~7500 元仅占 1.15%。

表 3-6　受访残疾人收入情况表（N=174）

项目	类别	百分比	个案数
月收入	1500 元以下	25.86%	45
	1500~3000 元	19.54%	34
	3001~4500 元	2.87%	5
	4501~6000 元	2.87%	5
	6001~7500 元	1.15%	2

7. 残疾人满意度及需求

在已接受过残疾人就业援助服务的残疾人群体中，共 26 人觉得“非常满意”，占 14.94%；46 人选择“满意”，占 26.44%；43 人选择“一般”，占 24.71%；1 人选择不太满意，占 0.57%；3 人选择“不满意”，占 1.72%。反映出残疾人对河池市提供就业援助服务满意较高，其中选择“非常满意”及“满意”的占总人数的 41.38%，而“不满意”及“不太满意”的仅占 2.29%，关于满意度较高的原因可能是河池市农村残疾人口占绝大多数，受农村精准扶贫政策的惠及，满意度较高。但选择“一般”的残疾人也占一定的份额，占 24.71%。说明河池就业援助服务的供给还有一定的完善空间。其中，选择“一般”及“不太满意”“不满意”的受访者，不满意的原因觉得工资水平太低，不足以维持生活的有 36 人，占总人数的 20.69%；选援助帮扶期限不够长的有 16 人，占 9.19%；选职业发展空间小的有 15 人，占 8.62%。

参与调查的残疾人表示，希望得到政府为他们提供就业援助服务。43 位残疾人选择“就业推荐”，约占 24.71%；44 人选择“政策支持”，占 25.29%；16

人选“政策咨询”，占 9.20%；16 人选择“就业指导”，占 9.20%；15 人选“职业鉴定”，占 8.62%；51 人选择“职业培训”，占 29.31%；78 人选择“资金扶持”，占 44.83%；29 人选择“自主就业和创业辅导”，占 16.67%；57 人选择“就业岗位”，占 32.76%；13 人选择“其他”，占 7.47%；6 人无需求，占 3.45%。其中，排在前三的分别是“资金扶持”“就业岗位”职业培训”。

第五节　河池市残疾人就业援助服务供给存在问题及原因分析

一、残疾人就业援助服务供给存在的问题

（一）就业援助服务供给主体单一

1. 服务供给主体过于集中

从积极福利主义理论视角来看，残疾人就业援助服务供给主体应是多元化的，但是当前河池市的残疾人就业援助服务供给过度依赖政府部门及残疾人联合会，其他主体参与较少。政府、残联等公共部门过于绝对的供给地位，使河池市无法真正形成由政府部门主导、家庭支持、社会力量参与的多元化供给主体体系。同时受传统观念的影响，尽管政府强调要加强残疾人事业的发展，但在经济落后的民族地区，残疾人受到的社会关注度仍不高，援助残疾人就业的氛围不浓，更多地认为对残疾人提供就业援助服务是政府及残联的责任。因此，河池市的残疾人就业援助服务的工作大部分都由政府主导的残疾人就业服务中心承担。然而，推进残疾人就业是一项长期而复杂的任务，不仅需要发挥政府、残联的作用，还需要充分发挥社会组织、企业、社区甚至家庭的作用，以提升残疾人就业援助服务供给效能，保障残疾人就业援助服务的专业性。同时，服务供给主体呈现多元化才能增强政府在残疾人就业援助中的调控作用，为政府、残联等公共部门在残疾人就业援助服务供给中提供重要支撑。

2. 社会组织参与程度低

如前文所述，以政府为主导的多元主体共同参与残疾人服务供给在我国目前的法律上有所体现，但实地走访发现，目前河池市残疾人就业援助服务供给的大部分工作主要是由政府主导的各级残疾人就业服务机构承担，社会组织参与程度不高，与其他城市的残疾人就业援助服务供给相比，河池残疾人就业援助服务的供给缺乏社会支持，尚未充分调动社会资源。如表 3-7 所示，广西省

（自治区、直辖市）助残社会组织共有 4 个，社会团体共 3 个，基金会则有 1 个，无社会服务机构；市（地、州、盟）助残社会组织 6 个，社会团体 3 个，基金会 1 个，无社会服务机构；县（县级市、市辖区）助残社会组织 9 个，社会服务机构 7 个，无社会团体及基金会。其中只有一家县级助残社会组织分布在河池市。从数量及分布来看，对比广东省的助残社会组织，广西助残社会组织力量在整体上发展相对薄弱，其中，广东基层助残社会组织发展势头较足，广西基层助残社会组织后劲不足。因此，河池市社会组织在残疾人就业援助服务供给中起到的力量也相对薄弱，参与程度也较低。

表 3–7　广西壮族自治区与广东省助残社会组织建设对比　　单位：个

名称	广西壮族自治区	广东省
省（自治区、直辖市）助残社会组织	4	9
其中 社会团体	3	8
基金会	1	1
社会服务机构	0	0
市（地、州、盟）助残社会组织	6	44
其中 社会团体	3	7
基金会	1	1
社会服务机构	0	35
县（县级市、市辖区）助残社会组织	9	73
其中 社会团体	0	19
基金会	0	0
社会服务机构	7	54

资料来源：广西残疾人联合会、广东残疾人联合会官网，2021 年 3 月 8 日。

3. 当地企业责任发挥不充分

从河池市残疾人整体就业类型来看，残疾人就业仍以种养殖就业、居家就业等灵活性较强的就业方式为主，按比例就业成效不佳，在企业就业的残疾人较少，侧面反映出河池市企业在残疾人就业援助上尚未充分发挥作用。同时，从残疾人就业培训项目及就业援助招聘会的开展来看，其援助项目、资金及岗位大多来源于其他省份的企业，来自本市的企业相对较少。让企业招录残疾人就业存在较大困难，即使很早就出台了残疾人按比例就业的相关政策，但在实践中推行仍困难重重。在对河池市残疾人联合会就业服务事项相关负责人进行了访谈，对此有了更深刻的了解。

访谈1：河池市某县（区）工作人员A先生表示，自从残疾人按比例就业相关政策出台后，残疾人在就业上有了政策的保障，残疾人的社会地位有所提升，在就业上也有一定的效果。但存在的问题是国家党政机关及事业单位对残疾人的岗位安置指标易于达成，但是企业的不可控因素比较大，一直存在困难，部分企业对残疾人的就业歧视依然较大，宁可出钱缴纳残疾人保障金，也不愿意接纳残疾人到单位就业。为此，残联曾尝试通过法院、人力资源和社会保障局等部门，制定相关规定，在一定程度上强制企业按比例接纳残疾人就业，但推行情况并不理想。因此，当地企业在河池市残疾人就业援助服务供给中发挥的作用较小。（河池市某县（区）工作人员A先生，编号：HC2020001）

（二）就业援助服务供需结构失衡

1. 残疾人就业援助服务总量供给不足

虽然我国公共就业服务体系的建设分别在“十二五”“十三五”规划都被纳入了重要事项中，残疾人就业援助服务是公共就业服务的重要部分，在建设上有所加强，但目前残疾人就业援助服务的供给依然不足，尤其是在民族地区仍面临供给不足的困境。河池市就业年龄段的残疾人口多，且文化程度低，其中年纪偏大的“文盲”占有一定的数量。为此政府开办了“文盲就业培训班”，但是配套资金有限，无法满足大量的残疾人参加培训的需求。同时，在师资力量上，相关技能培训师资力量也很薄弱，所具资格单一，很难满足残疾人对于培训技能的多样化需求。同时，符合残疾人就业培训资质的机构较少，如河池市目前只有一所培训机构符合承接盲人保健按摩培训的资质，即河池市职业教育中心学校，是于2015年通过政府公开招标残疾人职业技能项目而中标的机构，其他11个县（区）均无符合承接盲人保健按摩培训的机构，因此，给培训工作带来很多不便，每年的盲人培训工作只能通过市级开班来开展工作。

2. 残疾人求职与企业需求结构失衡

河池市机关事业单位招聘残疾人时绝大多数要求残疾人文化程度在大专以上（含大专）或持有会计证；企业则是大多数要求文化程度为高中、中专以上学历（含高中、中专）或有其他执业资格；而到残疾人就业服务中心登记求职的残疾人文化水平相对低，大多数都是初中以下学历（含初中）。截至2017年9月8日，在河池市持证残疾人中，初中以下学历（含初中）共有51913人，占整个市总残疾人口的91.01%，中专学历的共有953人，仅占1.67%，高中学历的共有3400人，占5.96%，大专以上学历（含大专）则有772人，也仅占1.35%。中专以上文化程度（含中专）的持证残疾人，就业率较高，而大部分未就业的残疾人都是文化水平低且不具备相关从业职业资格证的残疾人，这造成了残疾人求职者需求与企业的招聘需求结构性失衡的问题。通过以上数据统计，可看出残疾人求职者需求与企业的招聘需求存在结构性失衡的问题，笔者在对残疾人就业服务中心的工作人员进行访谈时，又对该问题有了更具体的认识。

访谈2：在企业提供的残疾人“培训—就业”的援助服务项目中，有些企业的残疾人援助培训项目门槛较高，要求残疾人具备多方面的素质。如在开展“关于举办2020年河池市残疾人淘宝‘云客服’行动计划”培训班中，文件要求参加培训班学员必须是属于建档立卡贫困户的残疾人，并且要求残疾学员必须有一定的计算机基础，支付宝信誉达到三星级以上才能报名参加。但是根据对河池市残疾人的基本情况分析，大多数残疾人都没接受过高等教育，很多残疾人因经济能力不足，地理位置偏僻，快递无法直达等因素基本就没接触过计算机电脑，网上购买能力也不强，自然不具备三星级的淘宝信誉，无法达到培训班的门槛，这既加大了筛选残疾人参加培训的难度，又将许多残疾人拦截在门槛之外。（河池市残联工作人员H先生，编号：HC2020002）

（三）就业援助服务供给效率低

1. 信息传达效率不高

沟通方式的落后，使得工作人员在工作过程中，只能通过电话联系残疾人，且很多残疾人的通信经常失效，导致残疾人就业服务机构无法及时与残疾人取得联系，在这过程中，工作效率很低下。即就业援助信息服务供给渠道单一，大多服务中心还仍然通过传统的电话通知、口头通知等方式输送残疾就业援助服务信息，容易造成信息沟通不到位等问题，进而使残疾人与用人单位之间存在双向信息获取障碍，既使残疾人无法有效获取就业信息，也使用人单位不能及时得到残疾人的回应，增加残疾人获得就业机会的难度，影响提升残疾人的就业率的进程，也大大降低了残疾人就业援助服务供给工作的传达效率。

2. 工作执行力度不足

残疾人就业援助服务供给工作执行力度不足。在残疾人就业援助服务供给过程中，主要以残联为依托，而残联人力、物力的稀缺又导致工作执行力度不足，工作效率低下。负责残疾人就业援助的就业服务中心常常有人员配置不足的情况，就业服务中心工作人员面对人数众多的服务对象，日常工作任务较为繁重，客观上造成工作执行力度不够强的问题，有案例为证。

访谈3：工作中经常面临人手不足的问题。残疾人就业服务中心从市级到各县（区）的工作人员都较少，如河池市本级就业培训中心及盲人按摩中心就只配备了两名工作人员，然而就业培训中心及盲人按摩中心的工作量比较大，在日常开展工作时，常常出现人手不足的情况，想在残疾人就业援助服务供给中有所提升和创新也是心有余而力不足。（河池市残联工作人员B先生，编号：HC2020003）

除此之外，工作人员的业务适应期长，业务能力不足，开展工作的执行效果不佳，尤其是县（区）级的残疾人服务中心，往往需要临时聘用工作人员，临聘人员的业务水平相对低，影响服务中心的工作开展力度。

访谈4：残联的工作人员流动性非常频繁，现有的工作人员几乎都是新调动过来或者新招来的编外人员，当前还在熟悉业务中，现存的工作人员只够勉强维持基本的日常工作，无法开展其他业务，更别说是创新残疾人就业服务机制。还有的岗位是公益性岗位，期限较短，缺乏稳定性。人员流动性频繁的原因，主要因素是残联待遇跟不上，招聘难，也留不住人，人员的变动常使工作交接缓慢，需要一定的过渡时间，对工作的执行效果也有所折扣。（河池市残联L理事长，编号：HC2020004）

3. 就业推荐服务成效低

就业推荐是残疾人职业介绍援助中的一项，但从已经就业的残疾人的调查中发现，从就业途径来看，已就业残疾人中有 24 人是通过残疾人服务机构推荐，约占总人数 13.79%；49 人是通过参加招聘会就业，占 28.16%；亲朋好友介绍的有 10 人，占 5.75%；社区街道推荐有 6 人，占 3.45%；其他途径 2 人，占 1.15%，残疾人服务机构推荐的比例不高。从河池市就业服务中心 2020 年 1 月至 2020 年 8 月期间的就业推荐成功率也反映出这一点，在这期间，到市级残疾人就业服务指导中心填报求职登记的残疾人共 30 多人，但成功推荐就业的只有 1 人，通过就业服务中心推荐残疾人就业的成功率低。

（四）就业援助服务供给长效性不足

1. 残疾人无法适应就业环境

河池市残疾人在接受就业援助服务之后，往往无法接受新的就业环境。河池市的农村残疾人口众多，大多分布在山区，地理条件封闭，经济交通发展都比较滞后，受教育的程度低。同时由于长期生长在农村地区，各方面的综合能力跟不上外界的迅速发展，言语能力及生活技能的限制让残疾人无法适应新的工作环境，在上岗之后又相继返回家乡，造成残疾人在通过接受就业援助服务来实现就业后又再次相继失业。

2. “培训—就业—失业”模式恶性循环

河池市残疾人在接受就业培训服务的援助之后，就业完成率较高。经过“培训—就业”的援助模式，使接受援助的大部分残疾人能够上岗就业。但是经过一段时间之后，残疾人基本集体失业，如上文所述，残疾人无法适应新的就业环境，或者身体无法承受工作的强度与时长，进而形成“培训—就业—失业”的恶性循环就业模式，使残疾人形成不稳定性的就业和失业。

访谈 5：2019 年 6 月，河池市 35 名盲人参加河池市盲人按摩初级培训班，毕业后就业率高达 82%，其中一半以上的培训班学员到达广州、深圳从事盲人按摩行业。然而在 2020 年经河池市残疾人联合会工作人员跟踪调查，发现这批学员大部分都已失业。原因是部分盲人不会说普通话，无法跟客户沟通交流。河池市部分盲人从小生活在农村，很少出家门，生活技能低下，无法适应大城市的生活环境。还有部分残疾人文化底子差，操作能力低，对技术掌握不足，导致他们无法适应岗位的实践。（河池市残联 C 先生，编号：HC2020005）

除了普通残疾人的岗位援助，还有针对安排精神及重度残疾人就业而设立辅助性机构，是重度残疾人就业的重要方式，但基层组织在辅助性机构建设的过程中，由于预估偏差，辅助性就业岗位的强度超出了残疾人的承受能力，导致在安排残疾人就业之后，又再次批量离岗。

访谈6：金城江区残联在2012年响应政策的号召，试图建设残疾人辅助性机构，并与当地的服装厂建立合作关系，把辅助性机构设在服装厂，安排残疾人进入服装厂工作，但因残疾人的身体条件限制，无法长期支撑岗位的工作，最终纷纷离岗，辅助性就业入驻服装厂的计划只能终止。随后，金城江区残联将辅助性就业机构设在当地的精神病院，安排残疾人负责病人的食物输送等日常工作，每个月300~400块钱的补贴，尚未形成独立的规范的残疾人辅助性机构。（河池市残联F女士，编号：HC2020006）

3. 缺乏长期稳定就业岗位援助

如前文所述，河池市残疾人整体就业率不高，且就业水平偏低。从类型来看，残疾人就业多以灵活性较强的就业形式为主，缺乏长期性、稳定性的岗位援助。在公益性岗位就业安置上，岗位补贴期限仅为三年，在三年之后，残疾人又会被用人单位辞退，再次失业。在辅助性就业中，由于对象是重度残疾人，因难以承受长期的工作压力而导致失业。同时，在企业的岗位援助中，企业很少与残疾人签订长期合同，残疾人福利、身心健康及安全保障等方面不受重视，从而造成残疾人就业的不稳定性。如表3-2，从河池市2018—2020年的数据来看，残疾人就业情况变化幅度较大，缺乏稳定性。尽管灵活性就业已经是我国促进残疾人就业的一种重要方式，但是仍需以较为长期稳定的就业模式作为支撑，若无稳定性的就业模式支撑，便无法保障残疾就业工作的有序推进。

（五）就业援助服务理念推广效果欠佳

1. 残疾人对服务了解不足

近年来，尽管政府部门积极宣传残疾人公共服务政策，但相对于低保、教育等这类的经济补贴及优惠政策，就业援助服务的知晓度会更低。在本次调查的174位残疾人中，在被问及对残疾人就业援助服务的了解程度时，13人选择了“很了解”，占总人数的7.47%；73人选择“了解一部分”，占41.95%；81人选择“了解不多”，占46.55%；7人选择“不关心”，占4.03%。从参与调查的人中，可看出很大一部分的残疾人对就业援助服务的了解程度不高，反映出残疾人就业援助服务供给的政策宣传效果不佳，还有待继续加强，并且有少数残疾人就业观念薄弱，对待就业政策的态度较为冷漠，积极主动性不够高。

2. 残疾人就业观念淡薄

残疾人的生理缺陷以及社会环境的歧视，往往使得残疾人自身感到内心自卑。尤其是河池市残疾人人口绝大部分分布在农村，思想观念相对传统，就业观念也相对淡薄，即使完成了九年义务教育的残疾人也往往选择留守村庄，长期留在家里而不出去找工作，或是曾尝试外出工作，但是在受到就业歧视的打击后，便打消外出就业的念头。

访谈7：C女士，24岁，已婚，初中学历，属于农村建档立卡贫困户，家中4口人，3人为残疾人，C女士的丈夫、母亲也是残疾人，现生有一女，丈夫在外务工，C女士自己则留在家照顾年迈的老母亲和幼小的孩子。C女士因住在石山地区，自己初中毕业以后，觉得上学路程太遥远，就辍学回家，很长时间都待在家里，因为觉得出去了也找不到工作，后来中途曾尝试出去就业，但是因残疾而屡屡被拒，也曾在村里的电子厂就业，但是村里的电子厂很快就倒闭了，C女士又再次失业。当前在扶贫干部的帮助下，C女士被安排到村里的公益性岗位上，平时负责村里的清洁卫生工作，但是公益性岗位补贴不高，临时性比较强，C女士表示自己对残疾人就业方面的政策了解较少，希望能够了解更多与残疾人就业援助服务的相关信息，并且希望能够参加市级的相关技能培训，使自己能够走出去就业。（河池市巴马瑶族自治县M村，编号：HC2020007）

二、河池市残疾人就业援助服务供给存在问题的原因

（一）就业援助服务供给主体建设力度弱

1. 基层服务组织建设薄弱

政府作为残疾人就业援助服务的主要供给主体，在这当中起着决定性的作用。但政府主导的基层残疾人服务中心组织建设薄弱，无法吸引和组织带动社会力量参与其中，很多县（区）的残疾人工作机构因资金有限，大多数是在被动落实上级部门所要求的指标，工作创新动力不足，开展的特色工作也较少。如前文所分析，河池市农村残疾人口占比高达95.73%，但乡镇一级的残疾人服

务中心却是民政工作人员兼任理事长，很难把就业工作落实。同时在对河池市残疾人深入访谈的过程中，发现各村（社区）配备的残疾人专职委员文化水平、工作能力偏低，仅能做一些力所能及的日常传达工作，所起的实质性作用不大。基层残疾人组织建设的薄弱使其仅能完成日常的工作，由此以来，更难以与社会力量有所互动，难以带动社会的资源来提升残疾人就业援助服务的供给水平，长期造成残疾人就业援助服务供给主体的单一性，不利于形成多元化的供给主体，而且也会使残疾人服务机构负担过于沉重，不利于有效开展援助工作。

2. 社会组织发育不足

助残社会组织是政府对外购买服务，填补政府在公共服务供给缺口的一个重要主体。随着近年来"服务型政府"理念日益成熟，我国各级政府部门越来越多地通过购买服务来使社会组织代行政府的部分公共职能。但河池市助残社会组织却长期发展不足，从整体来看，广西助残社会组织的总体建设力量不足，河池市的社会组织建设还处于几乎空白的阶段。同时，河池市残疾人相关协会力量也很薄弱，如各残疾人协会在会中仅设 1~2 名成员，即会长及副会长职务，力量薄弱，加之在协会任职的残疾人自身并不富裕，心有余而力不足。因此在残疾人就业援助服务供给中的作用并不大，实质性效果不明显。由于助残社会组织先天不足，发展滞后，服务能力较低，在对残疾人群体实施援助的过程中，往往未能充分地发挥出它们应有的作用。

3. 当地企业参与动力不足

在与河池市残联相合作的企业中，大多来自深圳、广州等发达城市的企业，为河池市提供援助资金、培训项目及岗位，当地的企业援助服务供给数量少。其原因主要是河池市经济发展薄弱，企业数量少，并且以中小企业为主，尤其缺乏福利性企业，无法安排残疾人集体性就业。同时缺乏大型企业，小企业自身的能力较弱，一般情况下，为了使利益最大化，主要以追求经济利益为目标，从而忽略本该履行的社会责任，难以为当地的残疾人提供实质性的就业援助项目及岗位安置。同时，残疾人就业歧视法的不具体性也是当地企业拒绝接纳残疾人就业重要原因之一，我国残疾人就业法以原则性为主，缺乏可具体操作的规定，在实践中往往缺乏可操作性，残疾人在就业过程中，往往会遭遇到不同程度的显性和隐性歧视，由此降低残疾人就业相关法律规定的效力。

（二）就业援助服务供需匹配难度高

1. 就业援助服务资源投入不足

河池市残联 2020 年的财政预算为 690 余万元人民币，与广西壮族自治区内其他地级市相比较，河池市在残疾人就业援助服务上的财政投入相对较低，如

表3-8，本文选取与河池市经济、地理环境等因素较相似的崇左市，与之相邻的百色市，以及经济情况相对较好的玉林市同年财政预算情况作对比，百色市、玉林市的总投入要高出河池市近1倍，与河池市投入相近的崇左市在总预算上与之相近，但在残疾人扶贫及就业支出上要比河池市高出1倍左右。从以上对比来看，河池市在残疾人援助服务上的总投入相对较少。另外，从类别来看，河池市就业援助服务投入比例也相对较低。由此来看，经济投入不足是河池市残疾人就业援助服务供给不足的一项重要原因之一。

表3-8 河池市2020年残疾人联合会财政预算与其他市财政预算对比

名称	财政预算	残疾人扶贫及就业	残疾人扶贫及就业占总预算比例
河池市	690.32万元	98万元	14%
玉林市	1017.72万元	149万元	15%
百色市	1284.90万元	264.1万元	21%
崇左市	523.55万元	210.81万元	40%

资料来源：河池市、玉林市、百色市、崇左市人民政府网，2021年3月7日。

2. 残疾人就业观念缺乏变更

参与本次调查的残疾人表示，希望得到政府为他们提供就业援助服务。当被问及残疾人的就业意愿时，有36人选择公益性岗位，占总受访人数的20.69%；34人选择单位就业，占19.54%；38人选择自主创业，占21.84%；23人选择灵活就业，共占13.22%；43人选择其他，占24.71%。在选择的就业类型中，选择自主创业的比例最高，可见，这部分残疾人倾向于从事政府扶持力度大，发生高收入可能性更大的就业方式。还有部分残疾人群体更倾向于福利好、待遇高的单位就业，还有工作任务较为轻松，灵活性强的公益性岗位。选择灵活性就业的残疾人比例最少，说明残疾人群体传统就业观依然存在，不太愿意从事非正规性就业。但从河池市的岗位援助资源来看，难以为残疾人提供大量的稳定的就业岗位，需要以灵活性的就业方式来作为重要补充。

3. 部分企业岗位门槛高

在企业提供的“培训—就业”的援助模式中，部分岗位门槛较高，因此要求参加培训的条件也相对高。在市场上，总体就业压力本身就大，发达城市地区的企业对人才的要求本身越来越高，残疾人作为弱势群体，企业通常更倾向于聘用具有相对较高劳动能力的残疾人，既能享受安排残疾人就业的相关税收优惠，又能最大限度地发挥残疾人的劳动价值。这对于民族地区的残疾人来说是劣势，在较发达的城市，残疾人的文化知识水平及其他素质会比民族地区的残疾人相对要高，更容易达到部分企业所要求的“培训—就业”模式门槛，即部分企业所要求的条件更适用于较发达地区的残疾人，与河池市残疾人的实际情况难以吻合，这是残疾人求职与企业招聘需求结构性失衡的重要原因之一。

（三）就业援助服务供给体系不完善

1. 服务供给渠道不通畅

地理环境的限制是残疾人服务供给效率低的原因之一，河池市石山地区广布，又处于喀斯特地貌，自然条件较为限制，而残疾人中又绝大多数处于农村地区，地形的闭塞、交通的不便、网络服务的匮乏，大大地限制了残疾人获取就业援助服务信息的渠道。对于残疾人来说，交通的不便也使其难以前往城区接受相关培训。同时，也严重阻碍了残疾人就业服务机构输送就业服务的路径，造成了服务供给主体与供给对象的双向障碍。

同时，网络服务建设的滞后也大大降低了残疾人就业援助服务供给的工作效率。在大数据时代的背景下，残疾人就业服务信息网络的建设是推进残疾人就业所要建设和完善的重点项目之一，同时也是提升残疾人就业援助服务精准化、有效化的重要路径。但河池市残疾人的信息统计仅使用中国残疾人联合会统一开发的信息管理系统，缺乏市级自建的就业和培训等信息数据管理系统，很多信息仍是以纸质版方式保存，或者零碎式文档保存，未形成系统的录入和管理。加上工作人员变动频繁，容易造成信息衔接不上，工作持续性差的问题。同时，无法与其他有业务联系的相关部门实现互联共享，如残疾人失业登记业务是由人力资源和社会保障局负责，而负责主要残疾人业务的残联与人社局之间的信息并不能共享，这使残联很难精准把握残疾人的失业动态，降低了残疾人就业服务机构的工作效率。

2. 人力资源配置不充足

缺乏工作人员。在残疾人就业援助的人员配置上也缺乏合理的配置，时常缺乏人手，主要原因是招聘难，在河池市的观念中，不仅存在外部人员对残疾人的偏见和歧视，对残疾人事业的从业者也戴有色眼镜，因此很多人不愿意到残疾人服务机构就业，使得残疾人服务机构在招聘人员上面临较大的困境，各级部门普遍面临招工难的困境，时常缺乏人手，无法腾出手为残疾人提供更好的就业援助服务。此外，招聘文化素质高的人才更难。河池市属于地级市，工资水平较低，交通及生活基础设施都较为落后，往往很难招到包括残疾大学生在内的高等院校人才。招聘难的问题也使得残疾人就业服务机构面临青黄不接的困境，使服务队伍年龄结构失衡，如表3-9，以河池市市级残疾人联合会与巴马瑶族自治县残疾人联合会为例，市级残联16~30岁工作人员仅有1人，占服务队伍人数的7.6%；30~45岁为8人，45岁以上4人。在巴马瑶族自治县残联中16~30岁的工作人员有2人，30~45岁为8人，45岁以上为7人，16~30岁的人员仅占服务队伍的11%，而45岁以上的人数占41%，总体来看，16~30岁的年轻工作人员较少，年龄结构存在一定的失衡。同时在残疾人就业服务机构中，不仅面临招聘难的问题，还存在工作人员流动频繁的问题，因职业发展前景受限，发展渠道单一，待遇也比较低，造成人员更换频繁，导致很多业务衔接不上的情况发生。因此在残疾人就业服务的业务上很难形成长效工作机制，只能完成短期内的工作任务，导致残疾人就业援助服务工作率不高。

表3-9　河池市部分残疾人联合会服务队伍年龄结构情况

名称	16~30岁	30~45岁	45岁以上
河池市残疾人联合会	1人	8人	4人
巴马瑶族自治县残疾人联合会	2人	8人	7人

资料来源：河池市、巴马瑶族自治县残疾人联合会，2020年8月21日。

3. 网络招聘建设滞后

如前文分析，地级市存在财政资金匮乏、人才难求以及网络信息服务建设滞后等问题，进而使残疾人就业网络招聘举步维艰，因缺乏相关资金和网络建设及维护的技术人才，主要负责执行残疾人就业援助服务工作的残疾人就业服务中心无法通过专门的官方网站实时公布和更新残疾人就业信息。更多只能通过最传统的方式，即通过社区工作人员电话联系或者口头传达，甚至面临因残疾人更换联系方式而联络不上的问题，阻碍了就业服务信息的传达，更是降低了就业信息的时效性，降低工作人员的工作效率。同时，由于知识的限制，残疾人对网络的使用也存在很大障碍，很多残疾人不会使用互联网，因此企业在网络招聘中，往往很久得不到回应，因此很多用人单位并不愿意通过网络招聘来招聘残疾人。就业信息不对称阻碍了残疾人获取充分的就业信息，降低了残疾人就业服务机构的工作效率。

（四）就业援助服务长效供给机制不健全

1. 缺乏残疾人职业评估机制

缺乏科学的残疾人职业评估设计。相关研究表明，残疾人获取就业机会的概率会比健全人少，并且会随着残疾程度的加深而递减。[①] 正如在本次问卷调查中，未就业的受访残疾人有47.70%，而这部分残疾人都认为身体条件限制是阻碍他们就业的主要原因，在未就业残疾人认为阻碍其就业的因素中位居第一。由此可见，残疾人的身体状况是影响其就业的主要原因之一。河池市残疾人"培训—就业—失业"循环的重要原因是前期缺乏科学合理的评估设计，公共部门在对残疾人提供就业援助服务时，未在前期针对残疾人的实际情况进行科学的职业评估及心理疏导，为残疾人提供有针对性的符合自身实际的服务项目，导致残疾人在接受相应的培训并进入工作岗位后，无法适应工作岗位的强度以及工作的环境，进而相继离职，再次批量失业。这大大地降低了残疾人就业援助服务供给的有效性。导致所做的援助工作效益不高，在一定程度上浪费了前期人力物力的投入。

2. 缺乏长期持续性追踪机制

残疾人就业援助服务供给是一个长期持续的过程，除了培训、就业，还应包括维持，才能使残疾人就业援助服务供给长期有效。但当前河池地区在残疾人就业援助过程中缺乏服务后续的追踪系统，据笔者深入调查，市一级的残疾人服务机构在帮助残疾人就业之后，会做定期的抽查回访，了解残疾人就业的后续情况，但在县级及县级以下机构仍相当缺乏后续的追踪工作，在残疾人就业后或者接受相关培训之后就中断了残疾人就业援助工作的后续服务，这不利于建立长期有效的残疾人就业援助服务供给机制，很难真正有效地解决残疾人的就业问题。

3. 缺乏长效稳定的岗位配置

河池市在残疾人就业援助服务供给体系中，缺乏科学性的就业岗位配置。主要表现在河池市残疾人城镇就业岗位总体偏少，如表3-2，从2018—2020年河池市的残疾人整体就业情况来看，"农业种养加"的就业方式相对其他就业形式比例过高，另外，在残疾人就业类型中，残疾人按比例就业形式占较少部分，居家就业、个体就业等灵活性较强的就业形式的比重较大，体现出残疾人就业的岗位水平偏低，就业结构有待优化，长期性、稳定性岗位安置与短期性、灵活性岗位援助比例失衡，难以形成长期有效的就业岗位援助机制，从而使河池市残疾人就业援助服务供给所取得的工作成效缺乏长效性，虽然使残疾人在短时间内得到就业安置，但长此以往，又致使残疾人经常性失业。同时，大量的

---

① 闫宇豪，李翔．社会转型期残疾人就业问题探析［J］．科技情报开发与经济，2007（5）：102-103.

灵活性就业岗位援助并不能满足大部分残疾人的求稳求质量的就业需求。

（五）就业援助服务理念宣传障碍大

1. 宣传对象知识水平低

残疾人事业的发展越来越受到重视，但是在残疾人事业发展中，就业援助政策及新型就业观念的宣传仍较弱。同时，残疾人作为宣传的对象，对政策的理解能力较弱。尽管政府及残疾人联合会也通过宣传来使就业援助服务政策得到推广，以积极引导残疾人就业，但宣传方式仅更多为通过政府官网发布政策文件，在占有绝大多数的农村残疾人中的宣传不足，农村残疾人的综合素质较低，很多人的文化知识水平不足以自行阅览政府官网的政策文件，难以获得有效的就业政策信息，因此残疾人就业援助服务政策的宣传效果并不理想，相关部门在残疾人就业援助服务政策的引领工作力度尚且不够。

2. 社会传统观念依然固化

对残疾人的歧视和偏见一直是社会存在的长期问题，尤其在民族地区，环境的闭塞往往不利于新残疾人观的传播，观念更为滞后，这给残疾人就业援助工作的开展造成了阻碍。近年来，以政府为主导的社会各界积极倡导共商、共建、共享的新残疾人观，推动残疾人平等参加社会建设的良好氛围的形成，但在倡导扶残助残的风向上，一定程度上过分强调残疾人的弱势。在残疾人援助服务供给中，更多注重给予残疾人直接的经济援助，而忽视了其所具备的发展潜力。即看不到残疾人群体人力资源上的特殊优势，导致社会公众对残疾人就业缺乏社会认同。这使得残疾人就业援助理念淡薄，忽略了残疾人更高层次的就业需求，这难以让残疾人能够平等地进入劳动市场，进而更好地融入社会。

第六节　完善残疾人就业援助服务供给的建议

从前文的分析来看，河池市残疾人就业援助服务供给仍存在诸多困境，笔者试着从中国特色残疾人就业权利保障理论、积极福利主义理论、服务型政府理论的视角去探索有利于促进河池市残疾人就业援助服务供给的建议。即主要从残疾人就业援助服务供给主体如何建设，政府的公共服务职能如何履行，残疾人就业权利又应该如何保障等问题出发，详细分析完善河池市残疾人就业援助服务供给的建议。

一、加强残疾人就业援助服务供给主体建设力度

（一）增强基层组织建设

增强基层组织建设，提升基层组织的业务水平。在服务型政府的视角下，政府应为残疾人提供公共服务，即政府作为残疾人就业援助服务供给的主导者，应为残疾人就业提供保障。而基层组织在残疾人就业援助服务中承担着主要的执行任务，政府应加强残疾人基层服务组织的建设，完善顶层设计，并具体问题具体分析，从实际出发，设立专门的乡镇级残疾人服务机构，加强农村地区残疾人就业援助服务供给工作的深入推进，将其列为乡村振兴的重要事项之一。因为在民族地区，城镇化率低，农村地区广布，如前文所分析，农村残疾人口占比高达95.73%，反映出河池市残疾人就业服务重心在基层地区，基层工作任务繁重，但当前乡镇地区的残疾人服务机构人员是由乡镇民政局工作人员兼任，完成日常事务已经实属艰难，更无力腾出精力专心做好残疾人就业援助服务供给工作，为残疾人提供有质量的就业服务。因此，基层组织的人力物力资源应当有所增加，补足力量，切实做好基层就业援助工作。

（二）调动社会组织力量

调动社会组织的力量，使社会组织发挥重要的主体作用。社会组织也是残疾人就业援助服务的重要供给主体之一，但从广西整体社会组织发展的情况来看，社会组织力量发展整体薄弱，在河池地区，助残社会组织发展更为滞后，要提升残疾人就业援助服务供给的质量，很大程度上需要充分提升社会组织的参与能力，集中社会各界的力量。目前河池市助残社会组织数量极少，各方面能力也不足。政府相关部门应重视助残社会组织的能力培育，加大社会组织能力培育力度。通过建立激励机制鼓励社会组织参与到残疾人就业援助服务供给中。同时，积极建立和完善残疾人专门协会、对残疾人协会主要给予一定的财政补贴，以保障协会活动拥有足够经费的支持。此外，还应大力倡导各类别的优秀残疾人以及基层残疾人工作者积极加入或组建助残社会组织，为残疾人就业援助发挥作用。

（三）提升企业责任感

提升企业责任感，增加就业援助服务供给。企业有着自身应承担的社会责任，积极福利理论认为残疾人就业援助服务供给应更多地发动社会、家庭等主体力量来共同承担残疾人就业援助服务的供给。因此，河池市当地企业应积极承担社会责任，转变企业的用人观。一般情况下，企业拒绝招聘残疾人的重要

原因是深受传统观念的影响，认为残疾人会影响单位的形象或者怕麻烦，担心会增加医疗费支出、无障碍通道等配套设施支出等。但在当今时代，残疾人无障碍设施建设正在逐渐推进，政府对残疾人事业的投入也在增加，接受过高等教育的残疾人日益增多。同时，残疾人就业培训服务体系也越来越完善，很多残疾人在接受技能培训服务后，具备了专业知识和技术，完全可以胜任市场上的部分工作岗位。因此，企业应该充分提升自身的社会责任感，响应政府号召，切实落实残疾人就业保障政策，敢于接纳残疾人，按规定安排残疾人按比例就业，并适当提供一些灵活性的岗位援助，充分履行企业的社会责任。

二、提升残疾人就业援助服务供需的匹配度

（一）加大政府财政投入

加大政府财政投入，增加服务供给总量。从服务型政府理论的视角，政府应充分地为残疾人提供公共服务，并且将资源向民族地区倾斜。残疾人公共就业援助服务供给机制的建设离不开政府的投入和引导，其中包含政策的支持、资金的投入。在问卷调查结果中，65.71%的残疾人认为政府应该在残疾人就业援助服务供给上加大补贴，24.7%的残疾人认为政府应该完善就业政策及服务制度。可见，就业援助服务的公益性，决定了政府在就业援助服务体系建设过程中必须加大公共财政投入和政策支持的力度。因此，政府应积极主动承担相应的责任，不仅要出政策，更要给予资金上的支持。目前，我国的公共服务的财政支出主要是地方政府在支撑着，导致许多经济发展比较落后的地方政府存在投入不足的问题。河池市是相对贫困的民族地区，在财政上相对薄弱。国家财政应该更加积极承担一些地方政府的财政压力，在财政上向民族地区有所倾斜，以提高基层残疾人就业服务机构开展工作的积极性，进而不断提高残疾人就业援助服务供给的质量。

（二）转变残疾人就业观念

转变残疾人就业观念，提高人岗匹配度。传统观念的因素也影响着残疾人的就业观，使残疾人倾向于追求更可能获得高收入的创业以及具有稳定性的单位就业。但是创业的风险性较高，不适用于大部分残疾人。同时随着经济社会的发展，人才的素质逐渐提高，用人单位的用人标准也会相应地有所提升，而文化素质较低的残疾人可转变就业观念，从事一些适合自身实际情况的，灵活性较强的，技术能力要求相对较低的岗位。同时，具有较强能力的残疾人，可通过国家的税收优惠政策，进行自主创业，尤其是农村地区残疾人口，可搭上

国家实施乡村振兴的顺风车，大力发展养殖业，在政府的扶持下，积极肯干，加入中国特色社会主义事业的建设中，用双手创造劳动成果，实现人生的价值意义。

（三）降低残疾人就业门槛

适当降低门槛，拓宽残疾人就业援助服务覆盖面。根据中国特色残疾人就业权利保障理论，残疾人的就业权益应当得到保障。河池地区属于偏远民族地区，残疾人综合素质水平与其他地区有所不同，整体综合素质偏低，因此需要政府与用人单位协调沟通，开发适合民族地区残疾人实际情况的岗位，降低残疾人的再失业率。在培训项目援助上，针对当地残疾人的实际情况，制定符合该群体的培训项目，尽可能放低参与培训及就业的门槛，使更多的残疾人能接受技能培训的援助服务，顺利走向工作岗位。加大就业援助服务供给的覆盖面，使有就业意愿的残疾人都能享受基本公共就业服务，由此推进民族地区残疾人公共就业服务体系的完善，有利于有效促进我国基本公共服务均等化的协同发展。

三、完善残疾人就业援助服务供给体系

（一）做好残疾人基础设施保障

完善基础设施，为残疾人就业援助服务供给提供保障。设施保障是基础，正如日本东京市的做法，通过完善基础保障措施来为残疾人就业提供有效保障。因此，要促进残疾人就业服务的发展，需要做好各项基础保障措施才能有效开展各项残疾人就业援助服务供给。政府应在残疾人无障碍设施上加大投入，这也是实现城乡基本公共服务均等化的一项重要事项，基础设施的完善，才能有效减少残疾人自由外出的障碍，解决残疾人实现就业的后顾之忧，为残疾人接受就业援助服务及就业提供有效的保障。信息化建设是助力，通过加大资金投入与人才引进的方式，建立健全市级残疾人就业服务信息系统，充分运用数据平台等现代技术收集和梳理残疾人就业情况，通过对大数据的利用，做好残疾人就业形势预判，使残疾人就业援助服务相关信息更加透明化，有利于残疾人通过网络有效表达自己的就业诉求，及时了解残疾人就业的相关保障政策。同时积极探索有业务关联的部门之间的信息共享机制，以加强信息协调与沟通，提升服务供给效率。

（二）设置合理的人员配置

设置合理的人员配置，提升工作效率。要推进残疾人就业援助服务供给的

工作执行力度，需要设置合理的人员配置。一方面要稳定人才队伍。要解决残疾人就业援助服务供给效率低的问题，还是要有充分的人力资源。残疾人服务机构人员长期存在流动频繁的困境，这不利于工作长期有效地开展，因此，政府在残疾人工作人员编制方面，应该给予充分保障，让优秀残疾人工作者有一定的晋升空间，以有潜力的发展前景来留住工作人员，通过建立稳定的残疾人就业援助服务工作队伍，才能有计划地实行长期有效的服务供给，服务质量上也才能进一步得到提升，从而不断推动残疾人事业的发展。另一方面，需优化人员配置。在残疾人服务机构中，工作人员的年龄结构严重失衡，青年人与中老年人的结构出现“青黄不接”的局面。应通过提高待遇，拓展晋升渠道等方式，引进青年人才，以平衡残疾人服务机构的年龄结构，不断地为服务队伍输入新鲜的血液，才能使残疾人服务队伍更具有创造力。

（三）创建“线上+线下”招聘模式

创新就业招聘模式，“线上+线下”双管齐下。关于残疾人的招聘，河池市现多以就业援助月的形式开展残疾人现场招聘会，但效果并不明显，就业援助月招聘会是由人力资源和社会保障局主办的面向全体就业困难人员的招聘会，残疾人与其他就业困难的人员相竞争，难免缺乏优势。由此来看，可适当进一步推行残疾人专场招聘会，针对残疾人提供合适的岗位。与此同时，加强线上招聘，如微信公众号推送的方式，为残疾人提供就业服务信息，并尽可能地简化程序，通俗易懂，使文化程度低的残疾人也能够获取得到关键信息。此外，应加快残疾人就业招聘网的信息网络服务建设，及时发布相关就业信息，更新残疾人就业的相关资讯。

四、构建残疾人就业援助服务长效供给机制

（一）完善残疾人职业评估机制

完善残疾人职业评估机制，推进服务供给精细化。我国残疾人群体各有特点，包括年龄大小、知识水平层次、劳动技能、残疾程度等不同客观条件。而民族地区的残疾人又有自身存在的特征，针对该群体的特性，需要发展特殊就业援助服务供给。同时，完善残疾人就业服务利益诉求表达机制，必要时，有针对性地对援助对象进行面谈，掌握其心理特点，在此基础上进行行业测试。建立残疾人与用人单位的双向需求机制，一方面是要提升残疾人综合素质，针对河池市残疾人语言交流能力弱的事情，在开展培训服务时要适当增加普通话语言培训班，加强残疾人的沟通技能，提升残疾人的语言沟通能力，改善残疾

人因语言不通而无法胜任工作岗位的窘境。此外，开展知识普及公益活动，如送知识下乡，普及互联网的使用，让残疾人接触到新时代的网络技术，提升网络使用能力。另一方面，加强教育与康复服务，做好残疾人特殊教育与职业康复工作，通过特殊教育与普通教育相结合，切实提升残疾人的文化知识水平，即提升残疾人人力资本。同时，需要做好残疾人就业心理与生理上的康复，通过开展心理课程，提升残疾人的自信心，让残疾人转变观念，走出家门，适应社会，融入社会。

（二）建立服务后续追踪系统

建立服务后续追踪系统，保证就业援助服务供给的持续性。河池市自开展各项促进残疾人就业援助服务供给的措施以来，确实起到了较大作用，但是也存在不足。具体表现在河池市基层残疾人就业服务中心在开展技能培训、信息咨询等服务之后，帮助残疾人上岗就业，之后便终止了服务，长期形成"培训—就业"的援助模式，最终导致"培训—就业—失业"的恶性循环。因此，要促进残疾就业援助服务的长效性，就不仅仅是要在残疾人就业前提供援助服务，更多的服务要延续至残疾人就业后的后续工作中，制定一套就业前期、就业中期以及就业后期的服务链条，贯穿残疾人就业的全过程，即由原来"培训—就业"模式转向"就业—培训—维持"（place-train-maintain）模式。① 同时，对残疾人的就业援助服务供给应要在前期做好评估工作，为残疾人提供个性化服务，再通过工作搜寻和分析，为残疾人匹配岗位等。② 尤其是加强对残疾人的就业能力的开发，为其做好职业规划，充分发挥残疾人的特殊优势，避开其劣势，从而扬长避短，达到人岗匹配的成效。

（三）构建长期稳定的岗位配置

构建长期稳定的岗位配置，推进残疾人就业供给与需求的平衡。构建残疾人岗位配置需要以残疾人的就业需求为导向，如前文所分析，残疾人对稳定性岗位的需求较高。因此，优化残疾人岗位援助配置，一是要发展长期稳定的就业岗位，主要加强残疾人按比例就业政策的落实，让残疾人能够真正实现上岗就业。安排残疾人就业是社会各界需要共同面临的问题，需要通过国家政府机关事业单位及企业等社会力量共同努力，在各方力量的支持下，更容易为残疾

---

① 杨立雄，郝玉玲．城镇残疾人就业："问题"的转移与政策隐喻［J］．西北大学学报（哲学社会科学版），2019（4）：74-88.

② 杜林，李伦，雷江华．美国残疾人支持性就业的发展及对我国的启示［J］．中国特殊教育，2013（9）：16-22.

人安排合适而稳定性强的岗位，保障残疾人就业的长效性。二是适当发展当地福利性企业，除了税收优惠，还可提供基础设施、场地等，扶持福利性企业的发展，以集中安排残疾人就业，就近就业可使残疾人更容易适应就业环境，可有效降低残疾人失业率。三是适当提供灵活性的岗位就业作为补充，通过开发公益性岗位、社区岗位等临时性岗位，安排由于身体等因素制约而不适宜长期工作的残疾人就业，以提升残疾人的就业率。

五、加大残疾人就业援助服务理念宣传力度

（一）完善就业援助服务政策宣传方案

完善就业援助服务政策宣传方案，使残疾人就业理念深入人心。要促进残疾人就业援助服务理念的推广，需要加大残疾人就业援助服务政策的宣传，提升残疾人就业援助服务理念的推广效果。通过线上与线下相结合的宣传方式，促进残疾人就业的法律法规的宣传，线上可通过微信公众号、电视等方式开展宣传。线下通过残疾人专职委员口头传达，并且安排工作人员定期下村宣传政策，切实加强农村地区的就业政策宣传，让政策和理念深入农村基层。让残疾人了解到了相关的优惠政策，才能促进残疾人融入社会的自信心，调动残疾人就业的主观能动性，树立积极向上的就业观，从自身内部发动力量，不断提高就业能力，转变接受传统的直接的经济救助的思想观念，进而积极接收就业理念，通过就业来真正融入社会，切实享受经济改革开放带来的成果。

（二）提升就业援助服务供给重视程度

提升就业援助服务供给重视程度，切实保障残疾人就业权益。从中国特色残疾人就业权利保障理论来看，残疾人的脆弱性使残疾人在劳动力市场中属于特殊的弱势群体，因此，为了保障残疾人的就业权益，政府部门应重视残疾人就业援助服务供给体系的建设，改变传统的残疾人观，从积极福利思想的角度看待残疾人的救助问题，增强残疾人的人力资本，而不是直接提供经济救助。并且积极在社会公众中宣传中国特色残疾人就业理念，树立以残疾人为中心的思想，保障每一位有就业意愿的残疾人的就业权利。政府通过系列措施来加强残疾人就业援助服务供给体系的建设，让社会公众感受到浓厚的助残氛围，可有效减少传统的就业歧视理念。同时，补足残疾人就业服务在公共服务供给体系中的短板，通过提升残疾人就业能力的方式，帮助残疾人获得参与社会主义事业建设的机会，共享新时代带来的发展成果，这是构建我国社会主义和谐社会的应有之义，也是建设我国的社会主义现代化强国的重要事项之一。

第四章

助残社会组织发展面临的困境与对策：以南宁市为例

第一节　研究背景、研究意义与研究综述

一、研究背景和研究意义

（一）研究背景

“社会组织”是一个中国式概念，它与国际惯例上使用的“非营利组织（NPO）”“非政府组织（NGO）”“第三部门组织”等概念相似。过去，社会组织被称“民间组织”，2004年，党的十六届四中全会通过的《中共中央关于加强党的执政能力建设的决定》中首次明确提出“社会组织”概念之后，相关法律法规和文件逐渐用“社会组织”概念替代了“民间组织”。

目前在扶贫、环保以及维护妇女儿童权益等领域，社会组织发挥着重要作用，然而，专门服务于残疾人的社会组织还是较少的。我国目前有各类残疾人8500多万，是残疾人数最多的国家，2014年中国残联发布的《2013年度中国残疾人状况及小康进程监测报告》表明，残疾人群体的各项需求满足程度还比较低，政府及社会对这类群体的关注、支持力度还不够，由于残疾人服务的特殊性、专业性以及多样性，对助残工作的服务、技术等方面都要求比较高。传统行政力量提供的社会保障与助残服务，已无法满足残疾群体的多层次、个性化、类别化需求，于是助残社会组织应运而生，其弥补了政府部分提供公共服务的职能，是促进残疾人事业发展的重要力量。

2008年修订通过的《残疾人保障法》第七条明确提出“国家鼓励社会组织和个人为残疾人提供捐助和服务”，这为助残社会组织开展活动提供了法律依据。2013年9月，张高丽副总理在中国残联第六次全国代表大会上的祝词中提到“要重视发挥市场机制作用，加强对助残社会组织的培育和引导，动员社会

力量为残疾人生活工作学习提供服务”。2014 年 11 月 20 日，中国残疾人联合会、民政部联合发布《关于促进助残社会组织发展的指导意见》，全文从不同角度加强对助残社会组织的支持发展。

2013 年，党的十八届三中全会通过的《中共中央关于全面深化改革若干重大问题的决定》指出“要激发社会组织活力，推进社会组织明确权责、依法自治、发挥作用。适合由社会组织提供的公共服务与解决的事项，由社会组织来承担”。这为社会组织发展带来了前所未有的发展机遇。2016 年，中共中央办公厅、国务院办公厅印发《关于改革社会组织管理制度促进社会组织健康有序发展的意见》，为促进社会组织健康有序发展指明方向，充分肯定了社会组织对于我国经济社会发展的重要贡献，党的十九大报告中提到“加强社区治理体系建设，推动社会治理重心向基层下移，发挥社会组织作用，实现政府治理和社会调节、居民自治良性互动”。这为社会组织参与社会治理提供有利依据。

南宁市是广西壮族自治区首府，是全区政治、经济、科教文卫、交通、金融和信息中心，是中国—东盟博览会永久举办地、中国面向东盟开放合作的前沿城市、北部湾经济区核心城市、国家“一带一路”有机衔接的门户城市。作为首府城市，对全区经济社会发展具有较强支撑带动作用，在改革创新中应展现新作为、实现新发展，中央的一系列文件精神为助残社会组织的发展提供了有利的政策依据，也指明了方向。当前南宁助残社会组织在实际发展中却存在着不少问题，如规模小、数量少、能力弱、作用发挥有待提高等问题。如果解决不好这些问题，助残社会组织不能有效满足残疾人的迫切需求，也不能达到创新社会治理的要求，正是基于此，在国家治理体系和治理能力现代化、全面深化改革的大背景下，探究南宁市助残社会组织发展存在困境及对策，对促进南宁市助残社会组织发展具有重要意义。

（二）研究意义

1. 理论意义

从现有的学术研究状况看，社会组织参与残疾人保障事业的研究尚未形成系统的理论，仍处于探索阶段。因此，探究助残社会组织的能力提升路径，以增强其服务能力，从而提高我国残疾人服务的整体水平成为值得深入研究的重要课题。我国现今对社会组织发展的研究已取得一定的成效，但探讨的主要是全国性社会组织面临的普遍问题，较少侧重于专门领域、地方性的研究，尤其是对于助残社会组织这一特殊领域的研究较少，本研究以南宁市为基础具体研究助残社会组织，使得该研究更加具体。其次，本研究运用新公共服务理论、志愿失灵理论，在一定程度上丰富了治理与善治理论对于推进社会组织参与社会治理提供了基础，有利于形成完整的社会组织参与残疾人社会服务体系。

2. 现实意义

我国是残疾人数最多的国家，广西的残疾发生率在全国排名第二，残疾人因其特殊的生理、心理、受教育程度及家庭状况等因素，在基本生活保障、康复、教育、就业等方面有特殊要求。而助残社会组织在改善残疾人生活状况，维护残疾人合法权益、促进残疾人平等参与社会生活、共享社会发展成果上做出了积极贡献。他们利用其专业化的服务水平，以残疾人需求为导向，为其提供丰富多样的助残服务，有助于实现更高层次的公共服务供给，缩小残疾人与健全人的公共服务差距，有助于弥补助残服务不足的短板，推动全社会共享经济社会发展成果。因此，提升助残社会组织的发展水平是至关重要的，然而助残社会组织在发展过程中还存在不少问题。如我国助残社会组织发展面临管理体系不够完善、自身能力建设还比较弱，内部管理能力不够强，这些问题的存在不利于我国助残社会组织的整体发展，也不利于我国残疾人服务水平的提高和服务的均等化。因此，本文探究目前广西南宁市助残社会组织发展现状及发展面临的困境，借鉴国内外助残社会组织发展成功经验，提出促进南宁市助残社会组织发展的可行性建议，以期提高助残社会组织的能力和服务质量，推动社会公益事业的发展。

二、国内外研究综述

通过对国内外相关研究动态进行梳理做了如下研究综述。

（一）国外研究综述

一是非营利组织的理论研究。著名的美国学者莱斯特·M. 萨拉蒙等（2007）① 认为非营利组织具有民间性、非营利性、正规性、自治区性和志愿性等五个基本特征。非营利组织的出现有利于弥补政府失灵理论，美国学者伯顿·A. 韦斯布罗德（2012）② 提出政府失灵理论来分析政府在提供社会公共服务方面并不能完全符合人的意愿，需要非营利组织的弥补。经济学家 Mirrlees 和 Joseph Eugene Stiglitz（2012）③ 的委托-代理理论认为某些公共服务可以委托非政府组

① ［美］莱斯特·M. 萨拉蒙、S. 沃加斯·索可洛斯基等. 全球公民社会：非营利部门国际指数［M］. 北京：北京大学出版社，2007：12-13.

② Burton A. Weisbrod. Mission and Money：Understanding the University［M］. Cambridge University Press，2010：193-197.

③ 汪小波等. 国外非政府组织理论研究综述［J］. 辽宁行政学院学报，2012（5）：16-18.

织来提供，政府组织提供资金支持，两者配合共同完成对社会的治理。二是非营利组织与政府的合作关系。西方学者赵宋苏（Sungsook Cho）和戴维·F. 吉莱斯皮（David F. Gillespie）（2006）① 通过构建政府、非营利组织和服务接受者之间的关系模型，展示了服务接受者有需求服务，政府有回应公民的服务需求，而非营利组织根据政府的要求，接受政府的资金，为公民提供相应服务。萨拉蒙（2008）② 认为，“在构建社会组织与政府的新型关系中，政府应转变角色，变直接管理为间接管理或委托第三方。社会组织也可参与公共服务的供给。由于社会组织自身的特点以及其提供公共服务志愿性地满足公共利益的需求，使得它们能够在市场失灵时弥补市场的不足甚至比市场更有效率或者更能体现社会的公正性”。在国外，政府扶持和资助非营利组织发展的力度很大，例如美国，政府将大部分社会服务外包给非营利组织，有20%的非营利组织主要收入来源于政府，有些非营利组织的收入90%都来自政府③。三是国外非营利组织管理的研究。美国的非营利组织与国家相对独立发展，政府一方面通过立法和财务监控来实现管理④，另一方面对非营利组织提供收入、财产和销售等税收优惠支持其发展⑤。

国外学者的理论研究解释非营利组织存在以及需要政府支持的原因，同时国外政府扶持和资助非营利组织的力度比较大，也注重非营利组织发展的立法的研究，这为我国助残社会组织的发展提供了一定的参考价值。

（二）国内研究综述

一是关于社会组织的作用。学者柴瑞章（2012）认为，在社会福利服务领域，我国社会组织发挥了积极的作用，维护社会公平，促进社会稳定⑥。二是关

① Sungsook Cho and David F. Gillespie. A Conceptual Model Exploring the Dynamics of Government - Nonprofit Service Delivety, Nonprofit and Voluntary Sector Quarterly, 2006, 35 (3): 493-509.

② 莱斯特·M. 萨拉蒙. 公共服务中的伙伴——现代福利国家中政府与非营利组织的关系［M］. 田凯译，北京：商务印书馆，2008：42-45.

③ 王劲颖，沈东亮. 美国非营利组织运作和管理的启示与思考-民政部赴美国代表团学习考察报告［J］. 社会管理研究，2011（3）：25.

④ Karl III, Peter A. 20 Frequently Asked Questions about Nonprofit［J］. CPA Journal, 2015, 85 (6): 22-29.

⑤ Michelle H. Yetman. The Effects of Governance on the Accuracy of Charitable Expenses Reported by Nonprofit Organizations［J］. Contemporary Accounting Research, 2012, 29 (3): 738-767.

⑥ 柴瑞章. 非政府组织提供社会福利服务研究文献综述［J］. 社会福利，2012（10）：62-65.

于社会组织的发展困境。学者文军（2012）认为，社会组织面临的最大困境是角色定位不明，并提出社会组织应规范运作、提高自律水平和合作水准，社会公众应成为社会组织的监督者与参与者①；学者高海红、王彩云（2012）针对政府购买社会组织服务面临的法律制度不健全，体制机制不完善等问题，并提出要改革社会组织管理体制、构建政府与社会组织的良性合作环境、增强社会组织自身能力建设、调整布局结构，提高社会组织服务供给能力等②。张杰（2014）认为，我国社会组织主要制度障碍体现为登记门槛高、职能界定不清、信息公开不完善、监督管理机制不健全等四个方面，应进行制度变革③。三是社会组织和政府合作关系。学者李永忠（2012）④ 认为政府与社会组织应恪守法治原则、培养合作意识，政府应培育治理理念、引导社会组织提高治理能力等，构建互信合作关系，增进社会公共利益，推进我国的社会建设。苗红培（2015）提出，在公共服务购买中，政府与社会组织应是良好的合作伙伴关系，需要政府完善相关法律法规制度、增加对社会组织的信任，社会组织不断提升专业服务能力，增强社会公信力⑤。四是助残社会组织的研究。学者曲绍旭（2014）⑥ 指出助残社会组织的发展不仅要靠自身的科学化、专业化、知识化等方面的提升，更要依靠政府、社会等方面的共同努力。学者向悦（2015）⑦ 指出，政府的角色定位应是制定各项标准、规章制度，是整个助残组织工作的培育者。柯少愚（2016）⑧ 则对助残社会组织进行分类，指出各级政府部门和残联组织应根据各类助残社会组织的共性和特性，在重视、培育和监管助残社会组织的基础上做好助残社会组织的分类指导。

从国内的研究现状来看，国内的部分学者通过分析社会组织参与社会治理活动的作用及存在困境，进而对助残社会组织提供服务的过程中存在的问题和

① 文军．中国社会组织发展的角色困境及其出路［J］．江苏行政学院学报，2012（1）：57-67.

② 高海红，王彩云．政府购买视角下的社会组织发展路径思考［J］．理论月刊，2012（10）：137-139.

③ 张杰．我国社会组织发展制度环境析论［J］．广东社会科学，2014（2）：208-213.

④ 李永忠．论我国政府与社会组织之间的互信合作关系及其构建［J］．湖南社会科学，2012（1）：109-112.

⑤ 苗红培．政府与社会组织关系重构——基于政府购买公共服务的分析［J］．广东社会科学，2015（3）：205-212.

⑥ 曲绍旭．助残社会组织的培育与发展路径研究［J］．残疾人研究，2014（4）：3-7.

⑦ 向悦．新型助残社会组织孵化的路径探讨——以武汉市武昌区为例［J］．残疾人研究，2015（2）：52-56.

⑧ 柯少愚．助残社会组织的特性与分类指导［J］．学会，2016（9）：28-33.

对策进行研究，对本文研究南宁市助残社会组织存在困境及对策有一定的借鉴意义。

第二节 概念界定与理论基础

一、概念界定

（一）社会组织及相关概念界定

学者马庆钰认为社会组织在本质上是那些“依法建立的、相对独立于政府系统和执政党系统，以社会成员的自愿参与、自我组织、自主管理为基础，以社会公益活动或互益活动为主旨的非营利性、非政治性的一类组织”。① 在我国社会组织一般是指社会团体、民办非企业单位和基金会。在范围上，由于语言习惯的差异，社会组织和国际上使用的“非政府组织”“非营利组织”“第三部门或独立部门”等是同一类组织。

非政府组织简称“NGO”，是联合国的一个专用概念，1952 年，联合国经济及社会理事会在其第 288（X）号决议中将“非政府组织”明确定义为“凡不是根据政府间协议建立的国际组织均可被视为非政府组织”。它主要强调社会组织的非官方性，美国学者莱斯特·萨拉蒙（Lester Salamon）教授给出其有五大特征即“组织性、非政府性、非营利性、自治区性、志愿性”。②

非营利组织简称“NPO”，强调的是其与企业等营利组织的区别，即“非营利性”。按照美国学者沃尔夫（Thomas Wolf）的理解，非营利组织应具有五个特征：一是有服务大众的宗旨；二是不以营利为目的的组织；三是有能制约任何个人利己营私的管理制度；四是本身具有合法免税地位；五是具有可提供捐赠人减免税的合法地位。根据沃尔夫的这一理解，我国学者邓国胜将非营利组织定义为“具有服务公众的宗旨，不以营利为目的，组织所得不为任何人牟取私利，组织自身具有合法的免税资格和提供捐赠人减免税合法地位的组织”。③

“第三部门”最早由美国学者 T. 列维特（Theodore Levitt）于 1973 年提出，

① 马庆钰．中国非政府组织发展与管理［M］．北京：国家行政学院出版社，2007：45.

② 莱斯特·M. 萨拉蒙．全球公民社会—非营利部门视界［M］．北京：社会科学文献出版社，2002：34

③ 邓国胜．非营利组织评估［M］．北京：社会科学文献出版社，2001：3-4.

是基于国家—市场—社会三元结构提出的相对于政府和私营企业的一个根据。列维特认为此前对社会组织非私即公的划分太粗陋，实际在政府和私营企业之间还存在着大量的组织从事着政府和私营企业不愿做、做不好、不常做的事情，这类组织可称为“第三部门”。① 当然，有些学者也称其为“第三域”。

“民间组织”强调其“民间性”，过去政府和学者对社会组织的“称呼”。只是在官方视野中，民间组织主要指的是社会团体、民办非企业单位和基金会。根据《社会团体登记管理条例》《民办非企业单位登记管理暂行条例》《基金会管理条例》，“社会团体”是指“中国公民自愿组织，为实现会员共同意愿，按照其章程开展活动的非营利性社会组织”，包括行业性社团、学术性社团、专业性社团和联合性社团等；“民办非企业单位”是指“企业事业单位、社会团体和其他社会力量以及公民个人利用非国有资产举办的，从事非营利性社会服务活动的社会组织”；“基金会”是指“利用自然人、法人或者其他组织捐赠的财产，以从事公益事业为目的，按照本条例的规定成立的非营利性法人”。

由此可见，社会组织与非政府组织、非营利组织、第三部门、民间组织等概念具有某种特定的相似性，是对处于第三域的在社会公共领域具有重要地位的各类组织的统称。

（二）助残社会组织

2013 年，在中国残疾人联合会第六次全国代表大会上，张高丽同志的讲话中首次将残疾人事业领域内的社会组织定义为助残社会组织。“助残社会组织”属于社会组织的范畴，中国残疾人联合会、民政部联合印发的《关于促进助残社会组织发展的指导意见》中的助残社会组织是指在民政部门依法登记，以为残疾人提供服务、增进残疾人福利、促进残疾人平等参与社会生活和共享社会发展成果为宗旨，以开展残疾人所需的各项服务为主要业务的社会团体、民办非企业单位和基金会，当然，还有些社会组织未登记、免于登记的、内部运行的社会组织，本文所论述的助残社会组织，主要是指《关于促进助残社会组织发展的指导意见》中的助残社会组织的范畴。

基于上述定义，“助残社会组织”应兼具社会组织共性和助残特性，具体表现出六个方面特性：组织性、非政府性、非营利性、自治性、服务性、助残性，但实际中出于种种原因助残社会组织很难都兼具这些理想化的特性。每个助残社会组织在六个特性上的表现可能有所区别，至少当前实践中还难以找到某些

① Theodore Levitt. The Third Sector：New Tactics for a Responsive Society，Society，New York：Amacom，1973.

助残社会组织在上述六个特性中均表现为理想化的最佳状态。①

二、理论基础

（一）新公共服务理论

新公共服务理论是美国行政学家罗伯特·丹哈特教授在研究新公共管理理论时提出的，该理论关键在于提出行政行为要以人为本，登哈特教授夫妇所著的《新公共服务：服务，而不是掌舵》中叙述了新公共服务理论以及该理论所包含的七个主要理念：第一，以民为本，把为人民提供公共服务当作政府工作的出发点；第二，强调转变政府职能，是服务而不是掌舵；第三，行动要有民主性，制定和实施公共政策要广泛征询人民的意见，满足人民的意愿；第四，重视公民权，畅通公民表达利益的渠道，接受人民群众的监督；第五，承认责任是多样的，原因是公务人员要受到宪法、法律法规和职业道德标准等在内的各种规章制度的影响；第六，追求公共利益，政府行使的权力是人民赋予的，政府所开展的行政管理活动都应促进公共利益；第七，基于对人的尊重，人比生产率更重要。

助残社会组织在为残疾人提供服务过程中运用新公共服务理论，在尊重残疾人的基础上，发挥社会组织公益性、专业性的特征，真正了解残疾人需要什么，关心什么，为残疾人群体提供他们需要的服务。新公共服务理论推崇公民参与公共服务之中，因为公民参与公共服务中会促进公共利益关注程度的提升，从而促进社会组织的发展。助残社会组织的发展要依靠政府的支持，新公共服务理论认为当今政府不再仅仅是“掌舵者”，同时也是“划桨者”，公共管理的实质应该是服务而不是去控制或驾驭社会。助残社会组织为残疾人群体提供服务，以新公共服务理论为研究基础，强调政府在公共服务中应以人民需求为本，应有战略性思考，发展多主体的服务供给机制，引导和培育社会组织积极、正确地参与残疾人社会福利服务。

（二）志愿失灵理论

该理论是由美国约翰·霍普金斯大学教授莱斯特·萨拉蒙在1981年提出的。又称第三方治理理论、第三方政府理论（Third-party Government Theory）②，该理论强调非营利组织在提供公共产品和服务方面的特殊作用，但由于能力不

① 柯少愚．助残社会组织的特性与分类指导［J］．学会，2016（9）：28-33.

② L. M. Salamon. Rethinking Public Management：Third - Party Government and the Changing Forms of Government Action，Public Policy，1981（29）：255-275.

足、缺乏专业性和服务对象局限性等，会使社会组织在公共服务领域活动受限、效果欠佳，从而出现志愿失灵。萨拉蒙概括非营利组织失灵的主要表现：(1) 慈善不足。由于非营利组织开展活动所需要的资金与能筹集到资金之间存在巨大的缺口。志愿性是非营利组织的重要特征，其活动以志愿为基础，其服务通过志愿者来提供，经济来源主要有社会捐赠、政府财政支出及服务收费。当非营利组织资金不足时往往就不能获得足够充分和可依赖的资源来满足社会的需求。(2) 慈善的特殊性。非营利组织是在市场失灵、政府失灵之后的辅助性生物，服务的对象多半是社会中的残疾人、儿童等特殊的社会群体，由于不同非营利组织能力有所不同，必然导致不同服务对象接受的服务有所区别。(3) 慈善的业余性。由于非营利组织的公益性，灵活性，缺乏专业性，许多活动凭借的是志愿者们的爱心而不是专业的技能，因此会造成社会组织提供服务能力的业余化。(4) 慈善的家长式作风。非营利组织中拥有经济实权的人掌控着资金的使用，他们倾向于提供哪种服务由他们来决定，可能存在不能满足于公众的需要。

志愿失灵理论从非营利组织自身角度分析其在提供服务过程中存在的缺陷，非营利组织的弱点正好是政府的长处，政府可以通过建立服务质量标准保证服务的质量，而非营利组织提供个性化的服务，可见非营利组织和政府组织在各自组织特征上具有互补性，有必要建立合作关系。只有政府和非营利组织良好合作分工满足不同人群的需要，才能实现社会的有效治理。

（三）治理与善治理论

治理理论的兴起，主要是由于单一的管理主体不能实现社会资源的帕累托最优，治理的主体可以是政府、社会组织和私人机构，也可以是它们三者进行合作。治理理论主要有以下主张：一是治理理论主张社会管理主体的多元化。在市场失灵和政府失灵的情况下，第三部门或第三方参与者应作为社会治理的重要力量。二是治理理论认为政府应当充当指导、规范整合公共治理体系的角色，过多干预会导致社会组织失去创新性和灵活性。三是治理理论主张构建社会合作网络共同治理。《中共中央关于全面深化改革若干重大问题的决定》中提道："全面深化改革的总目标是完善和发展中国特色社会主义制度，推进国家治理体系和治理能力现代化"。治理的理念在我国被提到一个新的高度，治理理论特别强调国家和社会的协调合作，共治共赢。我国学者俞可平认为，在社会资源配置中，不仅存在国家的失灵和市场的失灵，也存在着治理失灵的可能，善治理论就是在这基础上提出并不断加以完善的。善治是通过还政于民，引导公民自愿参与、积极合作，是政府与公民对公共生活进行合作管理的一种新型治理模式。俞可平将善治的基本要素总结为六点：合法性、透明性、责任性、回应性、法治性、有效性。①

我国进入全面深化改革的新时代，人民日益增长的美好生活需要以及日益突出的各种社会问题和矛盾给国家治理带来了巨大挑战。为了应对挑战，政府除了需要加强自身建设，提升自身治理能力，还需要加强与社会组织的互动合作。当前，我国社会组织总体发展水平还比较低，要实现健康有序发展并能承接起政府公共服务的部分职能，还依靠政府的支持和引导，依靠政府在政策法律、资金等方面提供支持。

第三节　南宁市助残社会组织发展现状

一、国家、自治区及南宁市支持并促进助残社会组织发展的政策

近年来，国家、自治区及南宁市政府部门从不同角度鼓励支持助残社会组织发展的政策，对南宁市助残类社会组织的发展起到推进的作用。具体见表 4-1，表 4-2。

表 4-1　国家支持助残社会组织的政策一览表

出台时间	文件名称	相关内容
2013 年	《中共中央关于全面深化改革若干重大问题的决定》	要激发社会组织活力，适合由社会组织提供的公共服务与解决的事项，由社会组织来承担。重点培育和优先发展行业协会商会类、科技类、公益慈善类、城乡社区服务类社会组织
2014 年	中国残疾人联合会、民政部《关于促进助残社会组织发展的指导意见》	改革登记管理制度，推进政府购买服务，优化发展环境，加强规范管理，强化自身建设崩离析，建立健全各司其职、协调配合的工作机制

① 俞可平．治理理论与中国行政改革——作为一种新政治分析框架的治理和善治理论［J］．新视野，2001（5）：35-39.

续表

出台时间	文件名称	相关内容
2014 年	财政部、民政部《关于支持和规范社会组织承接政府购买服务的通知》	加大社会组织承接政府购买服务支持力度
2015 年	国务院办公厅《2015 年政府信息公开工作要点》	加大社会组织成立、变更、注销、年检等信息公开力度
2016 年	《中华人民共和国慈善法》	将“助残”纳入慈善活动的主要内容之一
2016 年	《中华人民共和国境外非政府组织境内活动管理法》	国家保障和支持境外非政府组织在中国境内依法开展活动
2016 年	中共中央办公厅、国务院办公厅《关于改革社会组织管理制度促进社会组织健康有序发展的意见》	重点培育为残障人士等特定群体服务的社区社会组织
2017 年	党的十八届中央委员会向中国共产党第十九次全国代表大会的报告	加强社区治理体系建设，推动社会治理重心向基层下移，发挥社会组织作用，实现政府治理和社会调节、居民自治良性互动

表 4-2 自治区、南宁市支持助残社会组织的政策

出台时间	文件名称	相关内容
2015 年	广西壮族自治区民政厅关于印发《广西四类社会组织直接登记管理暂行办法》的通知	扶助残疾人等困难的社会群体和个人的活动属于公益慈善事业领域，属于直接登记的公益慈善类社会组织的范畴
2015 年	《广西壮族自治区人民政府关于加快推进残疾人小康进程的实施意见》	倡导社会力量兴办以残疾人为服务对象的公益性医疗、康复、特殊教育、托养照料、社会工作服务等机构和设施
2016 年	《广西壮族自治区关于发展残疾人辅助性就业的实施意见》	鼓励和引导各类助残志愿机构、残疾人服务组织为辅助性就业残疾人提供相应的专业服务
2016 年	南宁市民政局关于印发《南宁市四类社会组织直接登记管理办法》的通知	扶助残疾人等困难的社会群体和个人的活动属于公益慈善事业领域，属于直接登记的公益慈善类社会组织的范畴

续表

出台时间	文件名称	相关内容
2016 年	南宁市民政局印发《关于加强社会组织建设与管理的意见》的通知	社会组织建设与管理
2016 年	《南宁市社会组织信息公开规范》	强调社会组织信息公开
2017 年	《广西壮族自治区“十三五”残疾人托养服务工作实施方案》	引导和鼓励社会力量为残疾人提供托养服务，扶持一批社会力量兴办的残疾人托养服务机构稳步发展
2017 年	关于印发《南宁市政府购买服务实施目录（2016 年修订）》的通知	政府购买服务实施目录包含残疾人基本公共服务类和社会组织管理类

（一）法律法规体系进一步健全

《中华人民共和国慈善法》是我国慈善领域第一部基础性、综合性法律，对公益慈善领域的法治化发展有重要意义，对社会组织的发展起到引领和规范作用。

《中华人民共和国境外非政府组织境内活动管理法》于 2017 年 1 月 1 日施行，该法是我国第一部针对境外非政府组织的立法，填补了以往境外非政府组织在国内开展活动规范缺失和秩序空白，将有助于引导和规范境外非政府组织在我国境内活动、保障其合法权益。

（二）政策体系逐步完善

中共中央办公厅、国务院办公厅联合印发了《关于改革社会组织管理制度促进社会组织健康有序发展的意见》，从战略和全局高度谋划了中国特色社会组织的发展道路，从加强领导、依法管理、培育扶持等方面统筹规划了系列相关政策。同时也明确要求各地区各部门要从战略和全局高度认识社会组织发展的重要意义，促进社会组织健康有序发展相关政策的组织实施①。根据国家精神，自治区民政厅出台了《广西四类社会组织直接登记管理暂行办法》，南宁市出台了《南宁市四类社会组织直接登记管理办法》和《关于加强社会组织建设与管

① 关于改革社会组织管理制度促进社会组织健康有序发展的意见 [N]．人民日报，2016-8-22.

理的意见》，为南宁市社会组织的发展提供了有利的政策环境。2013 年 9 月，国务院办公厅印发了《国务院办公厅关于政府向社会力量购买服务的指导意见》，体现了中央政府对购买服务的高度重视。此后，财政部、民政部联合印发《关于支持和规范社会组织承接政府购买服务的通知》（财综〔2014〕87 号），提出要加大对社会组织承接政府购买服务的支持力度，中央对政府购买服务不仅从政策提供支持，与此同时，自 2013 年以来，中央财政每年拿出 2 亿元用于专项支持社会组织参与社会服务项目。南宁市推行购买服务力度很大，印发了《南宁市政府购买服务实施目录（2016 年修订）》，对购买范围进行了界定和规范。

为了促进社会组织自身规范化发展和社会外部有效监督管理，社会组织自身发展和项目运行情况的信息公开极为重要。为此，2015 年国务院办公厅印发了《2015 年政府信息公开工作要点》，首次将社会组织信息公开纳入其中①，提出“加大社会组织成立、变更、注销、年检等信息公开力度”等工作要求。南宁市民政局出台《关于印发南宁市社会组织信息公开规范的通知》（南民政规〔2016〕3 号），要求应公开信息有登记证书、执业许可证（涉及行政许可的）、收费许可证、经登记管理机关核准的章程（或章程摘要）、接受、使用捐赠、资助的有关情况、年度工作报告、服务项目、服务方式、服务质量、服务责任和收费标准等。社会组织信息公开，不仅有助于政府和社会的监督，也能够鼓励社会组织之间互相监督、相互学习，促进社会组织群体间的合作行为，提升社会组织公开度和透明度，增强社会组织公信力。

二、南宁市助残社会组织发展现状

根据第六次全国人口普查我国总人口数，及第二次全国残疾人抽样调查我国残疾人占全国总人口的比例，推算 2010 年年末我国残疾人总人数 8502 万人②。约占中国总人口的 6.21%。广西有残疾人 337.5 万人，首府南宁市共有残疾人 48.5 万人，占全市总人口的 7.23%，其中，视力残疾 7.6 万人，听力残疾 12 万人，语言残疾 0.57 万人，肢体残疾 12 万人，智力残疾 2.7 万人，精神残疾 2.5 万人，多重残疾 11.13 万人③。截至 2017 年 2 月，南宁市已登记注册的各种类型的社会组织总数超过 1 千家，全市助残社会组织依法登记成立的有 18

① 顾磊．社会组织亟待打造“透明公益”［N］．人民政协报，2015-05-19.

② 中国残疾人联合会网站，http：//www.cdpf.org.cn/sjzx/cjrgk/201206/t20120626_387581.shtml.

③ 邓敏杰．广西第二次全国残疾人抽样调查课题研究报告［M］．南宁：广西人民出版社，2008：10-12.

家，此类社会组织在整个社会组织中占比很小，当然有些社会组织的某一项目涉及残疾人服务的不在统计表之内，如广西师范学院爱心社（把给南宁市盲人及聋哑人家庭的孩子开展义务家教的助残公益活动纳入社团活动之一），南宁市乐众社会工作服务中心服务的对象之一也是残疾人。

（一）组织登记注册情况

表4-3中的助残社会组织是在民政部门注册的组织，过去南宁市对社会组织管理实行业务主管部门前置审批和登记主管部门法人登记的双重管理制度，成立比较早的组织仍需找到业务主管部门审批，如安琪之家是由在南宁市江南区残联主管下经民政局部门注册登记的，南宁市舍得残疾人职业学校是在南宁市人力资源保障局主管下经民政部门登记的，启智教育培训学校是南宁市西乡塘区教育局和民政局共同管理，广西残疾人康复协会、广西阳光盲人按摩服务中心、广西残疾人福利基金会是在残联主管下经民政部门注册登记的，2015年5月15日，广西民政厅印发《广西四类社会组织直接登记管理暂行办法》的通知后，全区行业协会商会类、科技类、公益慈善类、城乡社区服务类等四类社会组织办理成立登记，可直接向本行政区域内登记管理机关申请登记，不需业务主管单位审查同意。这一政策出台，既方便了社会组织的登记，又提高了政府工作效率，促进社会组织的增长。

根据广西社会组织网和南宁市民政局网站资料，南宁市助残社会组织，民办非企业居多，占比77.8%；其次为社会团体，占比16.7%；基金会的数量最少，仅有一家，占比5.5%。

随着残疾人服务需求不断增加、政府对社会组织登记政策不断放宽，近年来助残社会组织迅速发展。由表4-3可知，2014年以前只有助残社会组织7家，其余助残社会组织都是2014年以后成立的。

表4-3 在自治区民政厅、南宁市民政局注册的助残社会组织

名称	类别	地址	成立日期
广西残疾人福利基金会	基金会	南宁市罗文大道48号	1993/12/30
广西残疾人事业新闻宣传促进会	社团	南宁市建政路49号	1996/01/30
广西残疾人康复协会	社团	南宁市西乡塘区秀厢大道东段33号	2007/11/19
广西阳光盲人按摩服务中心	民非	南宁市建政路49号	2014/05/05

续表

名称	类别	地址	成立日期
广西自闭症康复协会	社团	南宁市双拥路7号金湖苑商住楼B座206号	2016/01/28
安琪之家	民非	南宁市北湖北路42号2楼	2002/06/01
广西幼专特殊儿童关爱服务中心	民非	南宁市青秀区民族大道路77号	2017/08/24
广西晨光特殊儿童关爱服务中心	民非	南宁市民主路8号聚宝苑腾隆阁3035E	2017/04/26
广西向日葵特殊儿童关爱服务中心	民非	南宁市新民路40号	2017/03/20
南宁市舍得残疾人职业学校	民非	南宁市西乡塘区美丽南方景区忠良村三队22号	2003/08/14
南宁市春暖特殊培训学校	民非	南宁市兴宁区虎邱村虎邱东路38号	2008/08/12
南宁市新希望残疾人康复中心	民非	南宁市新阳北三路3-1号	2011/04/07
南宁市启智教育培训学校	民非	南宁市新阳北三路20号锦绣豪庭2栋2楼	2014/08/01
南宁市益晨特殊儿童康复中心	民非	南宁市江南区白沙大道30号旭城大时代科普楼	2015/01/19
南宁市朝霞残疾儿童康复服务中心	民非	南宁市科园大道7号	2015/03/27
南宁市小星星残疾人康复服务中心	民非	南宁市西乡塘区雅里上坡2-2号雅里新街综合楼4栋八层3号	2015/11/06
南宁市康馨之家残疾儿童康复中心	民非	南宁市江南区五一西路1号富宁新兴苑39栋22号	2016/04/18
南宁市春暖特殊儿童康复中心	民非	南宁市西乡塘区新阳北三路20号锦绣豪庭4号楼6号楼8号楼201号、202号、203号	2017/01/23

资料来源：根据广西社会组织网、南宁市民政局网站整理。

（二）社会组织的服务

从表中可以看出，注册登记的民办非企业型社会组织中，南宁市助残组织提供服务大多只为某一类型的残疾群体。具体情况如表4-4。这些助残社会组织的服务领域为儿童康复、教育、托养、培训、就业等，其中大多数组织还是局限于个别服务类型，最为广泛的服务领域有残疾人康复、教育、培训。其他的服务类型基本没有，如法律服务，残疾人群体很多时候是处于“失声”状态，对自身应享受的优惠政策不是很熟悉，无法获得应享受的权利，这就需要助残社会组织来为他们“发声”，普及各项惠及他们的法律政策，维护他们的权益。

> 访谈1：虽然现在有很多服务机构由于条件限制没有能力提供，比如托养服务，国家启动实施“阳光家园计划”——智力、精神和重度残疾人托养服务项目，还有就业，目前由于场地有限能够提供的就业不多，但这些孩子长大后面临就是就业，这关系到他们生计问题，今后我们机构发展将更多考虑这方面。（张N女士，编号：ZSH001）

表4-4　部分助残社会组织服务项目

<table>
<tr><th colspan="2">组织名称</th><th>服务项目或模式</th><th>备注</th></tr>
<tr><td rowspan="3">安琪之家</td><td>安琪之家儿童发展中心</td><td>以动作为核心，康复教育及生活自理相融合，培养脑瘫及智力障碍儿童积极主动的性格，为融入普通学校做准备；作为“国家彩票公益金贫困智力残疾儿童康复救助项目”定点机构；服务全区、市、县0~7岁贫困智力障碍儿童，服务内容包括：个别化康复训练、家庭康复指导和家长培训</td><td rowspan="3">2011年7月，安琪之家成为“海洋天堂计划”项目的脑瘫枢纽机构，带领全国21家脑瘫机构开展此项目</td></tr>
<tr><td>安琪之家社区服务中心</td><td>定期上门户访指导家长基本康复护理方法及正确的教育方式，并提供综合的个案管理服务；建立家长自助小组，增进家长间的交流及支持；为脑瘫孩子到普通小学就读提供支持；开展社会融合活动，增进公众对残障人士的了解和接纳，使残障人士平等参与社会生活</td></tr>
<tr><td>广西安琪之家康复研究中心</td><td>为残障青年提供居家、社区、社会化生活训练；为残障青年提供生活、职业实用教育、职业技能培训、就业实岗训练；为从业人员提供专业技术培训；残障人士服务及机构管理等专题课题研究</td></tr>
</table>

续表

组织名称	服务项目或模式	备注
南宁市朝霞残疾儿童康复服务中心	为智障、孤独症、脑瘫、听障残疾儿童提供康复训练和培养生活自理能力；为残疾儿童家长提供康复知识咨询服务培训	
南宁市朝霞社会工作服务中心	为残疾人提供康复训练类、康复器材训练类、中医康复理疗类、生活服务类、法律服务等，承接各级政府委托的社会工作服务项目以及辅助性就业、日间照料、托养、居家养老等政府购买服务项目等	广西辅助性就业示范机构
启智教育培训学校	班级教学一对一训练、特奥训练、引导式教育、听统训练、电脑语言、体艺训练、手工制作、各类编织、辅助性就业、厨业、生活技能、生活自理、社会适应、家长培训等培训项目	广西康复定点机构
春暖特殊培训学校	为3~12岁孤独症儿童等特殊儿童开展“一对一”个别训练、小组训练和大班训练等，开设的课程有：语文（言）、数学、体育、英语、互动、生活自理等	

（三）组织的创办者

南宁市助残社会组织大多是残疾人亲友及社会爱心人士发起创办的。残疾人亲友创办的初衷，在于他们曾经需要残疾人的相关服务而找不到合适的帮助和社会支持，于是他们从自身开始推自及人去帮助他人，安琪之家就是由残疾人亲友创办的。

访谈2：我们组织（安琪之家）的创办者王F女士，是脑瘫儿童母亲，1992年年底，其6个月左右大的孩子被发现有发育问题，而后几经诊断，确诊为脑性瘫痪（简称脑瘫）。此后，王F带着孩子开始了四处寻医问药。一系列价格不菲的治疗和矫治手术始终没有显著效果。随后在孩子的康复教育过程中，她发现自己面临的孩子教育问题是脑瘫儿童家长面临的集体困境。后来一次偶然机会，她参加了“脑瘫儿童康复训练班”，了解到脑瘫目前在临床医学或手术上尚无根治的可能，只能通过康复来缓解临床症状，而且脑瘫儿童康复治疗越早越好。后来她又参观了香港一些家长举办的机构，受到触动。为了给孩子以及其他类似的脑瘫儿童找到一条可以公平健康地融入社会的成长之路，

家长必须依靠自己的努力，于是她创办了安琪之家。（W女士，编号：ZSH002）

还有一些是社会爱心人士创办，他们由于接触到残疾人群体，了解这类群体所面临的生存发展困境，从而创办助残社会组织来帮助残疾人群体。

访谈3：我们中心（南宁市朝霞残疾儿童康复服务中心）创办者吴CY主任，她在南宁残疾儿童康复中心工作了20多年，还获得了广西首位特殊教育领域的副教授（小中高）教师职称。她在之前工作岗位了解到这类群体所面临的生存发展困境，她退休后热心公益，创办了我们中心，2016年年底又创办了南宁市朝霞社会工作服务中心。（LI先生，编号：ZSH003）

（四）组织资金

目前南宁市助残社会组织的资金来源主要包括：服务活动收入、社会捐赠、政府购买服务收入以及政府补贴以及其他收入。

1. 服务活动收入

服务活动收入是不少助残组织的资金来源渠道。对助残社会组织来说，通过提供特定服务项目，并向服务对象收取一定的费用是获取收入的主要方式。但收费都是比较低。

访谈4：我们中心（朝霞残疾儿童康复服务中心）配备有全国少有的高科技仿生声波训练仪器，该仪器通过仿生数字化电子技术手段还原自然界有效生物声波（例如，海豚、马、大型犬等）；同时结合多媒体投影、芳香疗法等技术手段集成的康复保健训练系统。对自闭症、脑瘫、言语记忆障碍、睡眠障碍等人群的中枢神经系统有明显调节和促进功能。在中心训练的孩子每天免费享受50分钟的仿生声波的训练，在别的机构享受这一训练每次需交85元。

我们（安琪之家）也知道来这里的孩子家庭比较困难，虽然物价部门也核定了收费标准，但我们收费只占成本的25%，其他靠捐赠，所以资金压力特别大。（安琪之家陆主任，编号：ZSH004）

2. 政府购买服务以及资金补贴收入

除了自身的业务收入，助残社会组织的收入来源是政府购买服务项目收入以及根据相关政策获得的资金补贴。根据南宁市财政局印发了《南宁市政府购买服务实施目录（2016年修订）》可知，政府将安排部分预算资金用于采购扶残助残服务，具体包括提供生活照料、康复训练、医疗救护、就业帮扶、精神慰藉等服务活动。

访谈5：我们去年参与政府采购项目有福利机构人员培训项目，智力残疾儿童康复救助项目，残疾人社区服务项目。我们学校参与政府采购项目有残疾儿童康复项目，残联会根据组织机构能力来安排。（王女士，编号：ZSH005）

但参与政府采购的助残社会组织须同时满足七项条件：已在民政部门登记、有正在实施且符合资助范围的服务项目、相应的配套资金、健全的财务制度以及人员队伍；拥有良好的社会信誉且有项目经验等等。然而大多数民间助残服务组织规模较小、能力弱的发展状况、各方面的制度尚未完善，所以组织能够争取的政府项目资金较少。如第一条就限制了登记在其他部门或者尚未登记的助残组织获得资金。第二条和最后一条要求组织有正在实施的项目或者实施项目的经验，这对于刚成立或者规模较小的组织可能较难满足资助条件来申请专项资金。

3. 社会捐赠

以社会爱心人士捐赠主经济命脉的组织其发展波动较大，生存状态受制于社会爱心人士捐赠的多少。并且社会捐赠大多是偶然性的、不可持续、不稳定的。这部分的捐赠大部分都是一次性的捐赠行为，个人捐赠更是如此，我们中国富人的慈善精神不像国外的发达，而普通民众也不太可能长期负担一个组织的发展资金；大部分企业是为了提高自身的社会形象或响应某一时期发生的特殊事件而进行捐赠，达到目的后可能就不再捐赠了，较少企业或者个人将慈善捐赠作为长久的行动进行坚持。

调研发现，安琪之家日常经费的2/3来自社会各界爱心人士的捐赠，1/3来自学生的服务收费。

（五）南宁市成立社会组织孵化基地

2017 年 11 月 2 日，南宁社会组织孵化基地①正式揭牌成立，这是南宁市民政局主导的全市社会组织公共服务平台。基地采取“政府扶持、民政主导、社会合作、民间运营、群众受益”的模式，通过为初创期的公益性社会组织提供能力建设、人才培养、政策与法律咨询、项目策划与督导、资源链接、公益创投等方面服务，以孵化、培育一批管理规范、运营良好，满足社会民生和公益事务需求的、能有效承接政府公共服务职能的社会组织为目标，促进社会组织健康有序发展。

首批入驻孵化基地的 8 家社会组织是南宁市社会工作协会、南宁养老服务协会、南宁市家元社会工作服务中心、南宁市威振武术俱乐部、南宁市聚心社会工作服务中心、南宁市小星星社会工作服务中心、南宁市乐众社会工作服务中心、南宁市印刷行业协会。其中，助残类的社会组织有两家，一家是南宁市聚心社会工作服务中心，该中心负责人胡主任谈到，他们希望通过孵化，今后能够深入社区家庭，用自己的专业技能和知识为孤独症、脑性瘫痪、听力言语障碍、言语发育迟缓的特殊孩子提供专业康复指导、评估等服务。另一家是南宁市小星星社会工作服务中心，是一家民办非营利性社会服务公益机构，采访中，该中心负责人魏主任谈到，目前运作小星星洗车场的员工都是来自困难家庭的残疾人，他们需要专业领域的人才如心理咨询师等，帮助他们建立起信心和社交圈，希望入驻孵化基地后可以有相关老师来培训管理人员，指导学习如何建立完善财务制度和管理制度，同时更加方便快捷了解政府政策等资源，发展壮大组织，更好地服务社会。

第四节　南宁市助残社会组织发展的困境及原因

一、南宁市助残社会组织发展的困境

（一）法律法规不健全

1. 政策法规不完善

当前我国已经出台有关社会组织的法规主要是国务院行政法规、部门规章

① 南宁市人民政府门户网站，http：//www. nanning. gov. cn/NNNews/bmdt/201711/t20171107 _ 788655. Html.

和文件等，如国务院颁布的《社会团体登记管理条例》（2016 年修正版）、《民办非企业单位登记管理暂行条例》《基金会管理条例》等行政法规，这些法规对社会组织在成立、登记、变更登记、监督管理等方面有规定，为社会组织的依法治理提供了依据，但目前这些法规立法层次比较低，目前我国还没有一部社会组织的基本法律，现行的法律法规之间衔接不够，如《社会团体登记管理条例》（2016 年修正版）、《民办非企业单位登记管理暂行条例》《基金会管理条例》都明确规定社会组织资产不得被任何单位和个人侵占、私分或者挪用，若违反，责任人应承担刑事责任，但我国现行刑事法律又没有相关的条款与其衔接。助残社会组织是非营利性的社会主体，其服务对象是特殊的弱势群体，在税收优惠、从业人员的职称评定、工资待遇等方面应该体现其特殊性，目前仍缺乏与之相关的完善的、相配套的法规和政策。

党的十八大以来，南宁市认真贯彻落实中央关于改革登记管理制度，加强研究创制政策，出台了《关于推进社会组织管理改革实施工作意见》，制订了《南宁市四类社会组织直接登记管理办法》《关于加强社会组织建设与管理的意见》等规章制度，推进四类社会组织直接登记，简化审批环节、降低登记门槛、实行审批“一站式”服务，但相应的配套措施还需要跟进完善，比如对于符合直接登记四类社会组织条件的认定规范和操作程序还不是很清楚，要实现四类社会组织直接登记政策科学落地，亟须出台相关政策文件予以进一步明确和规范。

此外，涉外、异地的社会组织的登记仍实行业务主管单位和民政部门双重管理，而一些海外包括港台的助残公益机构，拥有比较丰富的经验、技术、人才和资源，这些机构有意愿参与南宁市各类助残服务事业，而南宁市的一些助残社会组织也很希望学习和利用他们先进助残理念和资金技术，希望在残疾人康复治疗、教育培训等领域与境外机构合作，但目前的登记管理政策在这方面没有关照，以至于这部分助残社会力量难以发挥作用。

2. 政府购买服务范围泛化

助残社会组织的资金来源有三个：社会捐赠、政府财政支持以及服务收费，财政部、民政部、住房和城乡建设部等部门联合印发《关于做好政府购买残疾人服务试点工作的意见》（财社〔2014〕13 号），广西《关于修订广西壮族自治区政府购买服务指导目录（2014 年）的通知》（桂财综〔2016〕50 号），南宁市《关于印发〈南宁市政府购买服务实施目录（2016 年修订）〉的通知》（南财规〔2017〕1 号），这些文件出台为助残社会组织参与政府购买残疾人服务提供依据，但政府购买服务实施目录中关于残疾人服务范围太广，没有具体地针对残疾人群体做出服务需求，缺乏具体的服务指南，同时在完成购买之后缺乏对服务专业性的监督检查，导致部分助残社会组织更多关注项目资金而忽视承接项目的最终目的，进而导致政府购买服务存在重复性、表面化、非需求化问题，违背了政府购买服务的初衷。

（二）内部治理机制不完善

助残社会组织的内部治理是助残社会组织的自主治理，是基于组织内部的人为前提的治理，其内容主要包括组织的筹资机制、人力资源管理机制、监督机制、信息公开机制等。

1. 筹资渠道少，经费不足

助残社会组织的筹资机制主要是指通过什么方式筹集到资金，以保证组织正常运转，进而实现社会公共使命。目前，南宁市的助残社会组织的资金来源主要包括自身的服务活动收入、政府购买服务收入以及政策补贴资金、社会捐赠收入以及其他的一些收入，相对于其他类型的社会组织，助残组织普遍存在的状况是资金短缺、筹资渠道和方式单一。助残组织在发展的初期阶段，普遍是规模小、人力资源不足、知名度也不高，能够吸引到的生源数量有限，加之日常的场地租金等开支巨大，调研中朝霞残疾儿童康复服务中心训练场所 600 多平方米。一楼是办公室；二楼是康复训练及特殊教育教室；三楼是仿生声波训练室及康复训练教室；四楼是学生宿舍；五楼是辅助性就业学员工作场地及朝霞社工中心办公场地；六楼是餐厅及感觉统合训练室，一年租金大约 10 多万元，由于服务的学生一般都是家庭经济比较困难的，收费标准又比较低，中心服务收费是同等条件机构的三分之二，还为十多名贫困学生免服务费。为了维持机构运营，解决更多的残疾学生康复学习，中心吴主任将自己多年的积蓄和退休金全部贴补在机构，也扭转不了入不敷出的局面。经费不足一直以来都是制约我国社会组织健康持续发展的重大因素之一，尤其对助残社会组织的发展。助残社会组织所获资金是比较单一的，也存在不稳定性，尤其是社会捐赠收入。政府的项目资金也存在一定问题，政府项目较少、资金也有限，申请手续复杂，即使获得政府项目，但项目资金迟迟不能拨付到位，在对朝霞康复中心吴主任采访时，她就提到去年的一个项目，到现在资金都没有到位。参与调查的助残社会组织中 100%都表示资金短缺，希望政府给予支持。

2. 招人、留人机制存在缺陷，专业人才资源缺乏

助残社会组织由于其本身的特殊性，对工作人员除了有完成工作的能力和较高的专业服务能力外，还要有崇高的道德品质和较高的奉献精神，从而增加了组织招募合适工作人员的难度，即使招进来，由于助残服务大部分都是有家

长陪同来，容不得出现半点差错，工作压力大，工作时间久等，从而组织人员流失严重。

助残社会组织工作人员的数量以及专业化水平是保证助残社会组织服务质量的重要基础，现有的助残非营利组织从业人员中有残疾服务专业技术出身的人并不多，组织又由于资金等方面的限制难以吸收优秀人才。如调研中特教学校老师有很大一部分是学普教出身的或其他行业，有些老师是上岗前进行一段时间培训，自身专业技术和知识不扎实，这不利于组织提升服务专业水平。组织将主要精力放在筹集资金上，不重视员工的管理培养，有些组织没有制定系统的人员管理制度和考评机制，容易造成工作人员散漫、不积极、不负责任的工作态度，影响服务质量的提高。由于助残服务的特殊性，工作人员付出多倍的努力仍有期待获得对应的高薪等，但助残社会组织经费不足，行业内待遇相对其他行业偏低，内部的机构管理体制的不完善使得专业人才在选择从业时更倾向于行政单位及营利性机构。

助残社会组织人员也代表着组织的形象。而组织服务质量的高低与社会形象的优劣又影响着资源获取状况。服务质量高以及社会形象好的社会组织自然更容易吸引外部资金的注入以及志愿者资源的帮助。财务管理以及资金的合理使用，筹资项目的策划与实施都需要组织人员具有较高的专业化水平。在具体的工作中，即便是在非营利组织领域，仅靠爱心、激情是远远不够的，还需要专业知识、技术与实践经验。助残社会组织的人员流动率较高、难以吸引和留住人才致使专业人才不足是助残行业普遍存在的问题。

助残社会组织的工作人员大多文化程度较低，如南宁市成立比较早的助残社会组织——安琪之家，约70%的助残组织人员的学历是大专及以下水平，且大多都是专业不对口。民间助残组织的一大特点是创办者大多为残疾人或其亲友，绝大多数人没有接受过相关的技术培训，基本上是有了此需要之后才创办组织然后慢慢学习，组织发展初期也难以招到专业人员。然而助残服务的特殊性，使得这一行业是对专业性的要求比较高的，并非仅靠普通的工作经验就能完成日常工作，是需要特别培训的，对残疾人的教育、康复活动存在技术上的要求，如果不了解工作方法，可能会产生适得其反的效果。

总之，助残服务工作强度大、相关专业的人才较少，同时又缺乏吸引高素质专业人才的优势，使得助残社会组织不得已降低招聘条件，从而降低了组织的专业化水平，进而影响了组织的发展能力，而能力一般的组织只能招到一般水平的员工，这样就形成恶性循环。目前助残组织人员不足的状况一方面来自组织内部的原因，另一方面来自外部环境的影响。内部原因主要是组织的人员招募方式单一和激励机制不足。目前大多数助残组织的招募方式主要是熟人介绍、内部人员推荐等方式，由此造成了助残行业进入门槛较低，人员的专业水平不足的问题。另一个就是激励不足，相对于其他行业部门如政府部门、企业以及公办学校的员工薪酬水平普遍较低。外部原因主要是社会对助残行业的工作人员社会认同度不高，目前广西高校培养特殊教育专业人才较少，广西开设有特殊教育专业的高校有广西师范大学、广西幼儿师范高等专科学校、南宁职业技术学院等。

3. 信息公开制度落实不到位

助残社会组织的信息公开是组织治理优化的关键，组织信息公开包括自愿性公开和强制性公开，自愿性公开是指法律法规没有严格规定的情况下，组织为了提升其形象和公信力，助残社会组织所采取的主动行为。助残社会组织为实现组织的某种特定目的，会策划性地选择不同的内容、方式来公开。组织可通过建立网站、微博、微信公众号等方式发布相关信息，但在我国，由于缺乏对社会组织的信息公开的奖惩机制，造成助残社会组织对信息公开缺乏动力，部分组织认为公开与不公开一个样，缺乏硬性的强制措施和有效的奖惩机制，导致组织在信息公开方面缺乏主动性和自愿性。有些组织的网站成了僵尸网站，只有组织刚成立时的一些信息，长时间不更新，不维护，有些组织由于资金缺乏，聘请不到专业技术员工，有些则把信息公开看成一种负担。

（三）供求不平衡

长期以来，我国对社会组织实行双重管理制度，即每个社会组织既受主管部门领导又要受政府主管机关领导，2014 年，中国残疾人联合会、民政部联合发布《关于促进助残社会组织发展的指导意见》，明确将助残社会组织纳入公益慈善类等社会组织范畴，特别是为残疾人基本生活等方面提供服务的社会组织，可直接向民政部门依法申请登记。近几年来大部分助残社会组织才刚刚起步，由于受规模和供给能力限制，南宁市残疾人的残障需求远远高于助残社会组织供给能力。《广西壮族自治区人民政府关于加快推进残疾人小康进程的实施意见》倡导“社会力量兴办以残疾人为服务对象的公益性医疗、康复、特殊教育、托养照料、社会工作服务等机构和设施”。南宁市共有残疾人 48.5 万人，根据世界发达国家经验，社会组织在社会管理中发挥着很重要作用。按照发达国家平均每 100 人就有一个社会组织的标准推算，南宁市助残社会组织应超过 4000 家，然而全市依法登记成立的仅有 18 家，因此南宁市应进一步培育和发展助残社会组织。

目前康复服务、教育培训服务的供给与需求差距与其他服务相比差距较小，但总体看来，需求都大于现有供给，尤其在就业服务方面有着较大的差距，并且这类服务有着较大的需求量。就业是民生之本，是残疾人改善生活状况，提高社会地位，参与社会生活的基础，实现自立自强的重要途径，是残疾人实现自我价值的关键，是残疾人摆脱贫困迈向小康的根本。对于大多数有就业需求和劳动能力的残疾人来说，有一个合适的就业岗位是他们一生的追求，加强残疾人的职业培训、技能学习和素质教育，以市场需求为取向，培养更多的合格社会劳动力，提高残疾人的就业竞争能力，通过集中就业、分散就业和具体就业等多种形式，开发适合不同类别残疾人的公益性就业岗位，拓宽残疾人就业渠道，扩大就业规模，改善就业结构，帮助、支持更多的残疾人就业。根据《广西壮族自治区关于发展残疾人辅助性就业的实施意见》要求：2017 年前各设区市的市辖区至少要建立 1 个残疾人辅助性就业机构，目前只有青秀区、江南区、邕宁区建立了残疾人辅助性就业机构，而青秀区残疾人辅助性就业机构就是由南宁市朝霞社会工作服务中心承办。供给与需求的巨大差异是造成目前残疾人生活水平一直难以提高的重要因素。

目前助残社会组织主要集中在南宁市区内，在县乡里残疾人服务的意识和觉悟不高，几乎没有什么专业服务机构，调研中发现，南宁市朝霞残疾儿童康复服务中心就有来自上林县、横县的残疾儿童，在县里提供康复服务的机构少，他们采取周托或月托方式，一方面解决了残疾学生家长长期陪读的困境；另一方面，又能接受专业的康复训练和开心快乐地学习生活。

（四）监督体系不完善

从意识层面上看，助残社会组织应该有多方面进行监管，一方面，社会公众、助残社会组织自身都比较缺乏监管意识，社会公众的监管参与度低，没有从思想上充分认识到公众监督的重要意义。另一方面，从政府监管理念来说，政府对助残社会组织日常工作没有监管到位，对组织的某些活动甚至出现监管盲点。

从制度层面上看，目前我国完善的助残社会组织监管的法律体系还没有建立，从操作性方面来说，现行对助残社会组织监管法规过于原则化、行政化，可操作性有待加强，很多缺乏执行细则，具体配套措施缺失，难以真正给监管提供法律参考，不利于落地实施。

从监管主体来说，组织内部由于缺乏完善的治理结构阻碍组织内部监管的改革，组织内部缺乏专门的监管岗位设置，缺乏专业知识和充分的实践经验；社会公众、新闻媒体是监管最应该重视和利用的方面，但目前组织的信息公开程度不足，信息公开和网络监督的平台不健全，信息披露和监管的渠道、程序不完善，社会公众表达意见和建议的渠道不够健全，所以难以主动参与到对组织的监督；助残社会组织的第三方评估机构专业性和权威性有待提高，实际工作中还没有成为重要的监管新主体。

二、南宁市助残社会组织发展面临困境的原因

助残社会组织发展面临困境的原因是多方面的，本文将这些原因分为内部原因和外部原因，内部原因主要是组织自身各方面能力的欠缺，外部原因主要是指外部环境对组织造成的影响。

（一）内部原因

从南宁市现有依法登记注册的助残社会组织来看，成立时间普遍比较短，它们对社会组织主要是沿用民政部口或者业务主管部口的相关法律、法规或者章程进行管理，财务管理、人事管理、党组织建设、监督检查等管理制度要么没有建立，要么也是应付了事，甚至少数社会组织的章程都是通过修改其他社会组织的章程而来①；服务专业技术和经验还比较欠缺，尚未形成专业的服务提供能力和成熟的运作管理体系，专业服务能力不足成为制约组织发展和限制组织承接服务的瓶颈。大部分助残社会组织存在专业人才匮乏的状况，还没有形成稳定、专业的服务工作队伍，普遍面临人员流动率较高、难以吸引和留住人才的困难局面。除专业能力外，由于社会组织内部治理、项目运作、宣传动员、资源整合等综合能力的欠缺，影响助残社会组织服务能力的提升。② 而助残社会组织的服务能力是决定政府购买公共服务质量的关键因素，能力不足成为助残社会组织承接社会公共服务的扼喉之痛和持续发展的短板。因此，应着力加强社会工作人才培养和能力培训，建立专业的助残社会工作督导队伍，引导助残社会组织以残疾人的实际需求为导向，拓展个性化、多层次的服务体系，提升组织的专业能力，促进服务品质的优化。

稳定高效的人才队伍是助残社会组织提升服务能力的基础，要提高社会工作人员薪酬待遇，吸纳优秀社会工作人才，更加重视体现一线社会工作人员作为服务直接提供者的主体地位，降低组织人员流动率，确保社会工作队伍的专业化和职业化发展。同时，不断强化助残社会组织内部治理、项目运作、合同

---

① 刘社松，刘宏．不断加大改革创新力度　推进社会组织建设管理——广西社会组织管理创新调研报告［J］．社团管理研究，2011（8）：9.

② 林宜湘．助残社会组织参与政府购买公共服务的路径选择——基于福建省晋江市的分析［J］．福建农林大学学报（哲学社会科学版），2016（19）：87-91.

管理、宣传动员、资源整合、自主创新等综合能力的培养，与政府、公众、媒体、基金会等建立良好的互动关系，着力提升助残社会组织的社会公信力，促进助残社会组织服务能力的全面提升。

（二）外部原因

助残社会组织发展面临困境外部原因主要包括政策环境、监管体系、社会组织外部拓展能力等。

1. 政策的缺陷

根据对有关助残社会组织的政策梳理，我们可以看到，一方面，南宁市出台了一些促进社会组织发展的相关政策，这对南宁市助残社会组织的成立、发展提供强有力的支撑，但大部分政策都是在落实国家的政策法规和意见通知，与国家的大政方针相一致，缺少针对南宁市的，具有创新性的政策。另一方面，相关的配套设施做得不够健全，一个政策的实施需要相关具体的配套措施的相互作用才可以更好地执行，在落实责任和执行政策过程中才具有可操作性。

2. 监管体系不健全

监督体系的不完善也阻碍助残社会组织的发展。第一，目前助残社会组织的监管部门主要是负责登记的民政部门，民政部门对助残社会组织监管体系应该包括登记的审批、日常的监管、税务的稽查、违法的审查、行政的处罚等，但由于民政部门缺少人员等各方面因素的影响，目前民政部门监管采取的方式主要是年检、季检。而每年或每季度一次的检查并不能有效地进行监督，也很难发现问题并及时进行督导。第二，助残社会组织内部的监督也存在缺陷。由于组织成立时间短，组织的财务制度不完善，财务状况不公开。第三，在南宁，由于助残社会组织及残疾人服务还没有真正引起社会各界的关注，社会对其的关注一般仅仅停留在“助残日”活动、爱心捐助活动等带有作秀性质的形式上。媒体对残疾人服务及助残社会组织的宣传力度不够，社会大众无法理解其存在的意义，更不知有何种参与监督途径和方式。

3. 组织外部拓展能力不足

组织与社会其他关系网络的强弱，直接影响着组织能从它们那里获取资源的多少。组织与社会其他关系主要是指与政府、国内外同行、媒体之间的关系。助残社会组织与政府缺乏联系，政府对组织的关注度不高，支持的力度也就不够，相关的法律法规还不完善。而助残社会组织也缺乏主动性，较少主动去获取相关的政府政策，主动向政府部门提建议更少。即使提了也很少被采纳。助残社会组织与同行之间交流也是比较少，尤其是国外以及港澳台的组织联系交流更少，大多数组织只关注自身的发展与需求，很少向外部寻求力量来壮大组织以服务于更多残疾人群体。当然也是由于组织间交流方式也比较局限，大部分组织局限于自身组织服务的领域，还没有形成组织之间互利共赢的意识。助残社会组织没有充分利用媒体来宣传组织，有些组织建立了网站、微信公众号等，但由于人员不足，疏于维护管理，内容更新频率不高，没有起到很好的效果。助残社会组织与媒体之间的关系影响着组织的社会形象，通过媒体的报道与宣传引导社会公众对组织的看法，塑造组织的社会形象、培养公信力，吸引更多的人关注残疾人群体和助残社会组织。

第五节　促进助残社会组织发展的对策

近几年南宁市助残社会组织数量不断增多，其为维护残疾人群体合法权益、健全残疾人公共服务体系、促进残疾人事业发展做出了积极贡献。但南宁助残社会组织仍面临诸多困境，政府应加强完善助残社会组织相关法制体系，引导、监管助残社会组织健康有序规范地发展，并加大对助残社会组织的培育与扶持，积极推动助残社会组织发展环境的优化。同时，助残社会组织应加强自身建设，维持自身独立性，以便更快更好地发展，更好地满足残疾人多层次、个性化、类别化需求。

一、政府：扶持和监管双向强化

在中国的特殊环境下，南宁市各领域的改革都是在政府主导下进行的，因此助残社会组织的生存与发展离不开政府的意志和影响。

（一）加大政府对助残社会组织的扶持力度

在欧洲一些发达国家，政府对非营利组织的扶持力度很大，政府补贴和拨款成为非营利组织最大的资金来源，如法国非营利组织收入60%来自财政拨款，在德国这一比例更是高至68%。[①] 政府的扶持既给组织提供了稳定的发展资金，也可弥补政府公共服务供给的不足，双方形成了一种平等的合作伙伴关系。而在我国，由于社会组织起步较晚、发展的程度较低，近年来虽然政府逐渐认识到社会组织所能够承担的职能以及发挥的作用，但是尚停留在认识层面，在落实到具体行动上尚有差距。无论是在资金的投入还是其他帮扶措施上，都有明

① 石枫．国外非营利组织法律管理与筹资经验及借鉴［J］．经营管理者，2015（8）：287-288.

显的不足。

1. 建立和完善助残社会组织的法律法规

近年来，为培育和扶持社会组织、促进社会组织参与公共服务的提供，国家出台宏观政策、制定法律法规等方式，为社会组织提供良好的制度环境。如2008年1月1日实施的《中华人民共和国企业所得税法》第九条规定："企业发生的公益性捐赠支出，在年度利润额12%以内的部分，准予在计算应纳税所得额时扣除"；第二十六条将"符合条件的非营利组织的收入"列入"免税收入"范围，这为社会组织获得税收优惠和社会捐赠提供了支持。如国务院颁布的《社会团体登记管理条例》（2016年修正版）、《民办非企业单位登记管理暂行条例》《基金会管理条例》等行政法规，对社会组织在成立、登记、变更登记、监督管理等方面有规定，中共中央办公厅、国务院办公厅印发《关于改革社会组织管理制度促进社会组织健康有序发展的意见》等。

2014年11月20日，中国残疾人联合会、民政部联合发布《关于促进助残社会组织发展的指导意见》，该文件从不同侧面加强对残疾人社会组织的支持发展。南宁市民政局印发《南宁市四类社会组织直接登记管理办法》，该办法里也对助残社会组织实行直接登记管理。

目前，不管是南宁市还是其他省市，社会组织的法规和规章主要以程序性规范为主，正是由于相关法律法规的缺失或不足，导致了社会组织的性质、地位、组织规范等方面问题没有得到法律上的确认，而且在政府职能转移、税收优惠、财政资助、人事管理、社会保险、监管等方面也缺乏健全的政策规定和可实际操作的机制保证。① 特别是没有关于助残社会组织的专门法律法规。目前，在全面建成小康社会决胜阶段，政府及社会对残疾人服务越来越重视，残疾人对于残疾人服务的数量、质量、层次各方面需求增加，助残社会组织是发展残疾人服务事业的重要力量。为加快推进残疾人小康进程、保障和促进助残社会组织的发展，必须建立和完善助残社会组织的法制体系，确立助残社会组织的合法地位与责任，建立科学、规范、统一的管理体系，加强政府对助残社会组织的法律监督。

我国助残非营利组织法制体系的建立和完善主要从以下几个方面入手。

首先，全国人大及其常委会学习国际经验，制定出台针对助残社会组织的法律法规，为其健康有序发展提供良好的政策依据。应根据助残社会组织的特殊性和残疾人服务领域的具体服务需求情况，制定对其经营管理针对性、指导性较强的法律政策，使残疾人服务活动的开展有具体的指导、管理和评价政策

① 周娟．创新南宁市社会组织的管理模式［J］．中共南宁市委党校学报，2012（2）：16.

依据。

其次，加快修订出台《民办非企业单位登记管理暂行条例》。目前大部分助残社会组织属于民办非企业单位，而2016年3月颁布的《中华人民共和国慈善法》明确将我国的社会组织分为社会团体、基金会和社会服务机构三种类型，这意味着“民办非企业单位”的概念将被“社会服务机构”替代。现行《民办非企业单位登记管理暂行条例》实行的是双重管理体制，由于找不到业务主管单位，或业务主管单位设置的门槛太高，以至于大量民间自发的社会服务机构无法在民政部门登记为合法的非营利法人，只能在工商部门登记或不登记。由于没有合法的身份，这些机构无法享受相关的优惠政策，难以发展壮大。因此民政部门应加快修订工作，尽快出台修订《社会服务机构管理暂行条例》。

最后，在相关登记及管理活动法律法规的基础上，完善残疾人服务及助残社会组织的相关配套政策。由于助残社会组织的工作人员工作特殊性，建议制定助残社会组织基本薪酬政策，建立适合组织发展特点、科学公平合理的薪酬体系，可先行推出助残社会组织的岗位补贴制度，对助残社会组织中一线社工、项目督导、行政管理等紧缺岗位进行适当的补贴，切实提高这些岗位待遇，稳住骨干人员和核心团队，缓解目前助残社会组织人才流失的局面①。

在税收优惠政策方面，企业所得税法强调的捐赠，更多的是通过公益性社会团体和县级以上人民政府的捐赠，但慈善法中的捐赠，捐赠人可以通过慈善组织捐赠，也可以直接向受益人捐赠，但捐赠人通过非公益性社会团体的慈善组织捐赠享受税收优惠的条件需尽快明确，使对助残社会组织的经营管理活动做到有法可依。

2. 成立助残社会组织孵化园

当前南宁市的很多助残社会组织刚成立不久，助残组织在服务能力及服务水平方面也有待提升，因此特别需要来自政府或者残联的培育、引导和扶持。南宁市虽然成立了社会组织孵化园，但针对性不够强，应学习苏州市成立南宁市助残社会组织孵化园，一是提供基本服务，在助残社会组织成立之初，其自身能力存在最大问题是组织资源的匮乏。组织资源包括场地、资金、人力等方面的资源，而助残社会组织孵化园提供这些服务能够为助残社会组织节省了固定资产投资和人员雇佣成本，同时能够帮助助残社会组织摆脱日常琐碎的行政管理事务，能够做好更重要的组织管理工作。二是帮助组织能力建设培训体系，具体包括人力资源管理、项目管理、战略规划、市场推广等方面的管理咨询和

① 王名，孙伟林．社会组织管理体制：内在逻辑与发展趋势［J］．中国行政管理，2011（7）：16-19.

培训，通过这一系列培训，助残社会组织的工作人员将学习如何管理组织人员、项目及如何推广组织，同时还协助进行组织机构的建设，包括建立组织理事会、监事会等，帮助助残社会组织进入正规化、制度化发展道路。三是接受南宁市残联委托，全面协助残联实施购买残疾人公共服务的管理工作，包括项目发布、评审定标、合同管理、监督检查、经济核算、绩效评估等。四是促进各助残社会组织之间、助残社会组织与社会公众之间的沟通交流、资源共享、信息披露和行业自律等。①

（二）强化政府对助残社会组织的监管责任

在助残社会组织的监督管理方面，政府有不可推卸的责任。其主要对助残社会组织进行宏观层面的调控，主要制定法律及建立各项监督机制。由主管部门对助残社会组织进行年度审查，对助残社会组织的服务情况及活动的开展是否符合组织的宗旨和使命，其资金的筹集渠道和流向是否合理，财务使用状况是否真实、合法、公开。为保证审查的公开性和民主性，政府应通过报纸、网站及各种媒体渠道对助残社会组织的信息及审查的结果进行公布。同时，政府应通过建立完善的竞争及奖惩机制来促进助残社会组织的发展。对服务质量高，残疾人满意度高的组织给予资金支持，并提供参与政府、国际组织交流合作的机会。对损害残疾人利益的组织给予严厉的法律制裁。

二、助残社会组织：加强内部能力建设和监督

“打铁还须自身硬。”在政府完善助残社会组织相关的法制体系，社会各界积极培育慈善文化同时，助残社会组织应切实加强自身能力建设，将组织提供的优秀服务转化为良好的社会声誉，成为获得社会支持及自身发展的无形资产。

（一）加强自身能力建设

助残社会组织自身能力不高，会制约其提供公共服务的能力。助残社会组织自身能力又与其自身管理、规模、资金、人力资源、社会公信力等因素相关。因此，需要助残社会组织自身完善内部治理、拓宽筹资渠道，加强人才队伍建设、强化诚信自律为重点，切实提升自身能力建设。

1. 完善内部治理。完善助残社会组织内部治理，实现组织内部治理的规范化、科学化，是增强助残社会组织自主性、提升社会组织能力的根本途径。

第一，科学制定组织章程。章程是能够反映助残社会组织的宗旨、使命、组织活动规划等正式文件。助残社会组织应明确和坚定“服务残疾人”的宗旨和使命。助残社会组织可以根据服务对象及服务任务确定自身的宗旨和使命，

---

① 汤潇．让助残社会组织更好成长［N］．联合时报，2015-5-12（006）．

并积极加强宣传，以组织宗旨和使命为向导，培育鲜明统一的组织文化，增强组织凝聚力。这样助残社会组织在与政府、捐赠者之间的沟通合作中有意识地保持正确的价值取向及维持自身的独立性。

第二，完善内部治理结构。助残社会组织的内部治理要通过一定的组织结构来实现，助残社会组织的组织结构对于维持其高效率至关重要。为适应新形势下残疾人服务发展的需求，助残社会组织应建立健全以理事会、执行机构、监督机构“三位一体”相互制约的结构体系。① 助残社会组织应根据自身情况，吸纳专业人士及残疾人加入理事会组织，同时对理事会的机构、管理及程序要规范化和制度化。组织根据服务需求应设立相关的执行机构如秘书处、办公室、财务部、宣传部等，各部门各司其职，加强沟通协作，保持信息的连贯性及组织结构富有弹性。

第三，健全内部治理机制。在完善内部治理结构基础上，助残社会组织应建立健全以组织章程为核心的民主选举、议事决策、人事管理、财务管理、项目管理、捐赠公示、重要信息公开等制度，切实形成自我管理、自我发展、自我约束的有效机制。最后，学习先进管理经验。助残社会组织应注意加强相互交流与合作，主动接触新的理念和发展模式，积极学习国内外先进助残社会组织的管理经验和管理方法，不断提升自身管理水平。

2. 拓宽筹资渠道。由于资金不足是制约助残社会组织能力及其发展的一个瓶颈，因此，在完善内部治理基础上，助残社会组织要建立多元化资金筹集渠道，拓展资金来源。首先，提高服务质量，增加服务收入。助残社会组织虽不以营利为目的，但非营利性并不意味着助残社会组织不能通过合法手段，运用自身优势，开展服务项目，依法获取维持组织自身发展所必需的基本服务费用。莱斯特·M. 萨拉蒙教授的研究结果显示，西方发达国家的社会组织收入中，“服务收费”占社会组织总收入的比重，法国为27%，德国为32%，加拿大为38%，英国为43%，美国为47%，日本则高达61%②。因此，助残社会组织应该通过提供优质服务增加自身经营性收入。其次，加强与政府沟通，争取政府公共资金支持。随着我国政社分开实践进程的加快，公共服务购买资金会不断增加，在这种新形势下，助残社会组织应主动加强与政府沟通合作，通过公平竞争方式，积极参与政府购买公共服务，争取相应的政府公共资金支持。再次，赢得社会公众支持，争取社会捐赠。助残社会组织应通过积极履行社会责任，

---

① 刘继东，李扬映雪．论如何打造持续创新的非营利组织［J］．理论与实践，2008（10）：39.

② 王浦劬，［美］莱斯特·M. 萨拉蒙等．政府向社会组织购买公共服务研究：中国与全球经验分析［M］．北京：北京大学出版社，2010：205.

增加运营透明度以及主动宣传组织服务项目和活动等，努力塑造良好组织形象和强大 社会感染力，以赢得社会公众认同和支持，争取各种形式的社会资助和捐助。最后，加强对外联系，争取境外资金支持。助残社会组织应放眼世界，加强对外联系与交流，积极寻求我国港、澳、台地区及其他国家的政府、企业、公民个人以及社会组织的拨款、捐赠等各种境外资金支持。

3. 加强人力资源管理。残疾人服务的开展及助残社会组织的运行和发展都依赖于人力资源的管理，是影响组织生存和发展的关键因素。助残社会组织的人力资源管理不仅包括专职员工的管理，还包括志愿者的管理。助残社会组织应根据每类人员的职能和需求，进行差异化的管理。助残社会组织的正式员工关系到组织的使命是否可以实现，关系到组织的生存和发展，因此，对于正式人员的要求会比志愿者更高。第一，必须强调的就是员工的价值观念，由于现阶段助残社会组织工作特殊性，各方面待遇与企业还存在一定的差距，因此必须寻找与组织有共同价值观的人才。当然对其专业知识也要进行测试。第二，加强员工培训。培训为员工、组织不断注入新的血液，有利于组织在不断创新中发展、壮大。对助残社会组织的培训不仅是为了让员工掌握基本知识和技能，更是为了实现员工的利他主义价值和理念。更需要注重对员工的开发，使员工掌握职业所需要的能力，以应对组织未来的需求。第三，注重合理需求，完善激励机制。一方面，工资和福利是保证正式员工生存和基本需要，有效工资战略可以为助残社会组织吸引优秀人才并有效满足员工的成就感。根据助残社会组织工作的特殊性，应给予员工与社会经济水平保持一致，甚至具有市场竞争力的薪酬水平。另一方面，助残社会组织自身特性决定了在其人力资源上要更加强调价值追求和使命感。因此助残社会组织应重视员工的精神层面的激励，为员工提供更多的学习机会。例如，定期或不定期安排优秀员工到国外或者港澳台地区培训学习，学习国外残障服务及助残社会组织实践经验及理论，提高专业水平，同时，根据残障服务的多样性需求，学习各项服务专业技术及开发多样化的服务。同时注重员工职业生涯规划。职业生涯规划是指根据个性特殊和个人需要，结合环境中的机会而制订的个人在职业领域未来发展计划的活动，主要包括：职业选择、目标确立和道路设计三个方面①。通过对员工职业规划，可以帮助员工更好地认识自己，可以更客观、准确地认识自己的优势和劣势，意识到自己的潜能，最大限度地在工作中扬长避短，更好实现组织的人力资源优化配置，充分利用资源。

对于志愿者，由于他们具有价值多元化、意愿多向性和行为多样性的特点，

---

① 吴志华，刘晓苏．公共部门人力资源管理［M］．上海：复旦大学出版社，2007：180.

助残社会组织应坚持以志愿者为本，平等、互利的志愿者管理理念，构建一个开放、人性、民主、参与的平台，使志愿者能够在这一平台上充分展示自己的才能，与组织一起分享快乐、实现理想。

（二）完善内部监督评价机制

组织内部的监督最主要的是财务监督。首先，组织内部应建立科学规范的财务制度及财务审查制度，对财务预算，资金的来源、资金筹集及使用的流程、资金的使用范围及比例、财物使用的效果和效率进行严格审查并及时反馈。其次是内部人事管理的监督，对于员工的招聘与管理建立相应的管理机制，保证员工的招聘公开、公平、公正，积极吸纳高素质人才。同时，重视员工绩效考评，员工内部互相考评监督。最后，在组织治理过程中，应充分发挥理事会及组织成员的监督作用。通过建立完善内部监督评价机制，保证助残社会组织的正常运行。

三、社会：加强监督和宣传

（一）建立规范多元的监督机制，增强助残社会组织的公信力

助残社会组织的监督有政府、社会及助残社会组织内部。除了上文提到加强政府监管外，社会监督是至关重要的部分，社会监督力量主要包括：大众传播媒介的舆论监督机制、行业协会、服务对象监督及第三方评估机构及捐赠群体的监督等。

1. 加强新闻舆论监督力量。舆论监督对于助残社会组织的监督有突出的作用，随着新媒体的普及和影响力的急剧增加、舆论监督力量广泛渗透到社会各个角落，新媒体对助残社会组织违规行为的揭露成为政府规制机构的主要信息来源，而且新媒体“曝光”影响公众态度和行为，这对助残社会组织会形成很大压力。因此应该加强新闻舆论监督的力量，充分发挥新闻媒体的监督作用。

2. 建立完善行业自律机制。行业协会的监督管理主要是通过制定共同的规章制度及道德规范来进行，行业成员为保证竞争力及公信力，会主动按照法律法规及行业协会各项制度及规范开展各活动，并主动地不断完善行业内自律机制。通过建立助残类服务的行业协会，为助残社会组织的发展提供专业的指导，行业组织间既互相学习，又互相监督，在合作与竞争中共同发展。

3. 完善残疾人群体监督机制。残疾人是助残社会组织的服务对象，其对助残社会组织的评价和监督更为重要。助残社会组织优厚的硬件和专业的服务技术很重要，但残疾人对其服务的满意度才是决定其服务质量水平的决定因素。助残社会组织及政府应重视残疾人对助残社会组织服务满意度的调查，为残疾

人及社会各界提供监督的平台，利用媒体的广泛、影响力大的特点对助残社会组织进行监督，通过报纸、广播、微博、微信等媒体将组织运行情况及残疾人实际接受服务状况公之于众，接受社会各界的评价和监督。通过发挥残疾人群体的监督作用，建立完善社会监督机制。

4. 引入第三方评估机构及捐赠群体的监督。建立以服务对象满意度为核心，涵盖服务效率、服务效益、专业水平等指标的标准化助残服务绩效评估体系，通过引入第三方评估机构独立自主、客观审慎地对助残社会组织实行专业的评估，提供科学专业权威的审查报告。此报告交予政府和捐赠群体，帮助政府及捐赠群体掌握其资助捐赠的组织的全面信息，是政府及捐赠群体选择资助捐赠的重要依据。在评估的同时也应对评估机构进行监督，防止贪污受贿、徇私舞弊、串通合谋的违法行为，保证评估的真实、合法、有效。

（二）加强助残社会组织的宣传和推广

媒体具有很好的宣传和影响功能，运用得当可形成良好的影响，由于人们对助残社会组织的作用缺乏了解，各地各部门充分利用报纸、电台、电视台和网络等媒体，加大对助残社会组织的宣传力度，大力宣传助残社会组织发展的重要意义和政策措施，积极推广助残社会组织发展的先进典型和成功经验，广泛动员全社会共同关心支持助残社会组织发展，形成全社会共同关心支持助残社会组织的良好氛围。

首先，加强助残社会组织的宣传和推广。从观念上重视助残社会组织的发展，加强助残社会组织的宣传和推广，提高社会的认知度和重视度。助残社会组织要在公共服务中发挥自身的力量，应该让社会大众认识它、了解它并接受它。因此要加强对助残社会组织的宣传，提高社会大众对其性质、作用等方面的认识。

其次，为助残社会组织的发展创造良好的发展环境。良好的社会环境的构建需要各界人士的共同努力。提高社会责任感，大力倡导奉献精神，构建社会公益慈善文化，为助残社会组织发展创造良好的社会环境。社会应加强中华民族团结互助、扶危济贫等传统文化的宣传和教育，培育社会公民的责任意识，使为残疾人提供服务救助是社会和公民的义务成为社会共识，为助残社会组织争取更广泛的社会支持。社会各传播媒体也应充分发挥其良好的舆论导向作用，创造有利于助残非营利组织发展的社会舆论环境。

第五章

城镇职工大病统筹基金监管探究：以南宁市为例

第一节 研究背景、研究意义与国内外研究综述

一、研究背景

我国推行职工基本医疗保险制度之初就鼓励各地探索实施职工补充医疗保险制度。城镇职工大病统筹制度是一种补充医疗保险，城镇职工大病统筹基金也是医疗保险基金的组成部分。因此，对医疗保险基金的监管同样适用于城镇职工大病统筹基金。强化对城镇职工大病统筹基金的监管，保障基金安全是维护城镇职工医疗权益的重要手段。

医疗保险制度建立之初，政府对医疗保险基金的监管缺乏经验和重视，导致基金出现了大量损失。随着医疗保险基金在内的社会保险基金的规模逐渐扩大和各类基金侵害案件的发生，社会保险基金的监管越来越受到政府的重视。1995 年我国颁布了《社会保险审计暂行规定》，审计机关开始参与监管社会保险基金。1997 年政府财政部门开始以收支两条线的方式管理社会保险基金。1998 年开始各地逐步设立了社会保险基金的专门监管机构。2001 年 5 月我国《社会保险基金行政监督办法》颁布实施，对社会保险基金实施监管成为劳动保障部门的主要职责。2007 年人社部制定的《社会保险经办机构内部控制暂行办法》提出要完善社会保险经办机构的内部监管机制。此后，医疗保险基金在内的社会保险基金监管越来越完善。

城镇职工基本医疗保险实施之初，南宁市就开始探索各类职工补充医疗保险。2001 年颁布的《南宁市城镇职工基本医疗保险医疗互助暂行办法》标志着城镇职工大病统筹制度正式在南宁实施，城镇职工大病统筹基金也由此建立起来。此后的 2001—2011 年这一制度得以延续并不断完善，参保人数和基金规模不断扩大，对职工大病统筹基金的监管也越来越受到重视。南宁市城镇职工大病统筹基金在长期的监管实践中虽然取得了一定的成效，但也存在着很多问题

需要进一步完善。

2011 年 7 月 1 日，我国实施的《中华人民共和国社会保险法》第一次在法律层面上对社会保险基金监管进行了规定。2012 年人社部出台的《关于开展社会保险基金社会监督试点的意见》开始探索社会力量参与社会保险基金监管的机制。2017 年党的十九大报告中指出要“完善大病保险制度”，而从技术原理上看，城镇职工大病统筹制度本质上也是一种应该要进一步完善的大病保险。① 在这一背景下，随着城镇职工大病统筹制度的完善，参保人数将越来越多，职工大病统筹基金的规模也将越来越大，基金监管将面临较大的压力。

另一方面，城镇职工大病统筹基金监管的漏洞和大病统筹基金起付线、报销比例的提高使城镇职工大病统筹基金的支付也面临较大压力。此时，如何强化对城镇职工大病统筹基金的监管，维护职工大病统筹基金的安全、有序运行，成为一项重要的任务。目前我国社会保险基金监管方面的建设和实际需求依然不匹配，基金监管依然存在一定的缺陷，导致基金侵害事件时有发生。如审计署对医疗保险基金审计的结果表明：2017 年全国挪用医疗保险费 1.2 亿元，扩大范围用于其他社会保障等支出 22.86 亿元，社保服务机构总计套取医疗保险资金 14.83 亿元。② 2018 年又发生了沈阳骗保案件。③ 其次，政府为了提高民生保障水平，也积极提高大病保险的支付比例，从而城镇职工大病统筹基金今后的给付将面临更大的压力。

广西为完善城镇职工大病统筹基金在内的社会保险基金监管制度，在制度建设和监管手段上加以创新。2017 年 12 月 11 日，广西人社厅下发了社会保险基金安全管理三项制度即约谈、督办和巡查制度，通过三项制度的全面落实来强化对广西各类社会保险基金的监管，但是完善城镇职工大病统筹基金监管制度依然任重而道远。南宁市作为广西首府，城镇职工大病统筹制度参保人数众多，基金规模较大，基金监管面临较大的压力。同时，南宁市的首府地位也意味着其在城镇职工大病统筹基金监管上的经验将对广西其他地市带来积极的示范效应。因此，南宁市在完善城镇职工大病统筹基金监管上要积极创新，走在广西城镇职工大病统筹基金监管制度改革的前列。

---

① 何文炯．大病保险辨析［J］．中国医疗保险，2014（7）：12-15.

② 中华人民共和国审计署．2017 年第 1 号公告：医疗保险审计结果［N］．2017-1-24. http：//www.audit.gov.cn/n5/n25/c92641/content.Html，2018-11-16 查阅．

③ 新华网．国家卫健委派工作组赴沈阳督促查处医院骗保事件［N］．2018-11-16. http：//tv.cctv.com/2018/11/20/ARTIFYcmwbvGc3UYJlTRf9vl181120.shtml，2018-12-2 查阅．

二、研究意义

（一）理论意义

社会保险基金包含保险种类多、覆盖面广，对其进行监管是一项复杂的系统工程。而现阶段我国医疗保险基金、养老保险基金等共用一整套相同的监管制度，没有基于各类保险的特点进行基金的分类监管。城镇职工大病统筹制度作为医疗保险的一种，与其他社会保险相比具有特殊性，不仅运行环节多，而且管理使用专业性强。因此，专门研究城镇职工大病统筹基金监管具有一定的创新性，是一种探索社会保险基金分类监管的有益尝试。因此，对城镇职工大病统筹基金的监管不仅弥补了学界对职工大病统筹基金监管研究的不足，丰富了我国社会保险基金监管的相关研究，同时对今后我国养老保险基金的分类监管也具有一定的理论借鉴意义。

（二）现实意义

近年来南宁市参加城镇职工大病统筹基金的人数越来越多，城镇职工大病统筹基金的规模日益扩大，统筹基金的监管将面临较大的压力。本研究通过分析广西南宁市城镇职工大病统筹基金监管实践的现状和存在的问题，根据社会保险基金监管的相关理论，同时借鉴国外发达国家和我国部分省市在职工大病保险基金监管方面的成熟经验，结合广西南宁市的实际情况，能够为广西南宁市城镇职工大病统筹基金监管制度的完善提供相关的对策，控制职工大病统筹基金的不合理支出，打击骗保、非法挪用等违法现象，从而提高基金监管效率和水平，维护其运行的安全性，充分发挥对城镇职工的大病保障作用。

三、国内外研究综述

（一）国外研究综述

大病费用在任何一个国家对于个人或家庭来说都是一项巨大的支出，所以大多数国家都十分重视大病保险的发展，相应的大病保险基金的监管也随之发展起来。通过梳理国外的研究文献发现国外对职工大病保险基金监管的专门研究较少，主要集中在对医疗保险等社会保险基金的监管上，包括大病保险基金支出增长原因、社会保险基金监管理论、监管体系、监管风险防范和监管方式等方面。

1. 对大病保险基金监管中基金支出增长原因的研究

职工大病保险基金监管的一个重要目标就是控制医疗费用的不合理支出，

因此，加强职工大病保险基金监管首先要对职工大病保险基金支出增长的原因进行分析。Arrow K. J.（1963）认为医疗服务方在信息不对称中近乎垄断的信息优势地位使其缺乏动力去形成内部成本控制机制，从而导致医疗保险基金支出增加。① Pauly M. V.（1968）认为医疗保险基金支出的不合理很大程度上由个人的道德风险导致，并提出了个人和国家按比例共同承担付费责任的医疗控费机制。② Newhouse J. P.（1992）认为医疗技术的进步在医疗费用增长中大概占到了75%，③ 许多学者的研究结论也支持了这一观点。以上对职工大病保险基金支出增长原因的分析表明，只有对导致医疗费用增长的可控因素进行严格监管，才能更好地保障职工大病保险基金的安全。

2. 对社会保险基金监管的理论研究

国外在社会保险基金长期的监管过程中，总结形成了很多有效指导监管实践的相关理论。Holmstorom（1970）研究了委托-代理理论在社会保险基金监管上的适用问题，认为可以委托给专业的第三方机构进行监管，提高监管的专业性和效率。④ Frederic S. Mishkin 和 Oliver Paddison（2003）用博弈论分析了社会保险基金监管中的利益关系，认为良好的社会保险基金监管机制要重视构建满足各方利益的激励机制，达到博弈均衡。⑤

3. 对社会保险基金监管体系的研究

监管体系是社会保险基金监管的关键组成部分，对监管的有效性至关重要。Goeran Normann 和 Mitchell Daniel（2000）认为内部监管体系和外部监管体系中都要强调基金监管机构的独立性，可以借鉴现代企业的理事会制度，由基金理事会进行独立监管。⑥ Colin Gillion 和 John Turner（2001）研究了政府在社会保险基金监管体系中的责任，认为政府要明晰监管体系中各监管主体的责任，并

① Arrow，Kenneth J. Uncertainty and the Welfare Economics of Medical Care，*The American Economic Review*，vol. 5（1963）.

② Pauly M. V. “The Economics of Moral Hazard：Comment”，*American Economic Review*，vol. 58（1968），pp. 531-537.

③ Newhouse J. P. “Medical Care Cost：How Much Welfare Loss?”，*Journal of Economic Perspectives*，vol. 6（1992），pp. 3-21.

④ Holmstorom B. Moral. “Haeard in Team”，*Bell Journal of Economics*，vol. 1（1970）.

⑤ Frederic S. Mishkin，Oliver Paddison，“Social Security Benefit Rules，Growth and Inequality”，*Journal of Macroeconomics*，2003.

⑥ Goeran Normann，Mitchell Daniel. *Pension Reform in Sweden：Lessons for American Policymakers*，Washington D. C.：The Heritage Foundation，2000.

配套建立财务控制机制。① Shinichi N. 和 Smetters K. （2006）认为社会保险基金监管体系理应是多重的，政府、社会力量等都要在社会保险基金监管中发挥各自作用，并通过立法把这一多重监管体系法制化。②

4. 对社会保险基金监管风险防范的研究

社会保险基金监管的市场化过程中面临着多种多样的风险，直接影响着基金监管的效率。为此，有学者对社会保险基金监管市场化的风险防范进行了相关研究。Milton Nektarios（2010）认为要从强化对商业保险公司管理的角度防范市场化的风险，包括建立担保金制度，加强对商业经办机构经营状况的监察，同时赋予监管机构根据实际情况及时采取措施的监管自由度。③ Pierre Charles Pradier（2017）从降低社会保险基金监管成本的角度出发，提出要整合监管机构和资源，简化社会保险基金的监管流程，以降低监管成本，增强应对监管市场化风险的能力。④

5. 对医疗保险基金监管方式的研究

监管方式不同，取得的效果往往也存在较大的差异。在医疗保险基金监管的方式上，不同的国家根据本国国情往往采取了不同的方式。如 Seeley A.（2014）指出英国集合了行政监管和非行政监管方式的优势，行政监管中行政机构和民间团体均发挥着重要作用，而非行政监管方式如“仲裁”“申诉”也起着重要的补充作用。⑤ Paula Stamps Duston（2016）认为美国除了完善的法律监管之外，医疗支付方式对医疗保险基金监管也具有重要意义，如 Medicare 对住院费用的预支付方式是控制医疗保险基金不合理支出的有效手段，其基于病种、医院要素价格、资质等确定预支付率的方式有效激励医疗服务提供方形成了成本控制机制。⑥

---

① Colin Gillion, John Turner. *Social Security Pensions-Development and Reform*, Geneva: International Labour Office, 2000.

② Shinichi N. Smetters K. “Does Social Security Privatization Produce Efficiency Gains”, *NBER Working Paper*, vol. 5 (2006).

③ Milton Nektarios. “Deregulation, Insurance Supervision and Guaranty Funds”, *The Geneva Papers on Risk and Insurance-Issues and Practice*, vol. 7 (2010), pp. 452-468.

④ Pierre Charles Pradier. “The Evolution of Insurance Regulation in the EU Since 2005”, *Financial Regulation in the EU*, vol. 8 (2017), pp. 199-251.

⑤ Seeley A. “National Insurance Contributions: an Introduction”, *House of Commons Library*, vol. 3 (2014), pp. 253-261.

⑥ Paula Stamps Duston. *Analyzing Form, Function, and Financing of the U. S. Health Care System*, CRC Press, 2016, p. 257.

（二）国内研究综述

现阶段，城镇职工大病统筹基金尚未独立于社会保险基金监管体系，所以国内学者专门对城镇职工大病统筹基金监管进行研究的比较少。因此，我们从医疗保险基金在内的社会保险基金监管的角度来梳理学者们的研究成果。从中我们发现，学者们的研究主要集中在社会保险基金监管模式、监管体系和医疗保险基金监管中的社会参与、政府作用以及监管方式创新上。

1. 社会保险基金监管模式的研究

从监管机构的组织结构来看，社会保险基金监管模式主要有集中监管和分散监管两种，不同的国家都会基于国情选择合适的模式。李连友、赵孟华（2004）指出不同的基金监管模式往往体现了政府不同的管理理念，倾向于直接管理社会的政府会选择集中监管模式，反之则选择分散监管模式。① 巴曙松、谭迎庆、丁波（2007）认为集中监管和分散监管模式均有不同的适用条件，社会保险基金监管法律制度、金融市场不完善，民主参与不成熟的地区适合集中监管模式，反之则适用分散监管模式。② 近年来，这两种模式开始出现相互融合、借鉴的趋势，集中监管和分散监管的界限变得不那么清晰。因此，曹明睿（2009）认为从社会保险基金监管模式的国际发展趋势来看，我国现有的社会保险基金监管模式应该在分散的基础上适当集中，构建一个主辅分明的多重监管模式。③

2. 社会保险基金监管体系的研究

社会保险基金监管体系大致可以分为内外两大监管体系，两者都发挥着不可或缺的作用。关于进行外部监管的原因，学者们主要从社会保障制度内在缺陷的角度来研究。如郑秉文（2004）通过分析社会保险基金违规的主要类型，发现社会保障制度的内生缺陷是导致社保资金违规的根本原因。④ 所以要通过完善外部的监管体系来克服制度内部缺陷可能带来的基金风险。在内部监管体系上，杨燕绥（2010）通过分析梳理社会保险基金监管的历史，认为其面临的风险来自内部和外部，所以在强化外部监管体系的同时也要注重构建内部监管体

---

① 李连友，赵孟华．集中监管还是分散监管——社会保险基金监管组织结构分析［J］．湖南社会科学，2004（4）：70-72.

② 巴曙松，谭迎庆，丁波．社会保险基金监管的现状、问题与建议［J］．当代经济科学，2007（5）：75-79.

③ 曹明睿．社会保险基金监管法律制度比较研究［J］．河北法学，2009（10）：77-86.

④ 郑秉文．社会保险基金违规的制度分析与改革思路［J］．中国人口科学，2004（4）：2-15.

系，内外协同才能保障监管的效果。① 在社会保险基金监管体系存在的问题上，范世祥、梁家敏（2010）以广西为例，认为社会保险基金监管容易受到政府部门领导的行政干预。② 广西财政厅课题组（2015）基于广西社会保险基金监管的实施情况，认为社会保险基金监管中内部监管队伍建设远远不能满足基金监管的实际需要。③ 张毅（2016）认为我国社会保险基金监管中存在“重外部监管，轻内部监管”的倾向。④ 由此可见，我国社会保险基金监管体系建设应该内外并举。

3. 社会医疗保险基金监管中社会参与的研究

监管主体对医疗保险基金的监管成效具有极其重要的影响，医疗保险基金的监管不仅要发挥政府行政部门的行政监管作用，也要突出社会参与的积极作用。为此，学者们首先对基金的性质和权属问题进行了研究，他们认为这是社会主体参与监管的重要前提。在权属问题上，程晓燕（2008）从统筹账户和个人账户的角度对社会保险基金的权属问题进行了区分，认为参保人有权监管个人账户部分的基金。⑤ 而段晓红（2015）应用利益相关者共同治理理论认为将参保人享有的监管权和参与权维系在所有权之上本身就是一种狭隘的观点，在公共事务中所有权将不再是参与监管的唯一依据。⑥ 因此，社会力量有参与监管医疗保险基金的权力且会成为一种必然趋势。

对于医疗保险基金监管中社会参与的研究，学者们主要从监管主体多元化的视角进行研究，强调社会公众、舆论和专业的第三方监管机构等在内的主体的参与。王岳（2008）借鉴发达国家社会参与医疗保险基金监管的经验，认为中国在医疗保险基金监管上要进一步深化政府职能转变，委托专业第三方监管机构参与监管。⑦ 傅鸿翔（2013）也认为专业性医保基金监管机构正在成为一

① 杨燕绥．社会保险基金风险管理研究［J］．广西大学学报（哲学社会科学版），2010（4）：1-7.

② 范世祥，梁宝敏．加强广西社会保险基金监管研究［J］．经济研究参考，2010（53）：58-61.

③ 广西财政厅课题组．广西社会保险基金管理问题研究［J］．经济研究参考，2015（17）：27-30.

④ 张毅．社保基金管理机构违规的博弈论解读［J］．中国劳动，2016（6）：52-56.

⑤ 程晓燕．私权视角下的社会保险基金监管［J］．当代法学，2008（3）：85-91.

⑥ 段晓红．公众参与社会保险基金预算：法理、条件与路径［J］．中南民族大学学报（人文社会科学版），2015（3）：103-107.

⑦ 王岳．从骗取医保基金现象看医保管理观念的转变［J］．中国医疗保险，2008（2）：22-23.

种重要的监管主体。① 叶琪望（2014）认为社会力量参与医疗保险基金监管可以对经办机构和医疗服务机构形成一种制约，督促其加强基金监管，对行政监管形成了补充。② 此外，苗淑颖（2016）针对医疗保险基金监管中行政监管和社会监管发展的失衡问题，提出要重视和发展社会监管。③ 孙茂晓（2017）认为信息化社会中尤其要重视利用媒体舆论进行监管，以提高医疗保险基金的透明度，对其他监管主体形成制约。④

4. 社会医疗保险基金监管中政府作用的研究

政府在医疗保险基金监管中往往起着主导作用，承担着主要责任。梁鸿（2011）认为政府对医疗保险基金进行监管的责任源于其本质上也是一种特殊的公共产品。⑤ 同时随着我国医疗保险中大病保险市场化运营的趋势越来越明显，政府如何在新形势下发挥对医疗保险基金的监管职能成为一项重要的研究课题。郑秉文、张兴文（2013）认为在医疗保险基金的市场化运营过程中，政府要注重完善对医疗保险基金监管机构和商业保险公司的激励机制。⑥ 蒋国平（2014）认为政府在医疗保险基金的监管过程中要强化监管队伍建设，加大监管力度。⑦ 李玉华（2016）认为政府要主动适应医疗保险市场化运营的新趋势，相应地提高自身对商业保险公司运营医疗保险基金的监管水平。⑧ 李亚青（2017）则认为政府不应对医疗保险基金的市场化运营干涉太多，要明确与商业保险公司各自的责任，重点监测医疗保险基金市场化运营的效果并重视对商业经办机构进行绩效评估。⑨ 此外，单琳琳（2018）从弥补社会保险基金市场化监管失灵的角度认为政府监管是十分必要的，但现阶段政府监管社会保险基金还存在着相

① 傅鸿翔．国外医疗保险基金监管实践与启示［J］．中国医疗保险，2013（2）：76-77.
② 叶琪望．医保第三方监管机制运行效果分析［J］．中国医疗保险，2014（8）：33-35.
③ 苗淑颖．社保基金监督工作的难点及对策研究［J］．财经界（学术版），2016（7）：170-171.
④ 孙茂晓．社会保险基金的财政监管与审计监管探究［J］．中国国际财经（中英文），2017（13）：132-133.
⑤ 梁鸿．加强医疗保险监管的三大理由［J］．中国医疗保险，2011（5）：12-13.
⑥ 郑秉文，张兴文．一个具有生命力的制度创新：大病保险“太仓模式”分析［J］．行政管理改革，2013（6）：21-29.
⑦ 蒋国平．加强城乡居民医保监管提高医保基金使用效益［J］．中国财政，2014（19）：47-48.
⑧ 李玉华．城乡居民大病保险制度运作中的政府职责——基于政府购买公共服务的视角［J］．保险市场，2016（4）：81-86.
⑨ 李亚青．政府购买服务模式下的大病保险有效监管研究［J］．中国卫生政策研究，2017（4）：24-28.

关立法不完善、行政部门“多龙治水”等问题需要进一步改进。①

5. 社会医疗保险基金监管方式创新的研究

新时代对医疗保险基金的监管提出了新的要求，如何创新监管方式以适应新形势的发展需要成为一项重要的研究任务。傅鸿翔（2012）从医疗保险基金的监管目标出发，认为可以重点从经办效率和医疗服务供给方服务绩效等方面进行创新。② 韦杰（2013）认为要充分发挥好社会保险监管委员会这一平台的作用，创新社会监管方式。③ 梅丽萍（2016）认为医疗服务机构的利益需求被政府部门传统的“命令控制”式基金监管方式长期压制，可以借鉴国际上“聪明监管”的方式创新基金监管的内容和手段。④ 郑树忠（2018）也提倡政府在医疗保险基金监管中要转变职能，给社会的参与让渡出一定的空间，同时更好地引入对话协商机制，把监管方式转变为购买方对契约相对方的监管。⑤

此外，也有学者提倡利用先进的互联网信息技术和大数据技术来加强医疗保险基金的监管。如杨燕绥（2018）认为现代化的互联网和大数据技术给克服权力寻租带来了新的启示，依托互联网技术和大数据建立的医疗保险基金智能监控系统可以有效压缩制度本身存在的权力寻租空间。⑥

（三）评述

通过梳理以上国内外学者关于社会保险基金及医疗保险基金监管的研究，可以发现，国内外学者基于各国的国情从不同的角度进行了研究，基本上涵盖了社会保险基金监管的模式、体系、政府作用、理论、方式创新等方面，形成了丰富的理论成果。同时，国内外学者在研究中的侧重点也有所不同。国外学者的研究倾向于以法律为中心的法制监管和市场化监管，主要原因在于国外发达国家具有完善的法律体系和保险、金融市场。而由于我国非行政监管主体发育不成熟，行政监管在我国社会保险基金监管中仍占主导地位，所以国内学者的研究多围绕行政监管展开。此外，国内外学者的研究都认为社会保险基金监

① 单琳琳．论社会保险基金运营中政府监管的作用［J］．辽宁行政学院学报，2018（2）：31-34.

② 傅鸿翔．“质量医保”之基金监管挑战与对策［J］．中国医疗保险，2012（12）：33-35.

③ 韦杰．做好广西社会保险基金监管工作的探索和思考［J］．实践与探索，2013（2）：16-18.

④ 梅丽萍．“聪明监管”：基本医疗保险监管的模式和路径选择［J］．中国卫生经济，2016（6）：13-17.

⑤ 郑树忠．多位一体打造全面监管平台［J］．中国医疗保险，2018（5）：15.

⑥ 杨燕绥．以法制化智能化抵制权力寻租［J］．中国医疗保险，2018（5）：17.

管要突出法制在监管中的重要作用，监管主体也应该多元化。

国内外学者的研究除了取得上述积极的理论成果外，也存在着一定的不足，需要在今后的研究中去加以完善。首先，城镇职工大病统筹基金监管方面的研究较少，同时缺乏把城镇职工大病统筹基金监管独立于社会保险基金监管体系的分类监管研究。其次，研究中较少对医疗保险基金监管的绩效评价机制、谈判协商机制构建等进行研究。因此，本研究除了进一步发展、完善前人的研究外，将以职工大病统筹基金监管为例来研究社会保险基金分类监管，也将重点研究基金监管的绩效评价机制和基金监管中医疗保险谈判协商机制对提升基金监管效率的影响，从而进一步丰富基金监管方面的研究。

第二节 概念界定和相关理论基础

一、概念界定

（一）城镇职工大病统筹制度

城镇职工大病统筹又称大额医疗费用统筹或大病保险，尽管称谓有所不同，但本质却是相同的。城镇职工大病统筹制度是为了减轻职工患大病产生的大额医疗费用给职工个人及家庭所带来的灾难性后果而建立的一种大病保险，具有社会共济性质，能够在全市范围内最大限度地分担个人发生大额医疗费用时的负担。

城镇职工大病统筹制度和职工基本医疗保险制度相互衔接、相互补充。以南宁市为例，在参保对象上，参加城镇职工基本医疗保险的职工一般均强制参加大病统筹。在支付范围上，两者的医疗费用支付范围、支付比例基本一致。在费用分担上，职工大病统筹制度发展的不同时期费用分担情况有所不同，具体如表 5-1 所示。从表 5-1 中可以看出职工医疗互助时期单位和职工按不同比例分别承担缴费责任，而目前的职工大病统筹制度则一般由用人单位负责缴费，职工不承担缴费责任。

表 5-1　南宁市城镇职工医疗互助和职工大病统筹制度缴费标准比较

城镇职工医疗互助		城镇职工大病统筹
单位	第 1 年：上年度城镇在岗职工平均工资的 1%	90 元/人/年
	第 2 年以后：上年度城镇在岗职工平均工资的 0.5%	
个人	第 1 年：本人上年度工资收入的 0.5%	无
	第 2 年以后：本人上年度工资收入的 0.25%	

数据来源：南宁市城镇职工大病统筹制度政策文件：《南宁市城镇职工基本医疗保险医疗互助暂行办法》《广西北部湾经济区职工大额医疗费用统筹暂行办法》。

在保障待遇上，由城镇职工医疗互助到职工大病统筹的保障水平变化如表 5-2，通过比较可以看出，职工发生的基本医疗保险统筹基金支付限额以上的大额医疗费用在现行的南宁市城镇职工大病统筹制度中保障水平有所提高，而对支付限额以下的个人自付费用的保障水平有所降低，从而更加突出了其保大病的属性。

表 5-2　南宁市职工医疗互助和职工大病统筹制度保障待遇比较

城镇职工医疗互助	城镇职工大病统筹
起付额≤自付部分≤5000 元，支付 40%	起付额≤自付部分≤统筹基金最高支付限额，支付 30%
5000<自付部分≤10000 元，支付 50%	
10000<自付部分≤统筹基金最高支付限额，支付 70%	统筹基金最高支付限额<医疗费用≤50 万，支付 100%
统筹基金最高支付限额<医疗费用≤上年度全区城镇单位在岗职工平均工资 15 倍，支付 90%	

数据来源：南宁市城镇职工大病统筹制度政策文件：《南宁市城镇职工基本医疗保险医疗互助暂行办法》《广西北部湾经济区职工大额医疗费用统筹暂行办法》。

（二）城镇职工大病统筹基金

针对特定用途的资金称为基金，由此定义可知城镇职工大病统筹基金是指政府根据实行的大病统筹制度筹集的专门用于城镇职工大额医疗费用补贴的资金。职工大病统筹基金中的“统筹”二字表明了其具有统筹互济的特点，表现在不设个人账户，由全体参保职工共同承担风险，从而实现了城镇职工之间的互助共济。以南宁市为例，在筹资模式上，南宁市城镇职工大病统筹基金的筹集采用现收现付的形式，每年的缴纳数额在上年度支出的基础上进行调整。在职工大病统筹基金的保值增值上，现阶段南宁市城镇职工大病统筹基金具有较多的盈余，所以职工大病统筹基金也在很大程度上面临着保值增值的压力，而职工大病统筹基金现收现付的属性决定了其不具备长期投资的条件，所以选择合适的短期投资方式对职工大病统筹基金的保值增值具有关键作用，但目前职工大病统筹基金还没有相关的保值增值的措施。在基金给付上，南宁市城镇职工大病统筹基金设有起付线和最高支付限额，给付范围与比例和基本医疗保险相同，以大额医疗费用是否超过基本医疗保险统筹支付最高限额为给付条件，同时基金结余对职工个人自付部分进行二次报销。

（三）职工大病统筹基金监管

城镇职工大病统筹基金是一种医疗保险基金，更是社会保险基金的一种，因而社会保险基金监管法律法规同样适用于城镇职工大病统筹基金的监管。城镇职工大病统筹基金监管是指政府行政监管机构、审计机关及社会力量等主体在国家法规和政策规定下对城镇职工大病统筹基金经办机构、医疗服务机构管理和使用基金的过程及结果进行的评审、认证和鉴定。[①] 对城镇职工大病统筹基金进行监管主要是为了保障基金安全、运行合法、提高基金的使用效率，从根本上维护参保职工的合法权益。现阶段城镇职工大病统筹基金的监管体系主要分为经办机构的内部监管和由行政监管、审计监管和社会监管组成的外部监管，两者均发挥着至关重要的作用。

关于基金监管的类型国际上一般分为审慎监管和严格数量监管两种，两者均有各自适用的条件。其中，审慎监管的适用条件较高，一般要以完善的基金监管法律为基础，其强调基金管理机构的自我约束，监管机构较少对基金的使用进行直接干预，同时基金监管很大程度上依靠市场中介组织来进行。严格数量监管形成于资本市场和监管法律法规不完善的情况下，基金监管机构具有较强的独立性和较大的权力，依靠严格的信息披露制度对基金的使用情况进行严格监管，同时在基金投资运营中严格规定了基金的投资比例和最低收益。总的来说，两种基金监管类型各有各的优缺点，近年来，审慎监管和严格数量监管开始出现了相互借鉴和融合的趋势。现阶段南宁市城镇职工大病统筹基金监管实际上是一种严格数量监管，但是在监管机构的独立性和城镇职工大病统筹基金的投资运营上还存在较大的欠缺。

---

① 宋明岷．社会保障基金管理：理论、实践与案例［M］．上海：复旦大学出版社，2012：211.

二、理论基础

（一）医疗保险服务市场的特殊性理论

医疗保险及其服务市场在信息上具有高度的专业垄断性特征，且涉及的主体、环节多，相比较于其他市场表现出一定的特殊性。1963 年，阿罗在《不确定性和医疗保健的福利经济学》（*Uncertainty and the Welfare Economics of Medical Care*）一文中创造性地把医疗保险及其服务市场和一般的市场进行比较，① 在此基础上对照发现医疗保险服务市场最大的特征是不确定性，并在医疗保险市场的分析中首次引入了“道德风险”和“逆向选择”。2001 年，斯蒂格利茨又指出医疗保险及其服务市场的另一个特殊性：信息高度不对称，② 而这正是导致“道德风险”和“逆向选择”的根源。

道德风险存在于医疗保险及其服务市场所有的相关主体中。参保人在参加医疗保险的情况下会出现比未参保前消耗更多医疗资源的倾向，同时也存在串通医疗机构骗取医疗保险基金的情况。医疗服务机构的信息垄断地位导致医疗服务中存在一种特殊现象：“供给决定需求”，所以医疗机构及其人员在追求利益的时候可能会诱使患者把小病当成大病治，这种过度医疗行为使医疗保险基金支出大幅提高。逆向选择则主要表现在医疗机构及其人员中，其受经济效益的驱使在提供医疗服务时会优先选择成本低、利润高的项目和药品，而不提供或少提供成本高、收益低的医疗服务，从而最终导致患者没有享受到最优的医疗服务。

医疗保险及其服务市场的特殊性（高度信息不对称）表明，政府和社会各界必须加强对城镇职工大病统筹基金的监管，以克服医疗保险及其服务市场失灵对城镇职工大病统筹基金安全的负面影响。政府要坚决打击医疗服务市场中各主体因道德风险导致的骗保行为，通过医疗谈判机制建设消除诱导医疗需求导致的过度医疗问题，同时社会力量也要充分参与到城镇职工大病统筹基金的监管中，从而保障城镇职工大病统筹基金的安全、合理支出，提高基金的使用效率。

---

① Arrow, Kenneth J. “Uncertainty and the Welfare Economics of Medical Care”, *The American Economic Review*, Vol. 53, No. 5 (1963).

② 周春红. 论我国医疗服务市场中的信息不对称［J］. 卫生经济研究, 2010 (4): 13-15.

（二）政府失灵理论

1. 政府失灵理论的含义

政府失灵一词由英文 Government Failure 翻译过来，是政府干预市场过程中出现的一种现象。20 世纪 70 年代，西方发达国家普遍出现了经济发展停滞，各种社会问题层出不穷的现象。在此背景下，西方学者开始认识到政府干预经济的弊端并重新梳理政府和市场的关系，政府失灵理论开始逐渐发展起来。其中，公共选择及公共政策学者对政府失灵理论的研究是较为系统的,① 他们利用"经济人"假设对政府在公共事务中的局限性进行了分析，发现政府行政机构及其人员的行政行为并不是完全出于实现公共利益的要求，他们在政策制定和执行过程中也关注部门和个人利益；同时公共利益难以有效测量，政府行政机构缺乏有力的外部监管。这两个因素导致了政府在公共事务中会存在失灵现象。

2. 政府失灵理论对本研究的指导意义

政府失灵主要有公共物品供给低效率、政府寻租等类型，这两种类型在城镇职工大病统筹基金监管中均有体现。现阶段城镇职工大病统筹基金的监管主要以政府行政监管为主，政府部门作为其监管的行政主体，一方面在监管过程中存在着违规使用、挪用城镇职工大病统筹基金等医疗保险基金的行为，另一方面政府行政监管的低效率导致城镇职工大病统筹基金监管存在漏洞，基金侵害案件时有发生，容易给城镇职工大病统筹基金带来安全风险。因此，城镇职工大病统筹基金的有效监管不仅需要政府部门发挥行政监管职能，同时也要市场上的独立第三方监管机构、公众、社会组织等充分发挥社会监管职能，从而相互监管，相互制约，降低因政府失灵对城镇职工大病统筹基金安全带来的负面影响。

（三）"监管代表"假说

1. "监管代表"假说的含义

20 世纪 50 年代至 70 年代的恢复时期，各国政府为了恢复社会经济，在政策层面大力支持银行业发展，银行业由此面临着一个较为宽松的监管环境。自 20 世纪 80 年代以来，金融领域竞争日益激烈，而政府没有及时对宽松的监管政策进行调整，导致许多国家银行业发生危机给小额储蓄者带来了重大的损失，基于此，政府逐渐收紧了监管政策，日益强化对银行等金融机构的监管。德沃特里庞和泰勒尔在《银行监管》中提出了"监管代表"假说，认为加强对银行

---

① 张建东，高建奕．西方政府失灵理论综述［J］．云南行政学院学报，2006（5）：82-85.

监管的一个重要原因就是保护小额储蓄者的利益。小额储蓄者因为缺乏相关的监管专业知识且对银行实施监管也需要承担高昂的成本，加之小额储蓄者往往抱有“搭便车”的心理，所以由小额储蓄者个人对银行进行监管缺乏实际上的可行性。① 因此，为了保护小额储蓄者的利益应该选出能够代表他们的私人代表或公共代表代替小额储蓄者对银行进行监管，以约束银行的高风险行为，充分保障小额储蓄者的利益。

2. “监管代表”假说对本研究的指导意义

城镇职工大病统筹基金监管同样可以用“监管代表”假说来解释。由于绝大部分参加城镇职工大病统筹制度的职工都是普通的工薪阶层，其应对大病风险的能力较小，一旦产生大额医疗费用，他们的家庭将会遭受到灾难性的打击，所以城镇职工大病统筹参保职工的情形类似于小额储蓄者，他们的大病统筹基金权益需要得到有力的保护。所以，政府监管部门、社会保险监管委员会、社会第三方独立监管机构等都可以作为参保职工代表对城镇职工大病统筹基金进行监管，保障参保职工医疗权益。

第三节　南宁市城镇职工大病统筹基金监管的演变与现状分析

一、南宁市城镇职工大病统筹发展概述

（一）南宁市城镇职工大病统筹制度的发展

南宁市城镇职工大病统筹基金的监管伴随着城镇职工大病统筹制度的发展而产生。2001 年《南宁市城镇职工基本医疗保险医疗互助暂行办法》（南府发〔2001〕27 号）颁布实施，标志着城镇职工大病统筹制度第一阶段的开始和城镇职工大病统筹基金的建立。由于这一阶段积累了较多的结余，为进一步缓解职工的大额医疗费用给家庭带来的压力，2010 年南宁市政府调整了有关待遇支付的内容，把支付范围拓宽到城镇职工基本医疗保险统筹基金最高支付限额以内的费用，2012 年《南宁市城镇职工医疗互助管理办法》（南府办〔2012〕173 号）正式把这一待遇规定下来。2015 年南宁市城镇职工大病统筹制度第二阶段开始实施即城镇职工大额医疗费用统筹，正式取代了城镇职工医疗互助制度。

---

① 德沃特里庞，泰勒尔．银行监管［M］．王磊，王永钦，译．上海：复旦大学出版社，2002：27.

（二）南宁市城镇职工大病统筹参保人数、收支情况的发展

经过几年发展，南宁市职工大病统筹制度的参保人数和基金收入逐年增高，表5-3是南宁市2014—2017年职工大病统筹基金的参保人数和基金收支情况，从中可以看出2014—2017年，城镇职工大病统筹制度参保人数和基金收入逐渐增加，而基金支出除了在2015年、2016年高于基金收入外，总体来说处于保有结余的状态。由职工医疗互助制度到职工大额医疗费用制度，其间基金的监管经历了不同的阶段，南宁市城镇职工大病统筹基金的监管也取得了较大的成效。

表5-3　南宁市2014—2017年职工大病统筹基金的参保人数和基金收支情况

年份	参保人数（万人）	基金收入（万元）	基金支出（万元）
2014	79.278	28739.31	5676.22
2015	66.7164	7646.39	11603.35
2016	111.0815	10916.33	12195.35
2017	114.5112	13012.14	11845.88

数据来源：根据对南宁市社会保险事业局的调研数据整理而来。

二、南宁市城镇职工大病统筹基金监管的演变

（一）保险经办机构内部监管阶段（2001—2014）

城镇职工医疗互助阶段，《南宁市城镇职工基本医疗保险医疗互助暂行办法》中规定该基金由经办机构负责监管管理，这表明南宁市社会保险经办机构既执行着职工医疗互助金的收缴、管理、支付等职能，同时又扮演着对职工医疗互助基金进行监管的角色，且是政策规定的唯一监管机构，是真正的管理和监管角色一体者。而这种“裁判与运动员”集于一身的做法显然难以保证职工医疗互助基金的有效监管。此外，南宁市城镇职工医疗互助基金监管中不注重保障社会公众监管权，具体表现在相关政策并未规定职工医疗互助金接受社会公众监管的内容，从而无法通过社会监管对社会保险经办机构对职工医疗互助基金的监管形成一定的制约。

（二）纳入社会保险基金监管阶段（2015—2018）

南宁市城镇职工大额医疗费用统筹制度取代职工医疗互助制度之后，对相关基金的监管也开始出现了新的变化，即职工大病统筹基金监管由经办机构监管向纳入社会保险基金监管阶段迈进。《广西北部湾经济区职工大额医疗费用统筹暂行办法》要求城镇职工大病统筹基金与基本医疗保险分开核算，实现收支

两条线管理，财政部门和审计部门分别履行对城镇职工大病统筹基金的财政监管和审计职能，同时职工大病统筹经办机构要定期向社会公开城镇职工大病统筹基金的运行情况，接受社会的监管。这实际表明了南宁市城镇职工大病统筹基金已经纳入了整个社会保险基金的监管体系中。

在城镇职工大病统筹基金的行政监管上，南宁市人社局下设的基金监管科、财政局等行政部门按照各自的不同分工，共同对职工大病统筹基金进行监管；在职工大病统筹基金的社会监管上，南宁市以社会保险监管委员会为核心，以社会公众、专业第三方机构等为主体，充分发挥着社会力量在南宁市城镇职工大病统筹基金监管中的重要作用。此外，在南宁市职工大病统筹基金的监管中，除了要对医疗机构和参保人的行为进行监管防止骗保行为发生外，也注重对城镇职工大病统筹经办机构进行内部监管，以防止职工大病统筹基金的违规使用。由此，南宁市城镇职工大病统筹基金正式纳入社会保险基金监管体系。

（三）发展趋势：医疗保障部门专门监管

党的十九届三中全会审议通过的《深化党和国家机构改革方案》中提出了要组建国家医疗保障局，其中监管管理相关医疗保障基金是国家医疗保障局的主要职责之一。按照机构改革方案要求，国家医疗保障局挂牌成立之后，各地医疗保障局也进入筹备组建工作中，并相继挂牌成立。2018 年 11 月 15 日广西壮族自治区医疗保障局也正式挂牌成立，统一医疗保险基金监管也成为其主要职责。2019 年 1 月 28 日《南宁市机构改革方案》中提出组建南宁市医疗保障局，虽未明确其医疗保险基金监管职责，但国家医保局和自治区医保局的经验表明由医疗保障局负责统一医疗保险基金监管已经成为一种必然的趋势。促进医疗保险基金合理使用、安全稳定将会是南宁市医疗保障局的重要职责之一，这将有利于提高城镇职工大病统筹基金等医疗保障基金监管的效率和力度。由此，城镇职工大病统筹基金监管将逐渐进入医疗保障部门专门监管阶段。

三、南宁市城镇职工大病统筹基金监管现状分析

（一）南宁市城镇职工大病统筹基金监管制度的建设情况

现阶段，南宁市城镇职工大病统筹基金已被纳入了社会保险基金监管体系之中，各种社会保险基金监管制度同样可以用于城镇职工大病统筹基金的监管。目前，南宁市对城镇职工大病统筹等社会保险基金的监管主要依据人社部和自治区人社厅制定的关于社会保险基金监管的规章和政策文件，并未自行制定城镇职工大病统筹基金监管的相关政策。总的来说，南宁市城镇职工大病统筹基

金监管的制度建设主要包括了行政监管制度和社会监管制度这两个方面。

1. 行政监管制度逐步完善

在行政监管制度建设方面，社会保险基金行政监管制度较为完善，职工大病统筹基金行政监管有规可依。根据《社会保险基金行政监管办法》和《广西壮族自治区社会保险基金监管行政执法规程》的相关规定，南宁市规范了城镇职工大病统筹基金行政监管的程序和分工，使基金行政监管工作可以有序开展。其次，健全了职工大病统筹基金骗保案件移交公安机关的机制。南宁市贯彻执行人社部下发的《关于加强行政执法与司法衔接工作的意见》和人社厅下发的《关于印发查处和防范社会保险欺诈工作联席会议制度的通知》《关于加强与公安机关协作配合严厉打击社会保险欺诈犯罪的通知》《关于印发社会保险欺诈案件管理办法的通知》等政策，与公安机关共同打击职工大病统筹基金诈骗行为。最后，推动职工大病统筹基金行政监管制度创新。南宁市推动建立了基金安全约谈、督办、巡查制度，在职工大病统筹基金等社会保险基金行政监管上创新监管方式，保障职工大病统筹基金安全。

2. 社会监管制度逐步健全

南宁市职工大病统筹基金社会监管制度主要围绕社会保险监督委员会制度和公众参与制度展开。南宁市首先按照《社会保险法》的要求，组建了社会保险基金监督委员会作为对职工大病统筹基金在内的社会保险基金实施社会监管的主体，并在2011年更名为南宁市社会保险监督委员会。其组成成员包括了用人单位代表、参保人员代表、工会代表和专家代表，具有较强的代表性。同时，2018年2月，《南宁市社会保险监督委员会章程》正式通过，南宁市社会保险监督委员会的工作开展开始有规可循，并在城镇职工大病统筹基金的监管中起着积极的作用。在公众参与监管制度建设上，南宁市完善了社会保险基金监管举报奖励机制，逐步拓宽公众参与职工大病统筹基金监管的深度，充分调动群众参与职工大病统筹基金监管中的积极性，发挥群众在职工大病统筹基金监管中的力量。

（二）南宁市城镇职工大病统筹基金监管机制的构建情况

1. 内部监管机制

南宁市城镇职工大病统筹基金的内部监管机制主要指的是城镇职工大病统筹经办机构内部的基金稽查机制和医疗服务机构的自我监管机制。南宁市社会保险事业局是城镇职工大病统筹的经办机构，负责城镇职工大病统筹基金收缴、给付和运营，同时对定点医疗机构进行协议管理。除此之外，经办机构内部也设有基金稽查部门，以定期或不定期的方式对各定点医疗服务机构和参保人使用城镇职工大病统筹基金的情况进行监管。同时，医疗服务机构内部也形成了一定的自我监管约束机制，对内部医师的行为进行约束，以控制城镇职工大病统筹基金的不合理支出。现阶段南宁市城镇职工大病统筹基金监管内部监管机制主要以经办机构内部的基金稽查为主，医疗服务机构的内部约束机制因为种种因素还难以真正发挥作用。

2. 外部监管机制

南宁市城镇职工大病统筹基金的外部监管体系如图 5-1 所示。从图 5-1 中可以看出，南宁市城镇职工大病统筹基金外部监管机制已经形成并在基金监管中发挥着重要的作用。其中行政监管主要由市财政局和人社局下属的基金监管科负责，南宁市审计局负责定期对城镇职工大病统筹基金的运行情况进行审计，而目前的社会监管主要由南宁市社会保险监督委员会进行。同时，南宁市城镇职工大病统筹基金外部监管机制也存在着一定的不足，主要是基金社会监管应该进一步放开，让社会公众和专业化监管机构更多地参与进来。

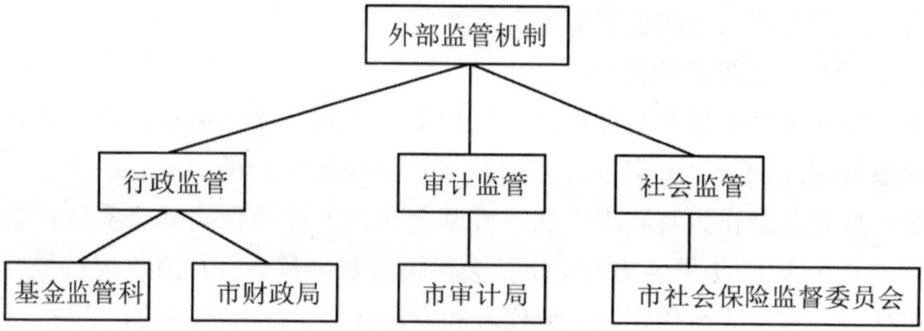

图 5-1　南宁市城镇职工大病统筹基金外部监管机制

四、南宁市城镇职工大病统筹基金监管的运行成效

（一）基金结余基本稳定

南宁市城镇职工大病统筹制度自实施以来，保障水平和基金规模稳步增长，有效缓解了参保职工发生大额医疗费用时的资金压力。实施城镇职工医疗互助阶段，筹资标准较高，从而使南宁市城镇职工大病统筹基金积累了较多的结余，2014—2017 年南宁市职工大病统筹基金的结余情况，如图 5-2 所示，从中可以看出 2014 年城镇职工医疗互助基金结余最多，2015 年实施城镇职工大病统筹制度以后缴费标准有所降低，所以 2014—2016 年职工大病统筹基金结余呈下降趋势，2016 年以后基金结余又开始出现了增长，截至 2017 年，南宁市城镇职工大病统筹基金的结余已达到了 101598. 58 万元，这给进一步提高城镇职工大病统

筹基金保障水平奠定了可持续的资金基础。南宁市城镇职工大病统筹基金收支能够保持当前稳定的结余水平，必然离不开对城镇职工大病统筹基金的有效监管，也是城镇职工大病统筹基金监管成效的具体体现。

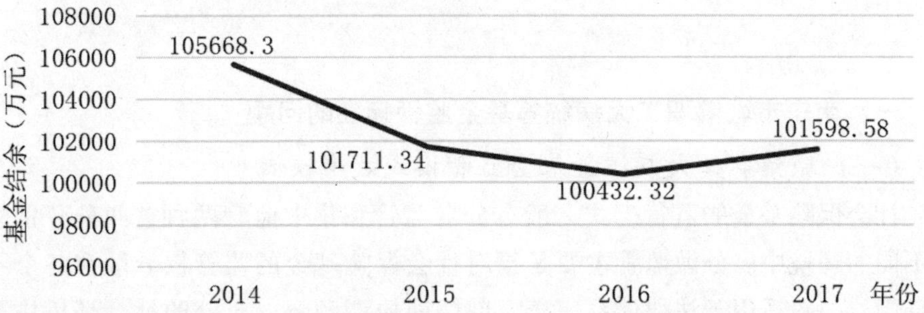

图 5-2 2014—2017 年南宁市职工大病统筹基金的结余情况

数据来源：根据南宁市社会保险事业局相关数据整理而来。

（二）基金监管智能化建设快速推进

在城镇职工大病统筹基金监管智能化方面，南宁市推进速度较为迅速。2016 年，南宁市人社局和平安医疗公司合作开发了"智慧医保"平台，充分应用大数据等信息技术，从医院、医生、参保人、病种等多个维度深度分析不合理医疗行为，对医疗保险基金进行全流程管控。通过"智慧医保"平台，南宁市城镇职工大病统筹基金监管精准性和有效性大大提高。在调查中发现，南宁市是自治区内第一个建立医疗保险基金智能化监管平台的城市，"智慧医保"平台上线起至 2017 年 6 月，已累计审核医疗费用 29.08 亿元，辅助查实违规并拒付费用 622 万元、辅助综合考评并拒付费用 1468.69 万元，[①] 2018 年南宁市城镇职工大病统筹基金一站式即时结算平台上线运行，[②] 南宁市城镇职工大病统筹基金在内的医疗保险基金智能化监管水平进一步提高。

---

① 南宁市人民政府．2017 年南宁市就业与社会保障情况新闻发布会，2017-08-16. http：//www.nanning.gov.cn/Interact/xwfbh/zflxxwfbh/jyyshbz/，2018-11-19 查阅．

② 周红波．南宁市政府工作报告［N］．南宁日报，2019-02-21.

第四节 南宁市城镇职工大病统筹基金监管存在的问题及原因

一、南宁市城镇职工大病统筹基金监管存在的问题

（一）城镇职工大病统筹基金监管模式效率较低

社会保险基金的监管模式一般有分散监管和集中监管两种，两种分别适用于不同的环境中。分散监管主要是指对社会保险基金的监管权分散在各个不同的部门，一般适用于法律体系完善，部门间协调顺畅、充分的社会环境中。集中监管，指的是对社会保险基金的监管权集中在一个部门手中。现阶段南宁市城镇职工大病统筹基金行政监管是分散监管模式，基金行政监管主要由社会保障部门和社会保险经办机构承担，同时财政部门、审计部门等行政机关也以不同方式参与对职工大病统筹基金的监管。

在南宁市城镇职工大病统筹基金监管法律体系不健全的背景下，分散监管模式中多部门共同履行监管职能会出现低效率的现象。

一方面，责任不明确和协调机制不顺畅会导致城镇职工大病统筹基金行政监管工作效率低下。多部门负责会导致没有一个部门真正负责的情况出现，各部门出于利益考量均不愿意承担风险较高、容易出纰漏环节的监管责任，导致基金监管的关键环节监管不严。多部门间协调上的难度和高成本会很大程度地降低城镇职工大病统筹基金监管工作的效率。在调研中发现，南宁市基金监管科或职工大病统筹经办机构的基金监管人员想要获取其他部门的基金监管数据时，往往要经过多次申请，甚至有时候要部门领导“打招呼”才有效。这充分表明了现行的分散监管模式降低了城镇职工大病统筹基金监管工作的效率。

另一方面，南宁市城镇职工大病统筹基金分散监管模式的低效率还表现在存在监管漏洞，基金侵害案件频发。在调查中发现，2016 年南宁 3 家医疗机构以各类“优惠”名义将不符合入院条件的参保职工收治入院，同时违规减免个人自付医疗费用，违规套取医保基金。① 2017 年 7 月底，南宁市社保局的工作人员在一次例行的检查中，发现南宁 A 医院某科室 7 名在社保信息系统登记住

① 广西新闻网．违规套取医保基金 南宁三机构被终止医保服务协议医保药品谈判 药企期待话语权［J］．中国医疗保险，2016-12-3. http：//www.nnnews.net/news/201612/t20161203_ 1730662.Html，2018-12-8 查阅．

院的参保病人未在医院，经查发现，属于医师违规收治未达到规定条件的病人住院。① 除了南宁市发生类似的城镇职工大病统筹基金侵害案件外，其他地区也发生了类似的案件。如2018年11月14日，央视焦点访谈节目曝光了沈阳市两所医院通过中间人拉拢介绍虚假病人违规套取医疗保险基金的案件。② 通过对比分析可以知道，实施医疗保险基金分散监管模式的城市均存在基金监管上的漏洞，即城镇职工大病统筹基金分散监管模式效率较低。

（二）城镇职工大病统筹基金监管机构欠缺独立性

基金监管机构具有较大的独立性是对社会保险基金进行有效监管的一个重要前提，能够提高监管的力度，有效防止政府机构对社会保险基金的违规使用。目前，南宁市城镇职工大病统筹基金监管体系主要包括了社会监管和行政监管。社会监管方面，南宁市社会保险监督委员会作为城镇职工大病统筹基金社会监管的主体，具有《社会保险法》赋予的法律独立地位，负责制定社会保险的监管政策和指导各种社会保险的监管工作，同时尽管大力提倡社会公众参与职工大病统筹基金的监管，但目前发挥的作用较为有限。而在行政监管方面，南宁市人社局的基金监管科、财政局等相关部门是城镇职工大病统筹基金的行政监管主体，同时社会保险经办机构内部的基金稽核队伍负责对职工大病统筹基金进行内部监管。相比之下，南宁市城镇职工大病统筹基金的行政监管机构在实际的基金监管工作中却缺乏独立性。

职工大病统筹基金行政监管机构缺乏独立性主要表现在以下三方面：一是监管主体地位缺乏独立性。目前的职工大病统筹基金政府监管机构均附属于同级政府行政部门，缺乏法律上赋予的基金监管独立性地位，这意味着它们行使监管权的过程中难免会受到同级政府施加的影响。二是监管权力缺乏独立性。无论是基金监管科还是财政部门等行政监管机构，其监管权力都源于同级政府的授权，因此，极大地受制于上级行政部门，此外，上级政府部门也控制着政府监管机构的人事任命权和预算，从而导致了行政监管机构对职工大病统筹基金的监管权力缺乏独立性，不能自主发挥监管权力。三是政府监管和管理角色重合。南宁市人力资源和社会保障部门是职工大病统筹基金的行政监管主体，

---

① 广西新闻网．南宁一医院七名住院病人未在院，两名医师被处理［N］．2017-08-31. http：//news. gxnews. com. cn/staticpages/20170831/newgx59a7b429 - 16488181. shtml，2018-12-02 查阅．

② 新华网．国家卫健委派工作组赴沈阳督促查处医院骗保事件［N］．2018-11-16，http：//tv. cctv. com/2018/11/20/ARTIFYcmwbvGc3UYJlTRf9vl181120. shtml，2018-12-02 查阅．

而社会保险事业局负责职工大病统筹基金的征收、运营等事务，在行政关系上隶属于南宁市政府，并由人社局进行管理，所以政府社会保障部门实际上既当裁判又当运动员，角色的重合使其难以有效实施对城镇职工大病统筹经办机构的监管。

（三）城镇职工大病统筹基金监管队伍建设不足

一支强有力的高素质社会保险基金监管队伍是保障南宁市城镇职工大病统筹基金安全的有力保证。目前，城镇职工大病统筹基金行政监管队伍主要包括人社局的基金监管科和经办机构内部的基金稽查队伍，在对南宁市人力资源和社会保障局基金监管部门进行实地调研中了解到南宁市在职工大病统筹基金监管人员队伍建设上存在较大的不足。

在人员数量上，南宁市城镇职工大病统筹基金监管人员数量与监管需求不匹配，难以满足基金监管工作的需要。在调研中发现南宁市人力资源和社会保障局的基金监管科目前只有 2 名工作人员且没有雇用编制外人员，社会保险事业局的工作人员大约 422 人，这意味着基金监管科的 2 名工作人员和社会保险事业局的大约 422 名人员要负责南宁市上千万参保人员 5 个险种基金的监管工作，由此可见，负责城镇职工大病统筹基金监管的人员数量更为有限。正如访谈中基金监管科某工作人员所说的，“人手不足是限制加强职工大病统筹基金监管的主要原因。”此时，职工大病统筹基金的监管主要依靠难以有效约束的医疗行业的自律。

在人员质量上，职工大病统筹基金监管工作人员专业化程度不足。职工大病统筹基金监管是一项需要具备一定程度医疗保险、医药和会计核算等专业知识的工作，并且要具备长期积累的医疗保险基金监管经验，以便更精准地识别、处理医疗保险基金方面的违规行为，而目前基金监管工作人员专业化程度上的不足制约了职工大病统筹基金监管的有效性。调研中发现，南宁市基金监管科的 2 名工作人员均是几年前刚被调入基金监管科的，之前都不是从事社会保险基金监管工作的，在城镇职工大病统筹基金监管上属于“半路出家”，同时单位内部也缺乏完善的基金监管培训和交流机制，从而导致了南宁市城镇职工大病统筹基金监管工作人员在监管专业性上存在一定的不足，影响了职工大病统筹基金监管的效果。

（四）城镇职工大病统筹基金监管绩效评价缺乏激励机制

完善的绩效评价机制是充分发挥任何组织工作人员工作积极性，提高效益的重要影响因素。现阶段，南宁市城镇职工大病统筹基金监管的绩效评价机制还不完善，没有起到充分调动监管人员工作积极性的作用。

一是城镇职工大病统筹基金监管绩效评价指标体系不健全。科学、合理、有效的绩效评价指标体系是对工作人员监管工作的绩效进行考核的依据，具有极为重要的意义。目前，南宁市城镇职工大病统筹基金监管的绩效考核还未根据基金监管的具体环节、内容和分工情况设计出科学、可量化的绩效考核指标体系，尤其是没有把公众对基金监管工作的满意度评价纳入指标体系中，当前的评价指标还是传统的框架，较为笼统，难以有效执行。

二是奖惩机制不完善。绩效评价结果背后的奖惩机制是促使工作人员在工作上全力以赴的深层次原因，在绩效评价机制中占有重要的地位。南宁市城镇职工大病统筹基金监管部门作为行政部门，其奖惩手段受到了行政部门规则的种种限制，在奖惩机制建设上又缺乏方式、手段的创新，导致现行的奖惩机制无法在工作人员身上实现待遇的差异化，难以激发工作人员进行基金监管的积极性，进而弱化了监管绩效评价机制发挥的作用。

（五）城镇职工大病统筹谈判机制不健全

城镇职工大病统筹基金监管要实现的主要目标之一是控制医疗费用的不合理支出，提高基金的使用效率。国外学者研究表明医疗费用支出增长的原因是多方面的，如图 5-3 所示，从中可以看到医疗保险道德风险占比 17%，是导致医疗保险基金不合理支出的主要因素。① 在实践中，由于当前职工大病统筹经办机构和医院之间的不平等关系，医院方完全按照协议上的要求实施必然会损害医院利益，所以医疗服务机构具备利用道德风险弥补自身损失的动机。而控制医疗保险道德风险的有效手段就是医疗服务供给方把稳定控费的“自我约束机制”内化于心，这正是医疗保险谈判机制所擅长的。医疗保险谈判机制是指医疗保险部门为了充分保障参保人的医疗权益，代表广大参保人与医疗服务供给方进行服务质量、服务价格等方面谈判的一系列规范的总称。② 通过这一机制，医保经办机构和医疗服务机构可以在平等协商的基础上开展相关谈判，有利于达成满足各方利益的结果，从而降低医疗方发生道德风险的动机。

---

① ［日］俞炳匡．医疗改革的经济学［M］．赵银华，译．北京：中信出版社，2008：156.

② 周尚成．社会医疗保险谈判机制实现路径探索［J］．中国医疗保险，2010（4）：17-20.

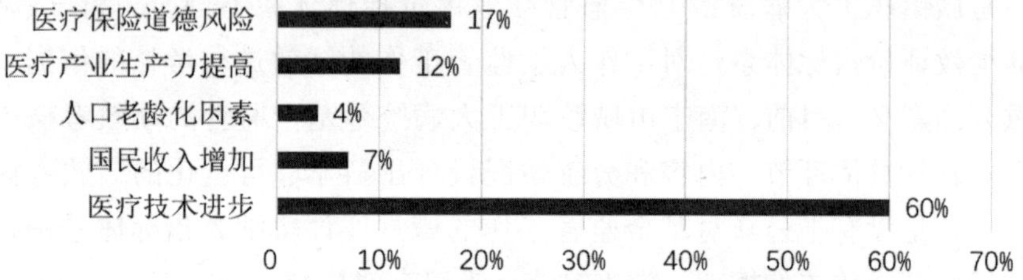

图 5-3　影响医疗费用支出增长的各因素贡献比

数据来源：［日］俞炳匡：《医疗改革的经济学》，赵银华，译．北京：中信出版社，2008：156。

尽管医疗保险谈判机制在我国医疗保险基金监管中还是个“新事物”，但是其提出却已经有一段时间了。我国早在 2019 年就提出探索建立医疗保险谈判机制。① 2011 年《中华人民共和国社会保险法》对医疗保险中的谈判机制也有所提及。2017 年《广西基本医疗保险支付方式改革实施方案》中提出要健全医疗保险谈判机制。现阶段，南宁市城镇职工大病统筹谈判机制的建设还很不健全，没有发挥其在控制大病统筹基金不合理支出中的积极作用。主要表现在：一是职工大病统筹谈判机制还处于初级阶段，即职工大病统筹经办机构对医疗机构实施协议管理，经办机构处于一种行政管理的地位，实质性的职工大病统筹谈判机制还没有真正建立起来。二是南宁市政府还未专门出台医疗保险谈判机制建设的政策文件。相关政策的缺失导致职工大病统筹谈判机制的建设动力不足且缺乏统一的规范指导。

二、南宁市城镇职工大病统筹基金监管问题的原因分析

（一）城镇职工大病统筹基金监管权力分散

现阶段，南宁市城镇职工大病统筹基金的行政监管属于典型的分散监管模式，行政监管权力的分散主要表现在以下几个方面：一是人社局、财政局等多部门享有对职工大病统筹基金的监管权力。其中，南宁市社会保障部门主管城镇职工大病统筹基金的监管工作，具体负责监管检查各单位执行职工大病统筹制度的情况和职工大病统筹基金收支、管理等情况，财政部门主要对城镇职工大病统筹基金的财政专户和财政制度等进行管理。从中可以看到，多部门从不

① 第一三共制药（上海）有限公司．医保药品谈判　药企期待话语权［J］．中国医疗保险，2010（10）：61-62.

同的方面对城镇职工大病统筹基金进行行政监管，同时部门间的监管内容也存在着重合的情况，如人社局和审计局都对基金的收支、管理情况进行监管。二是各部门的监管权力各自为政，难以形成合力。社会保障部门、财政部门等均是同级政府的不同平行组成部门，各部门的权力相互独立，在对城镇职工大病统筹基金进行监管时其权力也互不干涉，从而难以整合各监管权力以形成对城镇职工大病统筹基金监管的合力。三是缺乏整合、协调各部门分散监管权力的机构。名义上南宁市社会保障部门是城镇职工大病统筹基金监管的主管部门，但是在实际工作中社会保障部门无法对财政部门和审计部门的监管活动进行干预，部门相互协调的难度也较大，因此，实际上并没有一个有力的部门来统筹协调各部门对城镇职工大病统筹基金的监管工作，监管工作处于各自为政的局面。对城镇职工大病统筹基金行政监管权力分散的上述三个表现，导致了对职工大病统筹基金行政监管的低效率，因此，提高城镇职工大病统筹基金行政监管的效率必须要从集中行政监管权力着手。

（二）城镇职工大病统筹基金监管机构法定地位不明确

基金监管机构具有较强独立性的重要表现是法律法规明确规定了其法定地位。从这点来看，南宁市职工大病统筹基金监管机构在独立性方面存在较大欠缺的主要原因是基金监管机构的法定地位不明确，从而导致了职工大病统筹基金监管机构在履行监管职能的过程中出现了一系列问题。

现行的职工大病统筹基金行政监管机构的设立往往是出于现实的对职工大病统筹基金进行监管的实际需要，并没有专门的法律法规清晰地规定基金监管机构的法律地位，从而导致了职工大病统筹基金监管机构因缺乏法定的独立地位而在人事、财政、预算上依附于同级社会保障部门，在实施对职工大病统筹基金的监管职能时容易受到同级或上级政府部门的影响，从而难以保持监管的独立性和客观性，无法有效防止政府部门挪用或违规使用职工大病统筹基金。基金监管机构法定地位不明确从根本上反映了政府对职工大病统筹基金监管机构的建设缺乏足够的重视，政府依然存在把基金监管机构当成行政部门附属机构的观念，没有真正意识到在法律上明确基金监管机构的独立地位对于职工大病统筹基金乃至整个社会保险基金监管机制良好运行的重要意义。

此外，社会公众参与职工大病统筹基金监管的不足也进一步导致了基金监管机构缺乏独立性。为了解公众参与南宁市城镇职工大病统筹基金监管的情况，研究中以南宁市企事业单位职工为调查对象，进行了“城镇职工大病统筹基金监管公众参与情况”的问卷调查，共发放 400 份问卷，收回 400 份问卷，其中有效问卷 396 份。通过对收集的问卷资料进行分析，发现所有参保职工均未获得过保险经办机构发布的关于职工大病统筹基金收支状况的通报或没有选举过社会保险监督委员会的参保职工代表，社会保障部门网站上也未主动公开相关的基金信息，这意味着参保职工在职工大病统筹基金收支情况上的知情权没有被保障，没有知情权便无法进行相应的监管。相比之下，参保职工参与职工大病统筹基金监管的意愿则较为强烈，如图 5-4 所示，从中可以看出，对参与职工大病统筹基金监管持强烈和非常强烈的参保职工占比已经达到了 41%，公众较高的参与监管的意愿和无法有效参与的现实出现了矛盾，导致南宁市职工大病统筹基金监管中社会公众参与不足。

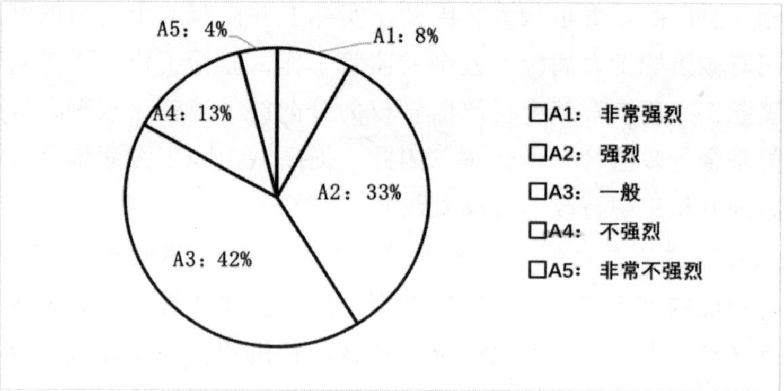

图 5-4 南宁市参保职工参与职工大病统筹基金监管意愿统计情况

数据来源：根据“南宁市城镇职工大额医疗费用统筹基金监管公众参与情况”问卷调查的数据分析结果整理而来。

（三）城镇职工大病统筹基金监管财政支持机制未制度化

建设强有力的基金监管队伍需要长效的财政支持机制做保障，因此，南宁市职工大病统筹基金行政监管队伍建设不足的根源还在于政府对基金监管队伍建设的财政支持机制还未制度化。政府并未在财政上对城镇职工大病统筹基金监管有所倾斜，也没有通过制度把“根据经济社会发展动态调节对城镇职工大病统筹基金监管的财政投入”机制固定下来。导致这一结果的关键原因还在于基金监管机构长期以来被动的监管方式使政府在观念层面对城镇职工大病统筹基金监管工作的重要性缺乏重视，没有意识到基金监管工作对保障城镇职工大病统筹基金安全、参保职工医疗利益和政府公信力等的重大意义。

现阶段，社会保险基金行政监管的工作方式主要有两种。

一是承接上级部门布置的基金监管任务。上级基金监管部门每年会选择某一类保险基金组织相关社会保险基金的行政监管工作，南宁市基金监管部门则承接上级部门布置的某项社会保险基金行政监管检查工作，开展为期3~4个月的基金监管工作，这表明职工大病统筹基金不是每一年都会进行行政监管检查，更不用说时刻处于基金行政监管之下了。此外，对于南宁市审计部门反馈的社会保险基金监管整改报告，基金监管部门也要负责落实整改意见。而完成上级布置的基金监管任务和落实审计部门的整改意见这两项工作基本占据了南宁市基金监管部门工作人员的绝大部分时间，也导致其没有太多精力去主动开展职工大病统筹基金的行政监管工作。

二是接受社会公众举报的职工大病统筹基金违规事件。南宁市实施了《社会保险基金监管举报奖励暂行办法》，鼓励公众发挥自身力量积极举报揭发身边的医疗保险基金违法事件，所以南宁市社会保险基金行政监管部门会经常收到群众反映的基金违法事件，并对相关情况进行核实和处理。

综上所述，南宁市城镇职工大病统筹基金行政监管工作实际上属于一种被动状态，既无法实时把包括职工大病统筹基金在内的所有社会保险基金纳入行政监管中，也不能充分发挥基金监管部门在职工大病统筹基金行政监管中的积极性和主动性，从而难以实现对职工大病统筹基金的严密监管。同时，也正是因为南宁市职工大病统筹基金行政监管工作的被动性，现有的人员基本可以应付被动的监管工作，所以政府对城镇职工大病统筹基金监管缺乏足够的重视，没有健全对城镇职工大病统筹基金监管人员建设的财政支持机制，并把其制度化。

（四）城镇职工大病统筹基金监管者对绩效管理缺乏重视

构建良好的绩效管理体制往往需要具备科学的绩效管理思想。而科学绩效管理思想的第一步在于重视绩效管理在实践中的作用，其次运用科学的绩效管理思想去建立科学、有效的绩效管理体系。从这一点来看，造成南宁市城镇职工大病统筹基金监管绩效评价机制不完善的首要原因就是基金行政监管机构对绩效评价机制缺乏足够的重视。

缺乏重视主要体现在两个方面：一方面，行政部门主要追求社会效益，社会效益的模糊性使其难以有效衡量，这种观念造成了基金行政监管机构不重视绩效评价体系的建设；另一方面，南宁市职工大病统筹基金行政监管机构的工作方式较为被动，表现在其监管工作主要源于上级组织布置的基金监管检查任务和群众的投诉举报，其工作成效完全取决于上级机构的评价，从而基金行政监管机构缺乏重视绩效管理体系的动力。正是由于南宁市基金行政监管机构缺乏对职工大病统筹基金监管绩效管理的重视，才使得基金行政监管机构没有运用科学的行政部门绩效管理思想来科学设计职工大病统筹基金监管的绩效管理体系，尤其是没有投入较多的组织资源去打造科学、可量化的绩效评价体系和创新基于绩效评价结果的奖惩机制。

（五）医保经办机构和医疗机构地位不对等

现阶段，南宁市社会保险经办机构是城镇职工大病统筹制度的管理方，各公立医院是医疗服务主要的供给方，尽管也存在民营医院但其数量占比仍相对较小。就城镇职工大病统筹经办机构和公立医疗服务机构的性质来说，两者均是政府办事业单位，但在医疗保险领域两者之间的地位却存在着不对等的现象，这种不对等首先是相对的，其次主要表现为实力的不均等和地位的不平等。

首先，医保经办机构的实力和医疗机构相比处于劣势。而实力主要体现在双方人力资源的对比上。在医保机构人员数量上，医保机构由于受到财政、编制等因素的限制，其工作人员数量显然要远远小于医疗机构；在人员质量上，医保机构负责南宁市医保费用审核、结算的工作人员在学历和专业性上也存在较大的欠缺。因此，医保机构的人员数量和质量首先在医疗保险谈判中就处于劣势。其次，职工大病统筹经办机构和医疗机构本质上是一种行政管理关系——医保机构是管理方，医疗机构是被管理方。在医疗保险领域，经办机构代表着所有参保人的利益负责向医疗机构购买医疗服务，并按照双方签订的协议对医疗机构进行相应的管理，但实际上这种协议管理本质上是一种政府行为，具有明显的行政指令性，医疗服务机构在协议管理中较为被动。

此外，在管理协议的制定过程中，职工大病统筹医保机构因其管理上的主导性具有较大的话语权。管理协议本身应该充分体现各方主体的利益诉求，在多方平等协商、讨论的基础上共同制定，但实际上如同周尚成学者的调查结果一样，“医疗机构对管理协议的内容并不是完全认同的，且医疗机构提出的改进建议也很少能在协议中有所体现”①。长此以往，医疗机构对管理协议内容的不满将会不断增加，管理协议也会压抑医疗机构对自身利益的追求，从而使得医疗服务机构始终存在通过发生道德风险增加医疗保险基金支出来获利的动机。

---

① 周尚成．中国医疗保险谈判机制研究理论基础与框架设计［M］．北京：科学出版社，2013：55.

第五节 完善城镇职工大病统筹基金监管的思路与对策

一、完善城镇职工大病统筹基金监管的思路

（一）完善城镇职工大病统筹基金监管的原则

1. 效率原则

城镇职工大病统筹基金监管效率直接决定了基金的安全和合理支出水平，所以完善城镇职工大病统筹基金监管的首要原则就是效率原则。要通过集中城镇职工大病统筹基金监管权力，整合城镇职工大病统筹、医药和医疗服务等资源，理顺监管体制，减少基金监管的漏洞，控制城镇职工大病统筹基金的不合理支出，从而提升基金的监管效率，维护基金安全。

2. 多元参与原则

现阶段城镇职工大病统筹基金监管在社会公众和独立第三方监管机构参与上存在一定的欠缺，因而在政府信息越来越公开透明，社会力量参与公共事务的程度越来越高的背景下，城镇职工大病统筹基金监管也要顺应这一趋势，提高基金监管的透明度，鼓励和引导社会公众、媒体和独立第三方监管机构参与到城镇职工大病统筹基金监管中，形成城镇职工大病统筹基金监管多元主体参与、相互监管的局面。

3. 平等谈判原则

医疗保险谈判是一种新兴的，具有一定创新性的医疗保险基金监管方式，能够有效解决医疗服务市场因信息高度不对称导致的医疗保险基金支出不合理的问题。因此，城镇职工大病统筹基金监管要改变以往那种行政命令式的监管方式，建立起职工大病统筹经办机构和医疗服务机构间的平等关系，通过平等基础上的医疗保险谈判满足各方的利益，降低各方机构通过损害职工大病统筹基金来获取利益的风险。

（二）完善城镇职工大病统筹基金监管的思路

城镇职工大病统筹基金监管一般包括了基金监管模式、基金监管主体、基金监管方式等内容，这三者均对城镇职工大病统筹基金监管的成效具有显著的影响。因此，完善城镇职工大病统筹基金监管的思路也应该从基金监管模式、监管主体、监管方式等出发，针对这三方面存在的问题提出相应的建议。基金

监管模式需要进行创新；监管主体需要从监管机构的独立性、监管队伍建设和监管绩效评价三个方面进行完善；基金监管方式则需要逐步转向医疗保险谈判方式。

二、完善城镇职工大病统筹基金监管的对策

（一）推动城镇职工大病统筹基金监管模式改革

1. 集中城镇职工大病统筹基金监管权力

在城镇职工大病统筹基金行政监管上也应该改革分散监管模式，适当整合基金行政监管权力，形成“一中心多主体”的行政监管体系。要在实质上明确医疗保障局在城镇职工大病统筹基金监管上的主体地位。2019 年，一些城市机构改革方案中提出要成立医疗保障局，由医疗保障局来统一管理职工大病统筹在内的医疗保障工作。此后，医疗保障局将逐步统一医疗保险基金监管。为此，在权力上，要赋予医疗保障局统筹管理城镇职工大病统筹基金行政监管的权力，从而使其他行政监管主体辅助其做好城镇职工大病统筹基金的监管工作。在责任上，要明确医疗保障局在城镇职工大病统筹基金监管上的责任主体地位，以督促其切实履行好对城镇职工大病统筹基金的监管职能。在人员配置和财政支持上，要建立对医疗保障局的财政支持机制，为其充分履行城镇职工大病统筹基金监管提供资源。

在明确城镇职工大病统筹基金监管责任主体的基础上，必须进一步明晰各部门对城镇职工大病统筹基金行政监管的职责，防止监管内容的重复导致的职责不清。医疗保障局应主要负责有关城镇职工大病统筹基金监管的所有相关事宜，着重开展医疗保险谈判、“三医”联动工作，协调各部门的监管工作，评估职工大病统筹基金风险，并承担主要的监管责任。财政部门主要负责城镇职工大病统筹基金财政专户管理，而审计机关则主要对城镇职工大病统筹基金的运营等情况进行审计。从而各部门各司其职形成合力，提高城镇职工大病统筹基金监管的效率。

2. 强化城镇职工大病统筹基金监管的沟通与协调

分散监管模式的有效运行往往极大地依靠各部门间畅通、高效的沟通和协调，而城镇职工大病统筹基金各行政监管主体间部门利益壁垒较多，缺乏有效的沟通协调机制，降低了城镇职工大病统筹基金行政监管的效率。为此，必须强化城镇职工大病统筹基金监管的沟通协调，可以建立城镇职工大病统筹基金行政监管工作联席委员会制度来统筹协调其行政监管工作。目前，社会保险监

督委员会是社会保险的最高社会监管机构，但其职能主要是制定相关政策，指导各类社会保险的监管，而统筹协调社会保险基金具体行政监管工作的机构还处于空缺，因此，可以从建立城镇职工大病统筹基金行政监管工作联席委员会开始，进行社会保险基金行政监管的有益探索。城镇职工大病统筹基金行政监管工作联席委员会的组成人员将包括政府部门的主要领导、各行政监管部门的领导、监管科室的负责人，其主要职能是统筹、协调各部门对城镇职工大病统筹基金的行政监管工作，并定期听取各部门对城镇职工大病统筹基金行政监管方面的汇报，解决监管中存在的问题。

城镇职工大病统筹基金行政监管工作联席委员会制度解决了从较高层面统筹监管工作的问题，但是实际监管中的协调机制依然缺位。所以在建立城镇职工大病统筹基金行政监管工作联席委员会制度的基础上也要健全各行政监管部门间的沟通协调机制，为监管工作人员搭建畅通的沟通渠道。城镇职工大病统筹基金行政监管工作涉及多个部门、多个环节，在监管过程中出现的任何问题都要实时沟通、协调，以及时解决问题，达到防范城镇职工大病统筹基金风险发生的目的，而顺畅的沟通协调必须要有相应的机制来保障。政府应该建立各部门间针对城镇职工大病统筹基金行政监管的沟通协调机制，并对沟通协调的程序、内容等进行具体的规定。从而在高、低两个层面有效解决了城镇职工大病统筹基金监管中的沟通协调难点。

（二）增强城镇职工大病统筹基金监管机构的独立性

1. 推动政府与第三方独立监管机构的合作

实施城镇职工大病统筹基金监管的目标主要有两个：一是防止行政部门及保险经办机构违规挪用职工大病统筹基金，二是抑制职工大病统筹基金不合理支出。在政府职工大病统筹基金监管机构的独立性地位还未正式确定前，政府社会保障部门可以通过政府购买服务的方式与中介机构（审计）、商业保险公司等独立第三方机构进行合作，充分利用其独立性对城镇职工大病统筹基金进行监管。

首先，独立的第三方审计机构能够充分发挥其专业优势，对职工大病统筹基金的医保经办机构和医疗服务提供机构的基金收入、支出等进行独立、客观的审计，从而有效监管城镇职工大病统筹基金的收支情况，防止政府相关部门违规挪用城镇职工大病统筹基金现象的发生，同时对职工大病统筹基金的支出增长给予专业分析和预警，便于社会保障部门完善医疗保险费用增长的约束机制。此外，商业保险公司在大病保险的运营和费用合理控制上有着专业的技术手段和丰富的实践经验，所以，社会保障部门也可以像城乡居民大病保险一样，通过公开招标把城镇职工大病统筹基金委托给有资质的商业保险公司来运营，同时给商业保险公司实施对医疗服务机构的医疗行为监管给予协调和支持，以充分发挥商业保险公司的专业优势，控制职工大病统筹基金的不合理支出。

2. 促进社会公众参与城镇职工大病统筹基金监管的发展

随着经济的快速发展和社会的变革，社会公众参与公共事务的意识和能力都在不断提升，从而对参与公共事务提出了迫切的需求。城镇职工大病统筹制度作为一项事关公众权益的公共事务，社会公众参与对职工大病统筹制度的监管已经成为一种必然的趋势。首先，职工作为大病统筹制度的实际参与者，大病统筹基金的安全关乎职工的切身利益，职工有权利参与对大病统筹基金的监管。其次，促进社会公众参与对城镇职工大病统筹基金监管也是弥补现阶段政府社会保险基金监管机构缺乏独立性的重要途径。最后，社会公众参与对职工大病统筹基金的监管有利于完善社会保险基金监管体系，从而实现对职工大病统筹基金的全方位监管，有效保障基金安全。

目前，一些城市社会保障部门和社会保险事业局的网站上没有公开职工大病统筹基金的收支、结余等情况，即公众参与监管的前提条件还不具备。因此，促进社会公众参与基金监管的前提是实现职工大病统筹基金各项信息的公开、透明化，保障公众对职工大病统筹基金信息的知情权。社会保障部门和社会保险经办机构必须要定期向公众公布职工大病统筹基金的收支和结余情况，接受公众的监管。要选出职工大病统筹基金监管代表委员会，由该委员会代表职工群体参与监管。参保职工人数众多，全部参与监管会带来混乱和巨大的成本，因此，由职工选举产生大病统筹基金监管委员会来实施监管是一种现实有效的途径，可以在保障职工权利的同时强化对职工大病统筹基金的监管。

（三）重视城镇职工大病统筹基金监管队伍建设

1. 建立城镇职工大病统筹基金监管的财政支持机制

加强城镇职工大病统筹基金行政监管队伍建设的关键一点就是建立财政对基金行政监管的支持机制，给城镇职工大病统筹基金监管人员队伍建设提供充足的资金，而这一点的实现要从提高政府对城镇职工大病统筹基金监管的认识和安排财政资金这两个方面展开。

在对城镇职工大病统筹基金监管的认识上，政府必须改变以往对城镇职工大病统筹基金监管的传统观念，认识到其对保障职工权益和社会公平的重要性。而实现这一点的核心在于转变基金行政监管部门现有的工作方式，由以往的被动监管变为主动开展社会保险基金的行政监管。首先，监管工作人员必须转变心态，认识到基金监管工作的意义和自己身上的责任，逐渐改变以往那种被动承接、处理工作的心态，做好主动出击的心理准备。其次，基金监管部门除了要完成上级布置的某项监管任务和处理群众举报外，也要制订职工大病统筹基金监管计划，并提交上级部门审议，以获得其对基金监管工作的关注。基金监管工作方式由被动到主动的转变将进一步突出现有基金监管人员队伍在应付各项社会保险基金监管工作中的不足，使得政府相关部门重新审视基金监管工作的重要性，逐渐加强对基金监管部门人才队伍建设的关注和重视程度。

在安排财政资金支持城镇职工大病统筹基金监管人员队伍建设上，政府要适当增加基金监管部门的财政预算，建立预算随城镇职工大病统筹基金规模变化相协调的动态调整机制，并把这一机制制度化、规范化。除此之外，政府还可以把城镇职工大病统筹基金投资运营收益的一定比例用于监管人员队伍建设，以进一步丰富职工大病统筹基金监管队伍建设的资金来源。

2. 增加城镇职工大病统筹基金监管队伍的人员数量

加强城镇职工大病统筹基金行政监管队伍建设首先要增加基金行政监管队伍人员的数量，以更好地承担城镇职工大病统筹基金监管工作，同时满足职工大病统筹基金行政监管工作方式转变所带来的对监管人员的需求。为此，应该从以下三方面着手来增加南宁市城镇职工大病统筹基金行政监管人员的数量。

首先，重视基金行政监管工作，相应地增加基金行政监管岗位的人员编制。一方面，基金行政监管部门要把监管任务和人员需求的矛盾向上级部门反映，积极争取增加部门的人员编制；另一方面，为了建设精简高效政府，市政府要综合考虑各行政部门的工作任务和人员编制数量的匹配情况，通过协调把编制利用率较低的部门的人员编制调配到基金监管部门，从而既满足了基金监管部门对人员的需求又提高了政府的行政效率。其次，向社会公开聘用基金监管人员。目前，利用社会聘用人员已经成为很多行政部门弥补人手不足的重要手段。因此，在基金监管行政部门的人员编制难以增加或增加数量仍然难以满足工作需求的情况下，可以采用向社会公开招聘工作人员的方式，通过聘用制来灵活增加基金行政监管队伍的人员数量。最后，通过政府购买服务的方式间接地缓解基金行政监管人员数量的不足。政府购买服务是政府职能转变的重要方式，在基金监管上同样能发挥建设性作用。调查中发现，在基金监管工作繁重的时候会通过向第三方机构购买劳务服务的途径来分担部分基金监管工作。因此，在基金监管工作中可以把向第三方购买劳务常态化，为职工大病统筹基金监管工作提供人力上的保障。

3. 提高城镇职工大病统筹基金监管队伍的人员质量

任何社会保险基金监管政策最终都要落实到实际的基金行政监管人员手中，

所以人员的质量往往决定了基金监管政策执行的效果。因此，除了增加城镇职工大病统筹基金行政监管人员的数量之外，更加重要的是，强化基金行政监管队伍人员的质量，主要包括从直接和间接两个层面来提升基金行政监管人员的专业化水平和业务能力。

直接提高基金监管人员专业化水平，首先，要在职工大病统筹基金监管人员的入口上把好专业关。基金监管部门在公开招录工作人员的过程中，可以优先录用具备医疗专业知识和财会技能的人员，从而直接保证基金监管工作人员职工大病统筹基金监管上的专业性。其次，健全对职工大病统筹基金行政监管人员的专业、技能培训机制。目前，对基金监管部门工作人员的培训主要集中在纪律、廉政等政治思想方面，而对其实际工作中所需的专业、技能方面的培训相对较少，因此，必须要加强对基金监管人员在这些方面的培训。政府部门可以与高校开展合作，委托高校对基金监管部门的工作人员进行职工大病统筹基金监管工作的专业知识和技能培训，并把这种培训机制常态化，随着基金监管工作实际需求的变化及时进行相应的培训，这也是直接提高基金监管队伍人员专业化水平的重要途径。

此外，在间接层面，可以通过完善医疗专家顾问团队的方式间接提高职工大病统筹基金监管队伍的专业化水平。有些职工大病统筹基金的支出是否合理涉及了高度专业化的医疗知识，导致基金监管工作人员有时候难以准确做出判断，需要获得医疗领域专家提供的专业援助。所以，通过聘请医疗领域方面的专家组成顾问团队就显得十分必要，对于间接提升基金监管人员的专业化水平，加强职工大病统筹基金监管的精准化具有重要作用。在提高基金监管工作人员业务能力方面，主要是健全基金监管工作人员“走出去”的机制。在职工大病统筹等社会保险基金监管方面，国内一些地方做得较好，具有很多经验值得学习，因此，要组织基金监管人员到先进地区学习基金监管经验，对提升本地区职工大病统筹基金监管水平带来启示意义。

（四）改革城镇职工大病统筹基金监管绩效评价机制

1. 重视城镇职工大病统筹基金监管绩效评价机制的作用

完善城镇职工大病统筹基金行政监管绩效评价机制的第一步就是提高对绩效评价机制的认识，重视其在激发工作人员积极性，提高组织整体绩效水平中的作用。绩效管理制度体现了组织对人是一种资源的认识，在当今人才的作用已经变得越来越突出的背景下，如何用科学的绩效管理机制来最大限度地动员组织的现有人力资源成为各类组织的一项战略行为。绩效管理制度在企业管理中具有举足轻重的地位并在企业绩效水平提高中发挥了举足轻重的作用，也正因为这样，近几年，行政部门也开始引入绩效管理机制提高行政管理效率。在这种趋势下，城镇职工大病统筹基金行政监管机构也必须重视在基金监管中引入、实施绩效评价机制，投入必要的组织资源去健全基金监管的绩效评价体系，从内部强化职工大病统筹基金行政监管的动力，提高职工大病统筹基金行政监管工作人员的主动性和责任感，从而最终实现对职工大病统筹基金的严格监管，保护职工大病统筹基金的安全。

2. 制定城镇职工大病统筹基金监管绩效评价指标体系

科学的绩效评价指标体系是城镇职工大病统筹基金监管绩效评价机制完善过程中的关键一环，是在实际的工作中进行绩效管理的决定性依据。健全城镇职工大病统筹基金行政监管绩效评价指标体系要重点把握好指标设计、指标考核培训和指标反馈机制建设等方面。

在指标设计上，社会保障部门要与高校人力资源专家或者专业的第三方人力资源机构进行合作，委托其根据职工大病统筹基金监管的具体环节、流程、基金监管工作人员的工作内容和职责，在基金监管工作人员的参与下，利用平衡计分卡的方法设计出科学、合理、可量化的职工大病统筹基金监管绩效评价指标体系，为基金监管工作的绩效评价提供依据。在绩效评价指标体系建立之后要对职工大病统筹基金监管人员进行相应的培训，深化基金监管人员对绩效评价指标体系的认同，降低他们的抵触，同时确保基金监管工作人员清晰地了解绩效评价指标体系的内容和考核要求，以减少绩效评价指标在实施过程中的阻力，提高可操作性。在指标反馈机制建设上，绩效评价机制实施的初期，要及时收集职工大病统筹基金监管工作人员对于绩效评价指标体系的反馈意见，修正其中脱离基金监管现实的指标，从而在实践中不断提高绩效评价指标体系的科学性、可操作性，为基金监管绩效评价机制的实施提供科学的依据。

3. 创新城镇职工大病统筹基金监管奖惩配套体系

完善城镇职工大病统筹基金监管绩效评价体系的最后一步就是设计出与绩效评价结果相配套的奖惩体系。由于职工大病统筹基金行政监管部门在性质上属于政府行政机构，相比于企业其薪酬体系和升降制度受到了国家公务员相关管理制度方面的限制，这也就意味着职工大病统筹基金行政监管部门在制定奖惩体系时必须要有所创新以达到激励的效果。

一方面，要在精神激励上有所创新。首先，要在单位内部公布每一位工作人员的绩效考核排名情况，通过工作人员之间的比较激发个人对职工大病统筹基金监管工作的责任感和进取心。其次，对于绩效考核结果优秀的员工要在单位进行通报表扬，授予其一定的荣誉称号，并在部门会议中让其分享工作上的经验，以激发基金监管工作人员对工作的荣誉感。此外，对于绩效考核结果不合格的工作人员也要注重使用精神上的负激励，给予其批评并责令其限期改正。

另一方面，要在物质激励上有所创新。一是要改变基金监管行政机构中工作人员之间薪资“均等化”的现象。要根据员工的实际表现在绩效工资上拉开一定的差距，绩效优秀的员工可以领全额的绩效工资，表现一般甚至不及格的员工则只能领到少部分的绩效工资。同时，对于每年绩效表现优秀的员工可以提升相应的工资等级，表现不合格的则降低相应的工资等级，以增强基金监管工作人员的工作动力。二是丰富物质奖励的内容。在这一点上，基金监管行政部门可以借鉴企业的做法，除了给绩效评价结果为优秀的工作人员发放奖励金这一选择之外，还可以根据工作人员的具体需要在行政部门允许的范围内给优秀员工提供满足其特定需要的奖励，以满足不同工作人员之间在需求上的差异性，提高激励的有效性。

（五）健全城镇职工大病统筹基金监管谈判机制

1. 强化医保机构和医疗机构的平等协商地位

医保机构和医疗机构具有平等的协商主体地位是开展医疗保险谈判的前提条件，只有在平等条件下的协商才会达成符合双方利益的结果，从而使医疗机构内部自发形成对职工大病统筹基金和基本医疗保险基金使用的自我监管，加之基金行政监管和社会监管等外部监管，最终有效监管职工大病统筹基金。促进两者平等协商地位要从医保机构和医疗机构两个方面来开展。

在医保机构层面，可以从更新观念、重新定位、人员建设三个方面进行改革。观念上，医保机构要更新观念，适应医疗保险谈判的角色需要。长期以来，医保机构作为政府医疗保险政策的具体执行机构发挥着非常重要的作用，但实践中却在管理上形成了较强的行政化倾向，这导致医保机构并不习惯于通过平等协商来开展医疗保险谈判机制，所以医保机构必须要改变观念，适应医疗保险谈判中的新角色，学会通过平等协商来处理与医疗机构之间的关系和业务。定位上，医保机构要重新定位其职能。在更新观念的基础上，医保部门要在医疗保险中重新定位自身的职能，重点强化在谈判中的医疗服务购买者和参保人代理者的角色，把行政管理职能交还给医疗保障部门。人员上，医保机构要加强监管队伍的建设。鉴于医保机构人员力量和医疗机构存在较大差距，在医疗保险谈判中也会处于劣势，因此，增加医保机构人员的数量，提升人员的素质也是强化两者对等地位的重要措施。

在医疗机构层面，首先是整合医院力量，促进医疗机构集体协商。面对当前医保机构在职工大病统筹等医疗保险中的垄断地位，任何一家单独的医疗机构都没有足够的力量与医保机构相抗衡，必须要通过医疗机构之间的集体协商才能获得医疗保险谈判中的主动权。为此，医疗机构可以通过组建医院协会或者联合会的方式来集中力量，促进集体协商，从而强化在医疗保险谈判中与医保机构的平等地位。其次是推进医疗机构改革。现阶段，公立医院在卫生部门的行政管理之下，在医疗保险谈判中不具备市场主体地位，所以强化医保机构和医疗服务机构平等主体地位的过程中，不仅医保机构要淡化行政管理职能，医疗机构也要推进"管办"分离，健全医疗机构独立法人地位，以突出医疗机构独立的市场谈判主体地位。

2. 完善医疗机构利益诉求表达机制

良好的医疗保险谈判必然是充分顾及各方的利益诉求，尤其是医疗机构的利益，从而增加医疗机构合理控制医疗费用的积极性，减小医疗机构利用医疗信息优势地位提高职工大病统筹基金支出的风险。这就要求在医疗保险谈判中完善医疗机构表达利益诉求的机制，在谈判中平衡各方利益。

一是畅通医疗机构表达利益诉求的渠道。在医疗保险谈判中，医疗机构是有自身利益诉求的主体，需要有相应的渠道供其充分表达自身的利益诉求。医保机构可以健全与医疗机构的座谈会制度，由医保机构作为主办方定期召开，就职工大病统筹在内的医疗保险运行情况进行沟通、交流，医疗机构可以在会上提出自己的建议，医保机构也必须对建议进行研究并在一定期限内做出回复。此外，以医疗机构联合会为载体反映医疗机构的利益诉求也是一种较为有效的渠道。医疗机构联合会相对于单个的医疗机构具备更大的话语权，由其代表医疗机构提出相应的意见更容易得到医保机构的重视。但医疗机构联合会提出的意见应该是所有医疗机构普遍存在的看法，这就要求个别医疗机构提出的意见需要先在医疗机构联合会内部进行整合。

二是强化对医疗机构利益诉求的解决。对于医疗机构通过上述渠道反映的相关诉求，医保机构要改变过去那种自我中心的做法，要重视医疗机构反映的合理诉求，积极、妥善地解决合理的利益诉求，并充分体现在管理活动中。

三是健全利益诉求解决的反馈机制。利益诉求的表达和解决是一个互动的过程，医保机构要及时向医疗机构反映解决其表达的利益诉求的情况，同时医疗机构也要主动向医保机构反馈利益诉求解决之后的职工大病统筹等医疗保险基金的支出情况。

3. 建立对医疗机构的激励约束机制

在强化医保机构与医疗服务机构的平等协商地位、建立医疗服务机构利益诉求表达机制的基础上，还应该在医疗保险谈判中进一步健全对医疗服务机构的激励和约束机制，从而最终把城镇职工大病统筹基金合理使用、医疗费用增长有效控制的机制内化为医疗机构的自我约束。健全医疗机构的激励约束机制的措施主要包括以下两个方面：一是实行费用总额控制制度，基金结余留用，超支部分合理分担。在医保基金占医疗费用支出比例逐渐增大的基础上，为防止职工大病统筹基金的不合理支出，必须对医疗费用进行一定的控制，而目前有效的做法就是在精确测算的基础上对医疗机构实行医疗费用总额控制，同时为了增加对医疗机构的激励和约束，可以允许医疗机构把总额范围内的职工大病统筹基金结余留作自用，但对于超支部分则要求医疗机构和医保机构合理分担。二是加大对医疗机构不合理增加医疗费用的打击力度。任何谈判机制的有效实施都要有严厉的违规处罚做支撑，在医疗保险谈判机制中同样要强化对医疗机构违规行为的打击力度。对于不合理增加医疗费用并从中谋取利益的医疗机构，要取消其定点医疗机构地位，进行相应的行政处罚并追究其领导者的相关责任。对于涉及的具体医师也要终止其从业医师资格，情节严重的要交由司法机构审理。

综上，激励机制可以提高医疗机构自我约束医疗费用不合理增长的积极性，惩罚机制则可以在外部对医疗机构的相关行为进行硬约束，内外结合，从而有利于从根本上有效控制医疗费用的不合理支出，维护职工大病统筹基金安全。

第六章

城乡居民临时救助制度研究：以南宁市为例

第一节　研究背景、研究意义与国内外研究综述

一、研究背景

我国早期的社会救助主要是临时性的紧急生活救助，新中国成立后，随着政治、经济、社会、文化等各项制度的建立与完善，我国社会救助制度也逐渐完善，并发展为以农村为主、城乡分野的定期定量救助。改革开放后，我国逐渐形成的新型社会救助体系以最低生活保障、农村“五保”供养为核心，以医疗救助、住房救助、教育救助等专项救助为辅助，以临时救助、社会帮扶为补充，适应了社会主义市场经济体制的变迁。① 此时，临时救助作为社会救助体系的组成部分，主要针对的是因临时性、突发性变故致使生活出现暂时困难的居民家庭的保障。所以，临时救助在一定程度上是传统临时救济工作的延续，既是一项传统的民政业务，又是新型城乡社会救助体系的重要组成部分。虽然临时救助实践由来已久，但全国临时救助制度规范化建设的探索始于 2007 年。2007 年 6 月，民政部下发《关于进一步建立健全临时救助制度的通知》（民发〔2007〕92 号），用于合理确定临时救助的范围和数额，规范地方临时救助工作。2009 年 2 月 25 日，民政部在湖北鄂州召开了“全国农村低保和临时救助工作会议”，会议强调“按照要求，所有大中型城市在本年内均要建立起临时救助制度”，并明确提出临时救助要覆盖符合一定条件的农民工等人户分离家庭。同年 8 月 27 日，民政部在云南迪庆藏族自治州召开“全国部分省（区、市）临时救助及城市低保资金管理座谈会”，会议指出，要做好城市低保资金和临时救助资金管理工作，一定要加强制度衔接和制度完善。2011 年 12 月 20 日，民政部

---

① 刘喜堂．建国 60 年来我国社会救助发展历程与制度变迁［J］．华中师范大学学报（人文社会科学版），2010（4）：19-26.

印发《民政事业发展第十二个五年规划》（民发〔2011〕209号），指出要“全面建立临时救助制度，实施阶段性生活救助以保障因病、因灾等特殊原因造成生活暂时困难的家庭或个人，并包括低收入中实际困难的家庭”。我国临时救助制度规范化建设步伐稳步推进。

党的十九大报告指出，中国特色社会主义进入新时代，这是我国发展新的历史方位，我国社会主要矛盾已经转化为人民日益增长的美好生活需要和不平衡不充分的发展之间的矛盾。这表明，我国人民对美好生活的向往已不仅仅满足于解决温饱问题，而是具有更加广泛和更高要求，即民主、法治、公平、正义、安全、环境等方面均要求政府具有更强回应性和服务性，但是发展的不平衡和不充分阻碍了愿景的实现。作为社会弱势群体的救助对象，由于自然、社会或自身等不利因素陷入困境，对美好生活有着同样甚至更高的期许和要求，可以说解决好、保障好弱势群体基本生活是我国全面建成小康社会，实现共同富裕目标的冲刺决胜阶段。与此同时，由于我国社会救助制度“高瞄准、低水平”的制度定位与特点，[①] 使得社会救助制度在城乡、地域、部门、群体间发展不平衡、不充分，碎片化问题严重，资源不能统筹运用，未形成救助整体合力，而对低保救助对象附加的“福利”待遇，也大大增强了低保身份的含金量，形成了低保救助对象与边缘群体的“悬崖效应”。因此，社会救助实际工作中面临更多、更突出的问题：突发急难事件、人户分离、支出型贫困等困难群体难以获得及时救助；特殊困难人群获得救助不足，精神慰藉、心理辅导等非物质类救助缺乏等。所以，我国社会救助制度亟须优化、升级，而临时救助制度应这一要求建立。2014年2月21日，国务院颁布了《社会救助暂行办法》（国务院令第649号），临时救助被单列一章，成为社会救助体系的重要组成部分，从立法层面突出了其地位的重要性，健全了我国社会救助制度体系。2014年10月3日，国务院发布了《关于全面建立临时救助制度的通知》（国发〔2014〕47号），标志着临时救助制度由试点探索阶段进入全面实施阶段，将填补我国社会救助制度设计的空白。[②]

为贯彻落实国务院《关于全面建立临时救助制度的通知》等文件要求，更好地保障人民群众基本生活，编实社会救助安全网，2015年，南宁市对原有的《南宁市城乡居民临时困难救助办法》进行了修订完善，出台了《南宁市临时救

① 关信平．关于全面建立临时救助制度应当注意的几个问题［J］．中国民政，2015（7）：19-21.

② 王治坤，林闽钢．中国社会救助：制度运行与理论探索［M］．北京：人民出版社，2015：204-210.

助暂行办法》（以下简称《办法》）。从《办法》内容规定来看，其在临时救助范围、对象、标准、程序等方面均做了新的规定，为新时代下临时救助工作的良好开展提供了制度保障，并取得了一定实效。从《办法》实施效果来看，以2016年相关数据为例，南宁市2016年共进行临时救助2249户，救助标准为当地低保标准的100%~500%不等，救助原因主要是因重大疾病、意外灾害或子女上学等。《南宁市临时救助暂行办法》的完善和出台进一步保障了困难群众的基本生活，发挥了临时救助制度的兜底作用。与此同时，临时救助制度作为一项新的救助制度，与其他救助制度之间存在一段磨合期，而且制度预期效果与现实实施效果之间往往存在偏差，削弱了临时救助制度的效能，需要在总结经验的基础上不断进行修正完善。

二、研究意义

从理论意义来看，通过研究南宁市临时救助制度，可丰富贫困和救助理论内容，为临时救助制度立法提供理论依据。一方面，南宁市临时救助制度对“支出型贫困”救助问题的内容规定，是解决“支出型贫困”问题的阶段性成果，并进一步引起了人们对“支出型贫困”问题的讨论；另一方面，南宁市树立了救“急、难”的临时救助工作理念，临时救助制度凸显了积极救助理念，通过总结分析也可对其他社会救助制度，如最低生活保障制度的修正与完善提供理论借鉴，形成救助合力。

从现实意义来看，通过研究南宁市临时救助制度，可发现该制度本身和实际运行过程中的优点和不足，提出可行的、有针对性的改进建议，更好地解决当地困难群众的实际困难。首先，通过相关资料与数据，分析南宁市临时救助制度运行情况，使对南宁市临时救助制度的客观评价更合理；其次，经实地调查与走访，总结分析制度相关者对临时救助制度的观点与看法，使对南宁市临时救助制度的主观评价更全面；最后，总结分析南宁市临时救助制度运行经验，也可为其他地市提供借鉴，丰富临时救助实践。

三、国内外研究综述

人类与贫困进行抗争的历史由来已久，而实施社会救助制度是解决贫困问题的重要途径之一。人们对贫困问题的研究成果颇为丰富，一定程度上又丰富和发展了社会救助理论与思想，并指导着救助活动的实践，二者相辅相成。

（一）国外研究综述

由于中西方政治、经济、文化和历史等差异，使得运用另一方的理论与思想解决自身实际问题要谨慎辨别与借鉴，故本文重点阐述与研究目的相关的内容。如与我国临时救助制度相对应的暂时性贫困、西方社会救助的实施效果以及西方救助理念的发展等。

1. 暂时性贫困理论研究

从时间维度上看，临时救助要解决的贫困问题属暂时贫困，国外与之相对应的即对“暂时性贫困”的研究（如 ansient poverty，有时亦译作“短期贫困”）。“暂时性贫困”把时间作为一个新的维度纳入贫困的研究中，突出了贫困的动态性。Bane，Mary 等（1986）① 最早对贫困群体的进入和退出进行了实证研究，并对曾经贫困群体（ever poverty）、新贫困群体（newly poverty）以及特定时间段内贫困群体（poor at a particular time）进行了界定。此后，Ravallion（1988）② 对长期性贫困和暂时性贫困进行了明确的区别，他认为总体贫困（aggregate poverty）可以分为长期性贫困和暂时性贫困两大类，在一段时间内一直处于贫困状态的属于长期性贫困，而在一段时间内只有部分时间属于贫困状态的为暂时性贫困。一般认为，五年贫困时间是临界值。此后，学者们陆续对暂时性贫困的分类标准、测量方法、产生的因素等展开研讨，由于研究方法的更新，Jalan 和 Ravallion（1998）③ 对长期性贫困和暂时性贫困又提出了新的界定，即贫困水平跨期变动的贫困状态为暂时性贫困，平均消费水平持续低迷的贫困状态为长期贫困。

2. 社会救助实施效果研究

Joachim Wilde（2003）④ 对德国社会救助接受者的行为激励进行了实证研究。他通过对低收入者的面板数据进行分析研究发现：一方面，由于家庭规模的就业收入和社会援助收入之间的收入差距的变化不影响受助者选择社会救助的概率；另一方面，社会福利机构员工的行为对受助者退出社会救助有显著影响。从而得出结论，德国的一般收入支持改革要着眼于短期的财政激励。Anneli

---

① Bane，Mary Jo and David T. Ellwood. Slipping into and out of Poverty：The Dynamics of Spells ［J］. *Nber Working Papers*，1986，21（1）：1-23.

② Martin Ravallion. Expected Poverty Under Risk - Induced Welfare Variability ［J］. *The Economic Journal*，1988，98（393）：71-82.

③ Jalan Jyotsna，Martin Ravallion. Transirnt Poverty in Post-reform Rural China ［J］. *Journal of Comparative Economics*，1998，26（2）：338-357.

④ Joachim Wilde. What Spurs on Recipients of Social Assistance to Opt Out? ［J］. *International Advances in Economic Research*，2003，9（4）：324-324.

Marttila、Eva Johansson、Margaret Whitehead 等（2013）① 用一种弹性透视法了解了瑞典长期社会援助接受者在逆境中生存的叙述，并通过总结得出结论：社会援助接受者回弹问题很明显，解决这一现象，需要让受助者受到更多的长期个性化和全面的支持。这项研究表明，有必要这样的干预措施，以增加个人的福祉和自尊、开放的机会。Roberto Batista（2016）② 论述了社会救助体系对于在以劳动为基础的社会保障制度中的个体的意义以及劳动的首要意义是社会秩序的基础，目的是说明资本主义社会的核心是缺乏效率的，从而为残疾人融入劳动力市场和社区提供了基础。

3. 救助理念发展研究

20 世纪以来，随着西方工业化、城市化的发展，贫困、失业、劳动保护等社会问题加剧，国外学者对社会救助理论进行了有益探索，在此简要介绍新自由主义、中间道路福利思想和发展性福利理论关于社会救助的观点。米尔顿·弗里德曼（Milton Friedman）是新自由主义社会救助理论的主要代表，他提出了解决贫困问题的负所得税主张，并将此作为一种过渡性措施。他认为，实行负所得税可以让那些受助者自我救助的动机降低，但是却没有完全消除，所以负所得税具有现行各种解决贫困问题办法所不具备的优点。③ 中间道路的代表人物安东尼·吉登斯（Anthony Giddens）提出了“积极福利”的主张，是 20 世纪末对西方各国福利改革发展产生重要影响的新型福利观念。他关于社会救助的观点主要有：关注公民享受救助的权利，强调被救助者的就业能力建设，重视社会救助中个人责任和救助方式的转换。④ 与此同时，詹姆斯·米奇利（James Midgley）提出了发展性社会福利政策，即把社会福利和经济发展整合起来的福利思想。该理论认为，相较于依赖福利救助，社会福利接受者更愿意参加生产性的就业，但在其前期没有资本基础的情况下，社会必须为他们提供必要的帮

---

① Anneli Marttila, Eva Johansson, Margaret Whitehead and Bo Burström. Keep Going in Adversity-using a Resilience Perspective to Understand the Narratives of Long-term Social Assistance Recipients in Sweden [J]. *International Journal for Equity in Health*, 2013 (12): 8.

② Roberto Batista. A Contribution to the Study of Social Assistance to the Persons with Deficiency: Labor and Efficiency in the Capitalist Mode of Production [J]. *Assistance Benefits in Brazil*, 2016 (5): 23-35.

③ Milton Friedman. *Capitalism and Freedom* [M]. Chicago: The University of Chicago Press, 2004: 15-18.

④ 安东尼·吉登斯. 第三条道路：社会民主主义的复兴 [M]. 郑戈，译. 北京：北京大学出版社，2000：108.

助支持。所以，根据发展性福利理论，国家更应注重受助者自助能力的培养，但前期提供适当的社会救助也是必要的。①

（二）国内研究现状

一方面，我国临时救助制度作为社会救助制度体系的重要组成部分，决定了对它的研究离不开社会救助体系的整体研究；另一方面，临时救助活动虽是一项传统的民政业务，但是临时救助制度是个较新的制度，对它的专门研究也相对较少。但随着制度的修正和完善，学者们对临时救助制度的研究不仅在数量上呈现越来越多的趋势，在研究范围、研究对象、研究角度、研究深度等方面均有进一步发展。综合来看，关于临时救助制度的研究，主要集中在对制度建立原因、制度实施效果、制度完善建议的研究等方面。

1. 关于制度建立原因的研究

“支出型贫困”现象的存在和救助理念的发展是临时救助制度建立的重要原因，所以，对“支出型贫困”理论和救助理念的研究也成为临时救助制度建立的基础。

（1）“支出型贫困”理论研究

2011年，上海市政府工作报告中首次出现了“支出型贫困”的说法，此后，学者们开始对“支出型贫困”进行研究。在“支出型贫困”的具体定义方面，路锦非、曹艳春（2011）② 以及梁德阔、徐大慰（2012）③ 指出，应从收入和支出两方面来衡量贫困，并以刚性支出大于收入作为界定贫困的标准，即支出型贫困。沈君彬（2013）④ 认为，支出型贫困救助属于风险成为事实后的事后补救措施，但由于其对卫生、教育等人力资本形成要素的高度重视，这一贫困救助模式仍具有明显的发展型社会政策的特征。郭威（2016）⑤、郑瑞强（2016）⑥ 认为，“支出型贫困”是指由于重病、突发事件等造成家庭刚性支出

① Midgley J., K. L. Tang. “Social Policy, Economic Growth and Developmental Welfare” [J]. *International Journal of Social Welfare*, 2001, 10 (4): 244-252.

② 路锦非，曹艳春．支出型贫困家庭致贫因素的微观视角分析和救助机制研究［J］．财贸研究，2011（2）：86-91.

③ 梁德阔，徐大慰．上海支出型贫困家庭的救助模式分析［J］．人口与发展，2012（4）：56-61.

④ 沈君彬．发展型社会政策视域下支出型贫困救助模式的目标定位分析［J］．中共福建省委党校学报，2013（10）：27-30.

⑤ 郭威．社会救助模式与发展保障——基于“支出型贫困”家庭视角［J］．赤子（上中旬），2016（15）：119-120.

⑥ 郑瑞强．“支出型贫困”家庭社会救助模式设计与发展保障［J］．农业经济，2016（2）：95-96.

过大，从而超出家庭支出承受能力，导致家庭实际生活水平处于绝对贫困的困难群体，具有动态性、预防性、风险性等特征。虽然目前没有一个公认的准确定义，但总体并无太大的争议。

（2）救助理念的研究

我国减贫事业目标艰巨，与此同时，我国又面临着经济增速下行和经济结构调整的严峻形势，贫困也越来越呈现出“代际”的特征，这些因素都会阻碍减贫目标的实现。鉴于此，专家学者纷纷建议社会救助制度改革中应进行适当的理念转向。郭林、张巍（2014）① 指出，我国社会救助制度应转变传统上个体主义和施恩思想严重的社会救助理念，确立积极的社会救助理念。谢勇才、丁建定（2015）② 认为，我国现行社会救助是一种消极的、被动的、单向式的救助，这不仅无法让受助者实现助人自助，而且不利于制度的可持续发展。为此，要实现我国社会救助制度由生存型救助走向发展型救助，必须树立积极的救助理念，提倡互动的、双向式的救助，改“输血”为“造血”，提升受助者的自我发展能力。钟仁耀（2016）③ 提出，我国社会救助理念在救助目标上应从保生存型转向发展型，贫困界定应从收入型转向支出型，救助方式应从物质救助转向服务救助，救助主体应从单一提供转向多元合作，救助标准应从统一化转向差异化。所以，新时代背景下的减贫事业要具有积极应对贫困、预防贫困的观念，而积极应对型的社会救助要求具有主动发现和快速响应的功能。

综上，参考“支出型贫困”的定义，临时救助制度将一般收入的“支出型贫困”群体也纳入救助范围。新型的救助理念在临时救助制度建立和实施过程中更发挥了关键作用，比如，积极救助理念下的主动发现机制，使救助更加及时；打破户籍限制的规定，使救助网更加密实；从保生存型转向促发展型，使保障更加以人为本；强调救助参与主体多元化，使救助更加有力等。不仅为救助工作人员解决“支出型贫困”问题提供了政策指导，为困难群众寻求救助提供了法律依据，更为救助活动整合了资源，提高了救助效率。

---

① 郭林，张巍．积极救助述评：20世纪以来社会救助的理论内核与政策实践［J］．学术研究，2014（4）：54-62.

② 谢勇才，丁建定．从生存型救助到发展型救助：我国社会救助制度的发展困境与完善路径［J］．中国软科学，2015（11）：39-49.

③ 钟仁耀．社会救助改革中应进行适当的理念转向［N］．中国社会报，2016-01-07（3）.

2. 关于制度实施效果的研究

李娜（2015）① 以某市为例，就其临时救助制度的实施现状进行了论述，具体包括临时救助制度的主要内容、突出特点、相关统计数据和存在问题等，认为该市临时救助制度实施不尽完善，建议强化资金筹集、提高救助能力、建立信息共享机制等。梁土坤（2016）利用现有数据和资料，通过救助原因、救助家庭规模、救助额度和特大救助四个方面，详细分析了某县临时救助制度的实施效果，并发现其在实施过程中存在救助方式单一、裁定权限不合理、紧急程序不具体等问题，建议进一步扩大临时救助的对象和范围、探索临时救助的方式和内容、按照责权利对等原则赋予一线工作人员适当自由裁定权等。② 卓志强等（2017）③ 从社会质量的理论视角出发，分别分析了广州市某街道在社会质量四个维度的成效，并建议可通过在"个人—家庭—社会"三个层面提供专业服务加以强化。

3. 关于制度完善建议的研究

从目前学者们的研究来看，对临时救助制度完善建议的研究也比较集中，如胡浩、吴思汉、李慧玲（2014）④ 建议，临时救助的实施和政策应与其他部门和其他专项救助制度紧密衔接。关信平（2015）⑤ 在分析全面建立临时救助制度应当注意的几个问题时指出，要充分发挥临时救助补充性、应急性、预防性和综合托底性的功能，确定以实际需要为基础的救助原则；丰富和创新救助、服务和管理方式，提升专业化水平。徐丽敏、赵濛濛（2017）⑥ 从发展型社会政策视角出发，在分析我国临时救助制度困境的基础上，针对完善临时救助制度提出了重视受助者能力发展，强调发挥临时救助预防性功能以及建立救助主

---

① 李娜．临时社会救助制度的实践与展望——基于Y市的调查分析［J］．社会福利（理论版），2015（6）：38-42.

② 梁土坤．时代变迁中的临时救助制度：实践效果与未来方向［J］．西北人口，2016，37（2）：16-21+28.

③ 卓志强，张东霞，谢颖，刘念，张美玲，靳皓晨．社会质量视角下社会工作介入临时救助策略分析——以广州市D街道为例［J］．中国社会工作，2017（1）：30-31.

④ 胡浩，吴思汉，李慧玲．对于建立健全临时救助制度的建议［J］．中国校外教育，2014（30）：15.

⑤ 关信平．关于全面建立临时救助制度应当注意的几个问题［J］．中国民政，2015（7）：19-21.

⑥ 徐丽敏，赵濛濛．我国临时救助的制度困境与发展策略——基于发展型社会政策视角［A］．天津市社会科学界联合会．发挥社会科学作用　促进天津改革发展——天津市社会科学界第十二届学术年会优秀论文集（下）［C］．天津市社会科学界联合会，2017：6.

体多元责任制的对策建议。

（三）国内外研究评述

通过对国内外相关文献的梳理发现，在贫困理论和救助理论方面，现有研究已相对完善和系统。但是由于减贫事业历史悠久，且深受当地政治、经济、文化的综合影响，使其具有很强的地域性，尤其是在“支出型贫困”问题的研究和实践方面。所以，国内和国外学者都以自身实际为立足点进行相关研究，各国社会救助事业既有共性，又各具特色。

首先，在研究对象方面，国外学者的研究对象更加全面，包括受助者、直接提供者、间接提供者和公众等。如运用定量分析方法研究施助者态度对受助者行为的影响。其次，在研究内容方面，国内与国外学者的研究重点存在不同。再次，在研究应用方面，国内外的研究文献虽然有与实际相结合的实践分析，但仍以理论分析为主，实证分析的佐证相对不足。故需进一步细化和推广相关理论应用，使其尽可能的系统化、程序化、应用化。最后，在研究方法上，国外的研究方法更加多样化，尤其是定量和实证研究成果较多，相比之下，国内研究方法在多样性上略显不足。

就临时救助制度研究而言，因制度化建设属前期试点阶段，故存在很多尚在讨论、需进一步研究确定的问题，专家学者们一方面以贫困理论和救助思想作为研究临时救助制度的理论基础，另一方面以临时救助制度的实施效果作为研究论据，以期完善临时救助制度。

就南宁临时救助制度研究而言，目前还未有专门研究，但从有关部门公开的政务信息、临时救助数据和临时救助工作报告等资料中，可对南宁临时救助情况有一个整体把握。

第二节 概念界定与理论基础

一、概念界定

1. 贫困

国外学者对贫困的研究较早，深度和范围也更有优势，其中关于贫困的定义较有代表性的有绝对贫困、相对贫困、能力贫困和权利贫困理论。绝对贫困流派认为绝对贫困建立在维持生存、延续生命概念的基础上，是一个客观的定义，达不到就会陷入绝对贫困的境地。① 相对贫困理论从社会群体比较角度出发，提出相对贫困是一个社会性的人参与社会能力不足的反映。② 阿马蒂亚·森（Amartya Sen）提出的能力贫困理论主张通过直接观察人的能力来度量人类的福祉。权利贫困理论与“社会排斥”概念密不可分，将对贫困概念研究的侧重点从强调物质匮乏转移到重视社会关系。③ 与此同时，基于各种贫困理论，世界银行、欧共体等世界国际组织均对贫困下了定义，均表现出从绝对到相对、从单维到多维的发展变化。

国内学者对贫困理论的研究也在继承与借鉴的基础上发展起来，故对贫困的定义也大致经历了同样的变化。我国现行社会救助制度的制度目标是帮助生活陷入困境的弱势群体维持最低生活，救助形式以物质救助为主，这与对贫困的定义方式和内容密切相关。通过分析总结学者们对贫困定义的研究成果，并以我国现行社会救助制度为依据，本文将贫困定义为：基于经济能力基础上的能力和权利不足的一种社会物质生活和精神生活匮乏或缺失的综合现象。

2. 支出型贫困

临时救助将解决支出型贫困问题纳入进来。支出型贫困和收入型贫困相伴而生，是根据贫困的不同测量标准而做的划分。为了更好地理解和定义支出型贫困，现对收入型贫困也做简要介绍。简单从字面意义上讲，收入型贫困以收入作为判断贫困与否的标准，而支出型贫困以实际支出与经济能力的相对比较作为标准。朱照莉和周蕾（2017）认为，收入型贫困以一条普遍划定的最低收入线为标准，处于该线以下的群体属于收入型贫困救助对象，而支出型贫困是指因各种不利因素导致家庭财力支出远远超出经济承受能力而造成的绝对生活贫困。④ 陈成文（2017）认为，收入型贫困是指家庭或个人因自然、社会或自身等不利因素使其财富能力不足而造成的贫困，而支出型贫困是指将家庭或个人收入中的绝大部分甚至全部收入用于支出和消费，即入不敷出造成的贫困。⑤ 本文参考相关专家学者的定义认为，收入型贫困是指个人或家庭收入低于某一

---

① 韦璞．贫困、贫困风险与社会保障的关联性［J］．广西社会科学，2015（2）：134-141.

② 刘杰，李可可．彼得·汤森的相对贫困理论及其在英国的实践［J］．社会保障研究（北京），2016，23（1）：1-11.

③ 张秀艳，潘云．贫困理论与反贫困政策研究进展［J］．经济问题，2017（3）：1-5.

④ 朱照莉，周蕾．江苏省多元化社会救助体系设计和成本预测研究——基于收入型贫困和支出型贫困结合的角度［J］．南京中医药大学学报（社会科学版），2017，18（2）：119-125.

⑤ 陈成文．对贫困类型划分的再认识及其政策意义［J］．社会科学家，2017（6）：8-14.

特定标准的生活状态，支出型贫困是指个人或家庭消费支出与可支配收入的比值超过实际经济承受能力的生活状态。

3. 临时救助

临时救助的理解和定义离不开社会救助。社会救助作为反贫困的一种重要手段，是国家或社会为了帮助弱势群体走出困境，维持基本生活而实施的一系列救助活动，按照救助理念和救助方式的不同可分为生存型社会救助和发展型社会救助。《国务院关于全面建立临时救助制度的通知》将临时救助制度定义为：一项以解决城乡群众突发性、紧迫性、临时性基本生活困难问题为目标的制度安排。此定义得到大多数专家学者认可，本文也采用此定义。临时救助虽有“临时”两个字，但绝不是仅以解决临时困难、满足临时需要、提供临时需要为简单目标，它需要救助的对象情况更复杂，范围更广泛。临时救助作为社会救助的子项目，有其特殊作用和目标，即系统的社会救助对贫困的衡量都是以收入为标准，比如最低生活保障制度、特困人员供养制度等，而临时救助制度将“支出型”贫困群体也列为可救助对象，并丰富了救助形式，属于发展型社会救助。

二、理论基础

（一）风险社会理论

现代社会面临越来越多的风险，自然灾害风险、人身风险和财产风险等普遍存在，这些风险也提高了导致贫困的风险，而贫困本身也是一种风险。贫困往往使人们缺乏有效的风险管理策略，一些本来可以避免的风险因无力进行缓解而带来更大损失，① 即弱势群体更易受到风险的冲击，风险抵抗力也越差。“风险社会”概念由德国著名社会学家乌尔里希·贝克（Ulrich Beck）首次提出，并做了具体阐释。风险社会理论认为，风险社会时代的贫困问题已经成为结构性的社会问题，呈现出长期的、固化的、趋势性的状态。一方面，个体化是风险社会的基本社会特征，它是一种结构性、制度性的个体化，所以社会、经济制度对贫困个体的影响日趋明显。另一方面，外在危险归因的不可能性是风险社会的突出特征，它意味着风险社会时代政治体系的架构形成了开放政治

① 刘跃魁，马建蕾，王志刚．风险管理与长期贫困的形成［J］．科技情报开发与经济，2007（28）：159-160.

的总体格局，而贫困群体往往被边缘化失去话语权。① 临时救助制度主要解决城乡群众突发性、紧迫性、临时性基本生活困难问题，本身就有风险管理的含义，即防止或降低风险对象进入贫困的风险，起到事前预防的作用。另外，临时救助制度作为一项制度安排，通过制度影响个体，强调弱势群体的社会救助权和发言权，为降低贫困风险，解决贫困问题提供了途径。

（二）能力贫困理论

阿马蒂亚·森提出的能力贫困理论主张通过直接观察人的自身生存和发展方面的能力来度量人类的福祉，开阔了研究贫困的视野，使能力不足成为重点研究对象。与其他救助对象相比，临时救助对象的经济能力不确定性最高。因为，虽然一般情况下经济条件越好的群体抵御风险的能力越强，但是越来越多突发的社会风险被放大，即使非贫困群体在遭遇社会风险时也极易陷入贫困。临时救助可以在一定时期内帮助困难对象维持基本生活，保障了其可获得社会救助和分享经济发展成果的能力，进而使其具备寻求其他救助和机会的能力。

（三）积极救助理论

传统意义上的社会救助活动具有后置性，即主要针对贫困问题发生后造成的生活困境进行救助，起到事后风险补救的作用。但是，“二战”之后人为的不确定性带来的人为风险以及社会经济不断发展带来的更多可预见与不可预见的社会风险，要求对各类风险进行管理和转化，而社会救助活动应从事后弥补转向事前预防，涌现出更多社会救助思想。其中较具代表的是20世纪初，安东尼·吉登斯所倡导的积极救助思想。该思想认为社会救助在缓解人们生存困境的同时，也要增强救助对象自身应对风险的能力。总的来看，积极救助的要义在于对公民的社会救助权利的积极干预和对受救助者自我发展能力的提升。② 临时救助制度的“救急难”工作机制，不仅可以在困难发生后及时给予救助，更可以在困难进一步恶化前及时介入，降低进一步陷入贫困的风险。同时，临时救助制度强调受助是公民应有的权利，救助方式也更加多样和人性化，增强了救助对象自身应对风险的能力。

（四）新公共服务理论

登哈特夫妇（2010）提出的新公共服务理论，发展与更适应了当代公民社

---

① 丁越峰，向家宇．风险社会时代的中国城市贫困问题研究［J］．湖南社会科学，2014（2）：104-108.

② 郭林，张巍．积极救助述评：20世纪以来社会救助的理论内核与政策实践［J］．学术研究，2014（4）：54-62.

会的治理思想与方式。① 新公共服务理论强调公民权，更加注重社会公平，主张参与主体多元化等思想对社会救助工作，尤其是更具灵活性和复杂性的临时救助工作提供了要求和准则：受助不仅是一项公民权，更要成为促进社会公平的一条途径；鼓励社会多元主体积极参与到救助活动中去，发挥社区的救助作用；更注重增强救助对象实现自我发展的能力，而不仅仅是进行输血式的单向"施舍"。

第三节　南宁市临时救助制度沿革与制度间衔接

一、南宁市临时救助的制度沿革

自全面探索建立临时救助制度以来，我国临时救助工作取得了一定成效，履行了社会救助兜底责任，更好地保障了困难群众的基本生活。表 6-1 为 2011—2016 年我国临时救助工作相关统计数据。

表 6-1　2011—2016 年全国临时救助数据②

分类 / 年份（单位）	按户籍性质分类		按属地分类		按救助类型分类		总数
	城市	农村	常住户口	非常住户口	支出型	应急型	
2011（万人次）	290.1	596.8	—	—	—	—	886.9

① 珍妮特·V. 登哈特，罗伯特·B. 登哈特. 新公共服务：服务，而不是掌舵［M］. 丁煌译，北京：中国人民大学出版社，2010.

② 指标说明：1. 按属地分类中，当地常住户口家庭指在户籍所在地得到临时救助的家庭总户（人）次；非当地常住户口家庭指在非户籍所在地得到临时救助的家庭总户（人）次，主要指外来务工人员，不包括流浪乞讨人员。2. 按救助类型分类中，支出型临时救助指对因医疗、教育、物价上涨等必需支出较大，难以负担的家庭，给予救助的总户次；其中得到临时或一次性补助的非低保家庭指得到价格补贴、节日补贴等临时或一次性补助的非低保家庭总户次；应急型临时救助指对家庭成员遭遇车祸、溺水、矿难等人身意外伤害，在获得各种赔偿、保险、救助等资金后，个人负担仍然较重，导致家庭基本生活难以维持，或家庭因火灾等意外事件，造成家庭财产重大损失，导致家庭基本生活难以维持的家庭，给予救助的总户（人）次。3. 户次数指临时救助家庭一年内获得临时救助的总次数，例如，1 个家庭一年内获得 2 次临时救助，则为 2 户次。4. 个人申请临时救助的，按照 1 人户家庭计算。下同.

续表

分类 年份（单位）	按户籍性质分类		按属地分类		按救助类型分类		总数
	城市	农村	常住户口	非常住户口	支出型	应急型	
2012（万户次）	256.6	383.2	617.7	22.1	518.1	121.7	639.8
2013（万户次）	323.0	375.1	681.0	17.2	620.5	77.6	698.1
2014（万户次）	333.5	317.2	631.5	19.2	533.9	116.8	650.7
2015（万户次）	—	—	633.5	21.9	—	—	655.4
2016（万人次）	—	—	826.3	24.4	—	—	850.7

数据来源：以上数据来自中华人民共和国民政部官方网站：http：//www.mca.gov.cn 的 2011—2016 年社会服务发展统计公报。

从表 6-1 可以看出，2011—2016 年，我国临时救助对象覆盖范围大致呈起伏趋势，但总体波动不大。其中，按户籍性质分类的农村临时救助对象覆盖面呈递减趋势，而城市临时救助对象覆盖面大致呈递增趋势，在 2012 年略有下降，这可能与我国城镇化进程有关，农民变市民，且人口流动性加大。按属地分类的常住户口临时救助对象覆盖面大体呈递增趋势，在 2014 年下降后又提高，非常住户口临时救助对象覆盖面也大体呈递增趋势，在 2013 年下降后又提高，这表明了我国临时救助制度越来越打破户籍限制，越来越多的非本地户籍但在本地合法居住的居民，在面临突发困难时也可以及时享受到同等的救助待遇，发挥了临时救助的兜底和补充作用，降低了社会不稳定因素。按救助类型分类的支出型临时救助对象覆盖面和应急型临时救助对象覆盖面因数据有限暂未能做科学合理的评价，但根据整体发展趋势可以预测，随着我国各项救助制度的完善和社会救助体系整体功能的发挥，支出型和应急型临时救助对象覆盖面大致呈递增趋势。

（一）南宁市临时救助制度的建立与发展

南宁市地处我国西南经济欠发达地区，辖七区五县，其中三个为国家级贫困县，是一个以壮族为主的多民族聚居地，地理和人文环境较复杂，自然灾害和社会矛盾等事件相对多发，这成为导致当地贫困问题的重要因素。而社会救助活动作为当局者维护社会公平和稳定的重要手段之一，其作用和地位显得更为重要。南宁市临时救助活动作为社会救助内容的组成部分，发挥了重要补充作用，兜住了社会救助底线。通过总结与梳理，可大致将南宁市临时救助制度的建立与发展分为以下三个阶段。

1. 起步阶段（1993—2008）

南宁市自1993年开展了城市居民最低生活保障制度试点工作，经过近两年的实践和总结，南宁市在1995年9月宣布建立城市居民最低生活保障制度，为保障居民基本生活发挥了重要作用。但是，由于制度本身或各地实践不一等，仍有一些低收入群体因为某些特殊情况未能纳入，而且在农村低保尚未建立之前，也有部分困难群体生活得不到保障，为此，亟须对以上特殊困难群众进行临时生活救助。2003年10月17日，南宁市人民政府颁发了《南宁市城市居民临时困难救助暂行办法》（南府办〔2003〕131号），办法对保障该项政策得以顺利实施的资金来源、救助对象、救助类型、救助对象认定、救助审批程序、救助标准等关键问题做了明确规定。具体内容：由南宁市财政部门每年预算城市临时救助资金200万元作为城市居民临时困难救助基础保证资金；救助对象为南宁市常住非农业户口中基本生活暂时遭遇严重困难的居民；救助类型包括突发性灾害救助、重大疾病救助、子女上大学救助；救助对象认定标准是城市低保对象和低收入（月人均收入300元以下）家庭；救助标准由最低200元到最高2000元不等。

2. 定型阶段（2008—2015）

随着医疗救助、资助低保家庭子女上大学等其他相关政策的出台，以及上级财政部门拨付临时救助专项资金以后，从2008年起，南宁市财政部门每年预算城市临时救助资金60万元。2009年9月21日，广西区民政厅发布《关于在全区建立健全城乡困难群众临时救助制度的通知》，要求2010年9月底前全区各县（县级市）建立临时救助制度。2010年8月9日，南宁市人民政府办公厅颁布《南宁市城乡居民临时困难救助办法》，对本市行政区域内农村居民临时困难救助进行了明确的制度安排，更有力地保障了城乡困难群众，使城乡救助工作得到统筹发展。但是从实际救助情况看，虽然医疗救助、教育救助等已分别建立专项救助制度，但突发性、意外性事件的救助水平较低，救助范围较窄，需要增加临时救助资金投入，加强临时救助工作保障。与此同时，一部分收入略高于城乡低保对象的边缘群体，成为徘徊于低保线外的特殊群体，实际生活水平并不高，甚至低于低保对象，一旦遭受疾病、天灾人祸等突发意外事件将会造成生活严重困难，成为“易被忽略的弱势群体”。对于这一特殊群体，急需救助制度进行兜底。2015 年，南宁市对原有的《南宁市城乡居民临时困难救助办法》进行了修订完善，出台了《南宁市临时救助暂行办法》。

3. 完善阶段（2015 年至今）

《南宁市临时救助暂行办法》的出台，不仅是适应经济社会发展现实的需要，更是多年来临时救助工作经验的成果。修订和完善后的《南宁市临时救助暂行办法》主要包括以下几个方面：一是指导原则更加科学。《南宁市临时救助暂行办法》突出强调了救急难、应救尽救、适度救助的原则，这就为临时救助的救助目标、救助程序和救助标准等提供了原则性指导。二是救助范围更加广泛。《南宁市临时救助暂行办法》在救助对象中首次提出家庭成员因罹患门诊特殊慢性病导致基本生活暂时出现严重困难的低保和低收入家庭，也可申请临时救助，并对门诊特殊慢性病病种做了明确规定。三是救助对象更加人性化。《南宁市临时救助暂行办法》打破了户籍限制，结合居住证制度，使得非本地户籍，但在本地居住、且持有居住证的申请人也可享受同等临时救助待遇。四是救助标准更加合理。《南宁市临时救助暂行办法》根据不同人群的经济水平、受灾情形和当地居民生活水平等确定具体的救助金额度，坚持应救尽救和适度救助相结合的原则，既能帮助困难群众渡过临时困难，又能避免临时救助长期化。五是救助程序更加务实。为实现“救急难”的目标要求，在工作程序上区分一般程序和紧急程序。一般程序就是按照申请、审核、审批、公示、上级审批、发放救助金等一系列常规程序；紧急程序要求初级责任部门应先行救助，之后再补办相关手续，避免错过最佳救助时机，造成更加严重的伤害或损失。六是制度衔接更加规范。《南宁市临时救助暂行办法》明确指出，因自然灾害、事故灾难、公共卫生、社会安全等突发公共事件导致基本生活陷入困难的，按照有关规定进行救助。这样，就将临时救助与其他突发事件造成的群体性救助区别开来，既规范了临时救助资金的使用与管理，又突出强调了临时救助的特点与必要性。

南宁市临时救助制度的不断完善在实际工作中发挥了查漏兜底作用。例如，横县横州镇“水上人家”钟某①，伴水而生，逐潮以渔，吃住都在船上。2017 年 8 月，因汛期造成生活困难，需要及时进行救助。但因他没有受灾，且遇汛期人随船走，也不需要临时安置，故不属于灾害救助范围。当地救助部门了解到情况后，及时对其给予了临时救助，帮助其渡过了暂时生活困难，避免了更

① 本文中列举案例均为走访整理所得。

糟情况的发生。另外，宾阳县一户人家，有两个在校学生，父母于2005年外出打工毫无音讯，一直由爷爷奶奶照顾，如今爷爷奶奶年迈已无劳动能力，故丧失经济来源。因父母未亡，派出所只能出具父亲的失踪证明，无法认定其为孤儿，也无法享受孤儿救助待遇；母亲是外省人，无法联系到其母及其家人。现爷爷奶奶享受特困待遇，两人也享受了教育救助，但基本生活仍不能得到保障。经调查了解后，救助部门将其纳入了临时救助范围，及时给予了救助，并全力联系其父母。

（二）南宁市临时救助制度的制度框架

尼尔·吉尔伯特（Neil Gilbert）和保罗·特雷尔（Paul Terrell）提出的社会福利政策分析框架包括四个方面的内容，即分配基础、分配内容、提供策略和资金来源，其中分配基础具体是指向谁提供社会福利，分配内容具体是指提供何种类型的福利，提供策略具体是指如何提供福利，资金来源具体是指如何进行筹资并有效利用。① 故本文以此为分析方法，从救助对象、救助内容、服务递送和资金筹集四方面对南宁市临时救助制度进行分析。

1. 南宁市临时救助制度的救助对象与标准

救助对象与标准是指向何人提供何种程度的救助。从《南宁市临时救助暂行办法》规定中可以看出，临时救助对象的身份资格条件已不仅局限于具有本市户籍的城乡居民，具有本市居住证的居民以及无本市居住证但在南宁市辖区范围内生活无着的人员，也可申请临时救助。临时救助对象按照户口隶属关系可分为家庭对象和个人对象，按照救助类型可大致分为以下五类：一是因火灾、交通事故等意外事件；二是因突发重大疾病；三是因罹患二十一种慢性病之一及以上；四是因生活必需支出突然增加超出家庭承受能力；五是政府认定的遭遇其他特殊困难的家庭。其中，一、二、五类救助对象包括城乡低保、特困供养、低收入、一般个人及家庭；三类救助对象包括城乡低保、低收入个人及家庭；四类救助对象只包括城乡低保家庭。具体救助对象与对应标准如表6-2所示。

① ［美］尼尔·吉尔伯特（Neil Gilbert），［美］保罗·特雷尔（Paul Terrell）. 社会福利政策导论［M］. 黄晨熹，周烨，刘红，译. 上海：华东理工大学出版社，2003.

表 6-2 南宁市临时救助对象与标准

救助困难类型	救助对象（家庭或个人）	救助条件（基本生活严重困难）	救助标准
1. 因火灾、交通事故等意外事件	城乡低保、特困供养对象		当地现行城市低保月标准 500%
	低收入对象		当地现行城市低保月标准 400%
	一般个人及家庭		当地现行城市低保月标准 300%
2. 因突发重大疾病	特困供养对象	自行负担的医疗必需支出达当地现行城市低保月标准 4 倍以上（含 4 倍）	当地现行城市低保月标准 500%
	城乡低保对象	自行负担的医疗必需支出达当地现行城市低保月标准 8 倍以上（含 8 倍）	当地现行城市低保月标准 400%
	低收入对象	自行负担的医疗必需支出达当地上年度城镇居民人均可支配收入 1 倍以上（含 1 倍）	当地现行城市低保月标准 350%
	一般个人及家庭	自行负担的医疗必需支出达当地上年度城镇居民人均可支配收入 2 倍以上（含 2 倍）	当地现行城市低保月标准 300%
3. 因罹患二十一种慢性病之一及以上	城乡低保、低收入对象	家庭收入总和扣减医疗必需支出后，余额低于当地现行低保月标准达 6 个月以上的	当地现行城市低保月标准 300%

续表

救助困难类型	救助对象（家庭或个人）	救助条件（基本生活严重困难）	救助标准
4. 因生活必需品开支突然增加超出家庭承受能力，其中因子女教育费用开支突然增加超出家庭承受能力	城乡低保家庭	生活必需品开支突然增加超出家庭承受能力	不高于当地现行城市低保月标准的300%
		有1个家庭成员当年考录全日制大专或本科教育的	当地现行城市低保月标准100%
		有2个家庭成员当年考录全日制大专或本科教育的	当地现行城市低保月标准200%
		有3个家庭成员当年考录全日制大专或本科教育的	当地现行城市低保月标准300%
5. 遭遇其他特殊困难	城乡低保、特困供养对象		当地现行城市低保月标准500%
	低收入对象		当地现行城市低保月标准400%
	一般个人及家庭		当地现行城市低保月标准300%

资料来源：南宁市民政局官网《南宁市临时救助审批》：http：//www. nnmz. gov. cn/info/61620。

2. 南宁市临时救助制度的救助内容

救助内容是指提供何种类型的救助。《南宁市临时救助暂行办法》规定，临时救助主要以货币形式进行社会化发放，必要时，可发放实物，以保障救助对象临时性、过渡性基本生活需要为目标。对救助效果不理想的，可分情况提供转介服务；对符合其他专项救助条件的，受理审批部门要协助其申请；对需要社会组织进行帮扶的，主管部门应及时协助社会组织通过慈善项目等形式对困难对象给予救助。

3. 南宁市临时救助制度的服务递送

服务递送是指通过何种组织形式、工作方式和机制提供救助。南宁市社会救助科和最低生活保障办公室在市民政局联合办公，最低生活保障办公室在业务上受社会救助科领导，二者全面负责各项有关社会救助业务。其中，南宁市社会救助科主要负责全市医疗救助、特困人员供养等救助业务，并分别有工作人员专门负责；南宁市最低生活保障办公室统一管理全市城乡居民最低生活保障和临时救助制度，在人员设置上并没有安排专门人员负责临时救助制度，而是由原低保负责人兼职管理。由于市级层面对临时救助工作只进行政策上的咨询和指导，具体的受理、申请、发放等程序由各县、区负责实施，所以需以某县（区）为例，分析南宁市临时救助工作具体开展情况。南宁市在综合考虑的基础上，选取江南区作为全国“救急难”工作试点单位，并取得了一定成效。故，现以江南区临时救助工作开展情况为例，总结分析南宁市临时救助工作方式和实效。

（1）多渠道强化落实主动发现机制

一是利用广西综合治理信息系统，实行网格化管理，配备装有“综治 e 通”APP 手机的网格员，在日常网格管理工作中发现居民有急难情况即可通过手机进行上报。二是通过购买社会服务的方式，委托社会组织对低保对象、孤寡老人、空巢老人开展入户核查，主动发现急难对象。2017 年 6 月，通过购买第三方服务，江南区对农村 362 户农村低保家庭进行入户核查，主动发现急难对象。三是依托数字城管、社区党委和社会人士等，及时了解辖区居民或街头流浪乞讨人员遭遇突发事件、意外伤害、罹患重病等情况，第一时间反馈信息并采取帮扶、疏导和干预措施。

（2）着力保障“一门受理，协同办理”工作机制

为让群众“少跑腿”，方便群众办事，江南区在各乡镇（街道）政务大厅设立了“社会救助受理窗口”，统一受理各项救助业务事项。“社会救助受理窗口”由专人负责社会救助申请受理或转办工作，一般能当场办结的就即时办结，需要其他救助业务口协同办理的及时进行内部协转，要求相关部门在接到救助申请后立即协同办理、限时办结，提高救助效率和精准度。截至 2017 年 6 月，江南区共设置了 6 个社会救助受理窗口，实现辖区各镇（街道）全覆盖。

（3）大胆积极探索政府购买社会服务方式

江南区根据实际情况向在自治区和南宁市注册登记的民办社会工作服务机构购买社会服务，支持和引导社会组织、社工机构等社会力量参与“救急难”工作。采用“发放救助金+心理辅助”等模式，如在江南路东、南建、菠萝岭、二桥南、二桥西、清川西 6 个社区，采取“机构+社区”的方式，引进广西众益就业工作研究中心、广西一通居家养老服务中心、八桂女子就业服务中心等社会力量，为“急难”对象、孤寡老年人、留守儿童等特殊群体提供综合求助。

南宁市江南区本着先行先试、大胆尝试的工作理念，针对“急难”救助突

发性、紧迫性、临时性等特点，努力探索“救急难”工作的路子，不仅有效地解决了急难对象的救助问题，而且也为完善临时救助制度提供了实践依据。作为南宁市临时救助工作典型代表，其临时救助工作机制、救助方式、救助信息收集等经验做法也在全市得到借鉴和推广。

4. 南宁市临时救助制度的资金筹集

资金筹集是指救助资金筹集数量与方式。制度的运行离不开人力、物力、财力的保障。2011—2017 年南宁市临时救助资金支出和保障情况见表 6-3。

表 6-3 2011—2017 年南宁市临时救助数据

分类 年份（单位）	按户籍性质分类		按属地分类		按救助类型分类		总数	总支出（万元）
	城市	农村	常住户口	非常住户口	支出型	应急型		
2011（户次）	170	348	—	—	—	—	518	30.09
2012（户次）	222	464	617.7	22.1	620	67	686	43.49
2013（户次）	244	609	681.0	17.2	620.5	77.6	853	92.40
2014（户次）	—	—	—	—	—	—	—	—
2015（户次）	242	609	—	—	721	54	851	243.04
2016（户次）	—	—	2244	4	—	—	2248	752.61
2017（户次）	—	—	1367	2	—	—	1369	468.47

数据来源：以上数据来自南宁市民政局官方网站 http：//www.nnmz.gov.cn/的 2011—2017 年临时救助数据统计表。

分析 2011—2017 年南宁市临时救助资金支出和保障情况，可以得出以下几点简要结论：一是统计指标与政策密切相关。从按照城乡救助分类统计，到按照救助类型分类统计，再到按照户籍属地分类统计，体现了临时救助制度内容和重点的转变，更体现了救助方式和救助理念的转变。从以收入多少作为救助准入条件，到考虑刚性支出对实际生活水平的影响，从以属地管理为救助原则，到打破户籍限制，只要满足救助条件，均可申请受理。二是资金预算与支出大体同步增加。从2011—2017年南宁市临时救助统计数据可以看出，临时救助对象数量逐年增多，资金支出和各级资金预算也大体同步增加。一方面，可体现为临时救助制度越来越成熟，救助面不断扩大；另一方面，也体现了政府部门的重视，可一定程度上缓解救助工作的供需矛盾。三是资金投入主体有变化。全面建立临时救助制度以前，临时救助资金来源主要是地方财政，而全面建立起临时救助制度后，中央财政下拨了临时救助专项资金，且逐年增加，地方财政配套资金也逐年增加，资金保障有力。此外，社会捐赠、低保结转资金等也可作为充实临时救助的资金来源。

（三）南宁市临时救助制度的特点

根据临时救助制度建立和实施的初衷，临时救助应具有且能发挥补充性、预防性、应急性和综合托底性的特点与功能。① 南宁市临时救助制度呈现的具体特点分析如下：

1. 打破户籍限制

南宁市临时救助制度规定，在本市行政区域内，无本市户籍与居住证、在南宁市辖区范围内生活无着的人员满足临时救助规定的申请条件时也可申请临时救助，打破了社会救助的户籍限制，使越来越多的非本地户籍但在本地合法居住的居民，在面临突发困难时也可以及时享受到同等的救助待遇，弥补了人户分离群体的救助盲点，发挥了临时救助的兜底和补充作用，一定程度上预防了突破社会道德底线事件的发生，维护了社会稳定。

2. 考虑支出型困难

考虑到市场经济条件下物价水平变动、资源竞争加剧、生活成本上升等因素影响，南宁市临时救助制度在界定救助对象时考虑了个人和家庭的刚性支出对其实际生活水平的影响，将以收入标准作为救助条件转化为以收入减去刚性支出作为救助条件，符合经济社会发展的需要。此外，考虑到现阶段罹患门诊特殊慢性病群体的医疗保险和医疗救助保障不充分，仍会给部分家庭造成很大经济压力，南宁市临时救助制度在救助对象中首次提出家庭成员因罹患门诊特殊慢性病导致基本生活暂时出现严重困难的低保和低收入家庭，也可申请临时救助，并对门诊特殊慢性病病种做了明确规定。这些规定，不仅体现了救助部门对“支出型”临时救助对象的关注与帮扶，更提高了救助对象摆脱临时困境、避免更糟境遇、降低社会损失的能力，是新型社会救助理念的转变和发展。

---

① 关信平．全面建立临时救助制度应当注意的几个问题［J］．中国民政，2015（7）．

3. 应急性与灵活性

“救急难”的制度特点使得临时救助制度应具有更大的灵活性，不仅体现在工作机制的“主动发现”和救助方式的多样化，而且需要赋予一线救助人员适当的自由裁量权，以及时、灵活地处理各种问题。此外，临时救助的救助标准不同于低保救助有一定的数量限制及金额标准，其根据救助对象的类型和困难程度的不同而有所不同，针对性更强，更灵活。

4. 补充性和过渡性

对于社会救助制度规定未覆盖的救助对象来说，其所享受的临时救助待遇具有制度补充性。同时，临时救助的过渡性不仅仅表现在使基本生活恢复到正常水平的这段时期的过渡，而且更需要表现出在制度上的过渡，具体表现形式就是在制度衔接上做出适当的调整，实现制度转介。对于社会救助制度救助不足的救助对象来说，其所享受的临时救助待遇具有物质补充性。同时，临时救助的过渡性主要表现在使基本生活恢复到正常水平的这段时期的过渡，制度转介需求不明显，而其他救助转介服务需求较高。

二、南宁市临时救助制度与其他救助制度的衔接

（一）南宁市临时救助制度与最低生活保障制度的衔接

1. 南宁市最低生活保障制度简述

南宁市自 1993 年开始探索适合本土的居民基本生活保障制度。经过近两年的实践和总结，南宁市在 1995 年 9 月宣布建立城市居民最低生活保障制度，为保障居民基本生活发挥了重要作用。现今，南宁市已建立起城乡一体的居民最低生活保障制度，其中，享受农村居民最低生活保障待遇的家庭，采取按照其家庭困难程度分档按月发放的形式，享受城镇居民最低生活保障待遇的家庭，采取按照其家庭月收入情况按月补差发放的形式。

南宁市城乡居民最低生活保障制度在保障困难群众基本生活方面取得了巨大成效，但实际工作中也存在很多问题，其中最紧要、突出的问题就是如何将因病、残或其他突发事件使得刚性支出过大造成基本生活陷入困境的群体纳入低保得到保障。现行低保制度的准入条件仍以共同生活的家庭成员年人均纯收入为标准，只有在家庭成员或个人患有残疾或精神病等特殊情况下考虑刚性支出。所以，不仅是面临突发事件的低保对象，即使是一般个人和家庭在面临意外事件、疾病等情况时的基本生活也可能会暂时或一定时期内出现严重困难，而现行社会救助制度面临着在救助后仍出现严重困难或已有救助制度暂时未能

覆盖的问题。

2. 南宁市临时救助制度与最低生活保障制度衔接情况

对于低保对象，南宁市城乡居民最低生活保障制度明确规定，对获得最低生活保障后生活仍有困难的对象，可以同时申请其他社会救助。所以，低保对象本作为较为困难的弱势群体，其他专项救助制度对其都有倾斜性的规定，临时救助制度也明确规定因火灾、交通事故等意外事件，因突发重大疾病，因罹患二十一种慢性病之一及以上，因生活必需支出突然增加超出家庭承受能力的低保家庭陷入暂时困境时均可按一定标准享受临时救助待遇。所以，临时救助制度将救助对象范围扩大到了低保制度救助后因特殊原因生活仍有困难的弱势群体，使该群体救助工作有了制度上的衔接。

对于一般个人和家庭，当其遇到困难时，在只考虑其收入多少的情况下几乎没有明确的救助规定。鉴于此，南宁市临时救助制度在制度设计时首次将部分“支出型困难家庭”纳入临时救助范围。如在救助对象中增加了“因罹患门诊特殊慢性病等原因，家庭收入总和扣减医疗必需支出后，余额低于当地现行低保月标准达 6 个月以上的，导致基本生活暂时出现严重困难的低保和低收入家庭，以及因突发重大疾病或其他意外事故等原因需要入院治疗，自行负担的医疗必需支出达到当地上年度城镇居民人均可支配收入 2 倍以上（含 2 倍）的一般个人及家庭”。所以，临时救助制度将救助对象范围扩大到了部分刚性支出突然超过家庭承受能力的一般个人与家庭，弥补了“支出型困难家庭”救助制度的空白，缓解了低保制度的救助压力。

需要注意的是，临时救助制度的制度定位是为困难群众提供暂时或一段时期内的基本生活保障，是一项暂时的应急性和过渡性救助手段，故从长期来看，临时救助制度对支出型救助对象的保障可通过完善最低生活保障制度的救助范围和救助条件来解决，比如，考虑将最低生活保障制度的救助准入条件由只考虑收入改为综合考虑支出与收入的比值，从而将支出型救助对象纳入进来，履行好其兜底保障责任。但这并不意味着临时救助制度就失去了存在的价值，它比最低生活保障制度更具灵活性，更要发挥其应急性和过渡性的作用。

（二）南宁市临时救助制度与医疗救助制度的衔接

1. 南宁市医疗救助制度简述

广义范围的医疗救助内容包括城乡居民基本医疗保险、城乡居民大病保险、城乡医疗救助、重特大疾病医疗救助以及其他一些配套救助措施。南宁市城乡居民医疗救助制度具体实施情况：政府对城乡低保对象、特困人员和孤儿参加城乡居民基本医疗保险的个人自付费用进行全额资助，城乡困难群众门诊和住院产生的医疗费用首先由基本医疗保险，进行基本医疗补偿后，其年内个人负担合规费用达到大病保险起付线以上部分按照城乡居民大病保险规定分比例报销，对经城乡居民基本医疗保险、大病保险报销后的个人自付合规费用缴纳仍有困难的城乡居民进行城乡医疗救助，其中，门诊和住院合规费用按不同对象分别给予不同比例、不同最高限额的救助和临时医疗救助。最后，将城乡医疗救助后的个人自付合规费用缴纳仍有困难的城乡居民纳入重特大疾病医疗救助范围，并分别对特困供养人员、城乡低保对象、城乡低收入家庭按不同比例和最高限额进行救助。详细救助对象与标准如表6-4所示。

表6-4 南宁市医疗救助对象与标准①

救助对象类型	城乡居民基本医疗保险	城乡居民大病保险	城乡医疗救助			城乡重特大疾病医疗救助
			门诊费用	住院费用	临时医疗救助	
1. 特困人员、孤儿	政府对城乡低保对象、特困人员和孤儿参加城乡居民基本医疗保险的个人自付费用进行全额资助	政府为全部已参加基本医疗保险的群众向商业保险公司购买大病保险；城乡困难群众进行基本医疗补偿后年内个人负担合规费用达大病保险起付线以上部分按比例报销	治疗费的100%，当年最高限额500元	住院医疗费用的100%，当年最高限额30000元	享受医疗救助之后个人承担的医疗费用超过10000元以上的当年再给予一次性不超过5000元/人的医疗救助	应计入救助费用的100%，年累计救助最高限额10000元
2. 城乡低保对象中的重度残疾人			治疗费的60%，当年最高限额300元	住院医疗费用的95%，当年最高限额15000元	—	应计入救助费用的80%，年累计救助最高限额5000元

① 南宁市医疗救助政策整理而得。

续表

救助对象类型	城乡居民基本医疗保险	城乡居民大病保险	城乡医疗救助			城乡重特大疾病医疗救助
			门诊费用	住院费用	临时医疗救助	
3. 其他城乡低保对象	政府对城乡低保对象、特困人员和孤儿参加城乡居民基本医疗保险的个人自付费用进行全额资助	政府为全部已参加基本医疗保险的群众向商业保险公司购买大病保险；城乡困难群众进行基本医疗补偿后年内个人负担合规费用达大病保险起付线以上部分按比例报销	治疗费的60%，当年最高限额300元	住院医疗费用的90%，当年最高限额12000元	—	应计入救助费用的80%，年累计救助最高限额5000元
4. 城乡低收入家庭			治疗费的60%，当年最高限额300元	住院医疗费用的80%，当年最高限额10000元	—	应计入救助费用的70%，年累计救助最高限额3000元

2. 南宁市临时救助制度和医疗救助制度衔接情况

南宁市临时救助制度规定，在本市行政区域内因家庭成员突发重大疾病或罹患门诊特殊慢性病等原因造成生活暂时困难，在满足相应条件下可申请临时救助，并对门诊特殊慢性病种做了明确规定。其中，南宁市临时救助制度首次将一般个人及家庭因病造成医疗费用等刚性支出超过家庭收入承受能力的“支出型贫困”群体列入救助范围，体现了贫困测量方式和救助理念的转变，有利于临时救助兜底责任的实现。

南宁市医疗救助制度对解决好城乡低保家庭、特困对象和低收入家庭等困难群体的医疗救助问题有明确具体的规定，且救助水平较高，而对一般因病“支出型贫困”群体无详细规定，即只要家庭收入超过城乡低收入标准的一般家庭，不考虑其实际刚性支出，一般不能享受医疗救助待遇，除非经市级以上民政部门确认为其他困难群众。这样的医疗救助政策规定将一般因病“支出型贫困”群体排除在外，不能很好地保障收入虽高，但因刚性支出过大而造成实际生活困难的弱势群体。所以，临时救助制度对解决因病“支出型贫困”群体的基本生活困难起到了关键作用。

由于临时救助制度的制度定位是为困难群众提供基本生活保障，所以，不能依赖临时救助制度解决“因病致贫”问题。在实际工作中，社会救助经办人员会根据实际情况为一般因病“支出型贫困”群体提供转介服务，例如，转介为“其他困难群众”享受医疗救助，或者转介给慈善机构或其他社会公益组织以提供救助。需特别提出的是，因危难急需医疗救助的身份不明或无负担能力的救助对象属疾病应急救助范围，应按照医疗救助里的疾病应急救助制度的相关规定进行救助，并做好制度衔接。

（三）南宁市临时救助制度与其他救助制度的衔接

1. 南宁市临时救助制度与灾害救助制度的衔接情况

广义的灾害救助范围包括自然灾害、事故灾难、公共卫生、社会安全等突发公共事件，所以，与灾害救助制度相比，临时救助制度救助事项范围为“个人意外事件”。在实际救助工作中，需厘清二者关系，明确救助对象和范围，做好两项制度的衔接。因突发公共事件需要开展紧急转移安置和基本生活救助的，属灾害救助范围；因交通事故等突发事件导致基本生活暂时陷入困境的家庭或个人，属临时救助范围。

2. 南宁市临时救助制度与城市生活无着的流浪乞讨人员救助制度的衔接情况

南宁市临时救助制度规定，在本市行政区域内，无本市户籍与居住证、在南宁市辖区范围内生活无着的人员满足临时救助规定条件时也可申请临时救助，这主要包括了农民工等“人户分离”的群体。另外，若符合生活无着的流浪、乞讨人员救助条件的也可按照原有救助规定进行相应救助，临时救助制度实施后原则上可按照当事人个人意愿选择。但经与民政部门相关工作人员交谈后发现，在实际社会救助工作中，若为无居住证的非本地户籍救助对象，大部分会选择按原有规定进行救助，没有充分考虑救助对象个人意愿。

第四节 南宁市临时救助制度存在的问题与原因分析

一、南宁市临时救助制度理论层面存在的问题

（一）救助门槛高

南宁市临时救助制度对因病支出型救助对象享受临时救助待遇设置了起付线，只有达到起付线以上，才有资格申请临时救助待遇。从具体规定来看，南宁市临时救助制度起付线的划定偏高，未充分考虑到救助对象实际支付能力。根据《南宁市临时救助暂行办法》的政策说明，南宁市临时救助制度起付线的划定，一方面依据民政、人社部门分别统计的2014年经社会医疗保险报销、医疗救助后不同人群（特困供养对象、低保对象、低收入对象、一般个人对象）负担（含自费）医疗费用区间的分布情况分别设定；另一方面依据现行城市低保月标准和统计部门公布的上年度城镇居民人均可支配收入的倍数来确定，以较科学地体现随经济增长、收入提高，群众消费水平递增的趋势。以特困供养对象临时救助起付线确定为例，根据民政、人社部门公布的数据分布情况，98%的特困供养对象经社会医疗报销、医疗救助后个人负担医疗费用集中分布在2000元以下，考虑到特困供养人员是最需要政府救助的群体，并结合考虑财政资金支付能力，设定该人群临时救助的起付线为当地现行城市低保月标准4倍，约1600元。

这里需要注意的关键问题是，不同群体集中分布的医疗费用区间并不能代表或者说并不能完全代表该群体实际上具有支付能力，或许是因为治病必须支出集中在此区间，而实际生活已陷入困境，那么这时的准入条件就把一部分恰恰是最需要救助的对象排除在外，造成救助漏洞。而且，通过与其他群体横向比较来看，特困群体负担医疗费用区间峰值最低，一种原因可能是因为报销力度大，自费费用少，另一种原因可能是因为其自身条件有限，只能消费最低廉药品，造成峰值偏低。从救助水平来看，以特困供养对象为例，其自行负担的医疗必需支出达当地现行城市低保月标准4倍以上（含4倍）的才有资格申请等于现行城市低保月标准5倍的临时救助金。特困供养对象为最困难群体，现行给予的供养金救助也只能满足日常生活需要，生病住院时几乎无任何其他收入负担医疗支出，可能起付线以下也无力承担，这样也极易造成部分救助对象

为了满足临时救助条件而过度进行医疗消费的弊端。

例如，南宁市横县特困对象黎某，65岁，未婚，无子女，已丧失劳动能力，依靠每月300多元的特困人员救助金维持生活。2017年8月，患病住院，医疗费用按照基本医疗保险、大病保险和医疗救助等医疗保障制度规定支付后仍需自费1000余元，其他救助制度已均不适用，而按照作为兜底责任的临时救助制度规定，其因病支出费用没有达到享受临时救助待遇的起付线，故也不能享受临时救助待遇，而实际情况是其自费费用也无力承担。所以，临时救助制度对于最困难的群众没能切实发挥兜底保障作用。最后，横县民政局工作人员根据特困人员实际情况，坚持以人为本的救助理念，及时给予了救助。另外，南宁市东盟区董某，30岁，货车司机，育有一子，妻子在家照看孩子无工作，属一般收入家庭，于2017年年初诊断为尿毒症，经医疗保险报销后，仍需自付5万多元。按照临时救助规定，一般收入对象临时救助起伏线为其自行负担的医疗必需支出达当地上年度城镇居民人均可支配收入2倍及以上，即其自行负担的医疗必需支出需要达到南宁市2016年城镇居民人均可支配收入30728元的两倍，即6万多元以上才能申请临时救助待遇。所以，按照相关规定，董某不能申请临时救助，若想要申请，客观上需要提高个人自付费用，体现了临时救助制度规定的不合理。虽然董某住院后家庭无经济收入，可列为低保对象享受相关医疗救助待遇，但是低保的申请、受理和享受需要一段时间。所以，南宁市临时救助制度起付线规定不尽合理，未能尽可能的“应保尽保”。

（二）救助水平低

即使困难对象自行负担的医疗必需支出实际上满足了救助准入条件，可以实施救助，根据规定领取的临时救助金救助作用也极为有限。经实地走访，基层民政工作人员也多数反映新施行的临时救助暂行办法救助门槛高、水平低，不能很好地发挥临时救助制度应急性和过渡性的关键作用，从而达不到救助预期效果。为衡量临时救助待遇水平，需对最低生活保障标准进行测算，并考虑使用恩格尔系数法。恩格尔系数理论由德国著名统计学家厄恩斯特·恩格尔（Engel Ernst）在进行工人阶级不同阶层的家庭调查时提出，可简单用公式表示为

$$E=\frac{F}{T}\times 100\%$$

其中，E 为恩格尔系数，F 为食物支出总额，T 为家庭支出总额。一般认为，家庭的恩格尔系数，即 $E>59\%$ 时属于极度贫困型家庭，$50\%<E\leqslant 59\%$ 属于勉强型家庭，$40\%<E\leqslant 50\%$ 属于小康型家庭，$30\%<E\leqslant 40\%$ 属于富裕型家庭，

30%以下属于极富裕家庭。为避免救助对象陷入极度贫困，选择 $E=59\%$作为恩格尔系数的临界点确定最低生活保障标准。[①] 由于最低生活保障制度目标是保障受助者基本生活，满足其基本生活支出需要，故根据恩格尔系数法，可做如下推算

$$D_0=\frac{Y}{E_0}$$

其中，D_0 为最低生活保障标准（家庭人均基本生活支出），Y 为家庭人均食物支出，E_0 为恩格尔系数，其数值为 59%。[②] 根据 2017 年广西统计年鉴可知，2016 年南宁市城镇居民家庭人均食物支出为 5708 元，按照 $E_0=59\%$计算，则南宁市城镇居民最低生活保障标准的理论值为

$$D_1=\frac{Y_1}{E_0}=\frac{5708}{59\%}=9674\text{（元）}$$

2016 年南宁市城镇居民最低生活保障标准的理论值为 806 元/月。而实际上 2016 年南宁市城镇居民最低生活保障标准均值为 467 元/月，故与理论标准相比还有一定提高幅度。又城镇居民最低生活保障采取“补差”形式支付，所以南宁市城镇居民最低生活保障标准的理论值并未偏高，具有实际意义，能更好地保障城镇困难群众基本生活。

同理，2016 年南宁市农村居民家庭人均食物支出为 3243 元，按照 $E_0=59\%$ 计算，则南宁市农村居民最低生活保障标准的理论值为

$$D_2=\frac{Y_2}{E_0}=\frac{3243}{59\%}=5496\text{（元）}$$

2016 年南宁市农村居民最低生活保障标准的理论值为 458 元/月。而实际上 2016 年南宁市农村居民最低生活保障标准均值为 3440 元/年，即 286 元/月，故与理论标准相比还有一定提高幅度。又农村居民最低生活保障采取“分档”形式支付，即按照困难程度将农村最低生活保障对象分为 A、B、C 三档，并分别按照每人每月 160 元、125 元和 100 元的补助水平进行救助。所以南宁市农村居民最低生活保障标准的理论值并未偏高，具有实际意义，能更好地保障农村困难群众基本生活。

综上，南宁市最低生活保障标准总体偏低，使得与其挂钩的临时救助标准也偏低，从而达不到临时救助预期效果。

---

① 包学雄．瑶族地区农村社会福利研究［M］．北京：中国致公出版社，2012：243-244.

② 包学雄．瑶族地区农村社会福利研究［M］．北京：中国致公出版社，2012：243-244.

（三）内容规定模糊

南宁市临时救助制度内容规定模糊，降低了救助效率。一方面，南宁市临时救助制度对属于非本地户籍救助对象救助方式界定不清。《南宁市临时救助暂行办法》第二章第四条规定，在本市行政区域内，无本市户籍与居住证、在南宁市辖区范围内生活无着的人员在满足规定条件下也可申请临时救助，即临时救助对象在制度规定上打破了户籍限制。而同样是《南宁市临时救助暂行办法》第二章第十条规定，申请人为非本市户籍且无本市居住证的对象，根据生活无着人员救助管理办法救助。这两项规定内容有些出入，若申请人为非本市户籍且无本市居住证的对象，那么依据第二章第四条规定“也可申请临时救助”，而依据第二章第十条规定“根据生活无着人员救助管理办法救助”，相比较下，后者规定更明确，效力更大。在调查中发现，在实际工作中，对于可申请临时救助的非本市户籍且无本市居住证的对象，工作人员为了减少工作压力或出于地方保护思维惯性，也更倾向于按照救助管理办法救助。而与临时救助制度相比，救助管理办法应急性差，属被动发现救助，且有更多心理上的压力，救助效率和救助方式弱于临时救助。所以，临时救助制度对流动性人户分离群体的保障并未发挥作用。

另一方面，南宁市临时救助制度对临时救助情形规定不够细化。《南宁市临时救助暂行办法》第二章第四条第一项规定“遭遇其他特殊困难的家庭”在基本生活暂时出现严重困难时也可申请临时救助，这里没有细化救助对象类型，即对城乡低保、特困供养人员、低收入和一般个人及家庭没有区分，只规定根据实际情况进行认定，参照本办法第六条所列标准计发救助金，使工作人员在实际操作中难以衡量，存在有失公平的情况。此外，同样是“遭遇其他特殊困难的家庭”的弹性规定，易导致矛盾。

例如，南宁市青秀区杨某，女，56岁，与丈夫离异，育有一女由本人抚养，其女于2016年大学毕业，已参加工作，杨某本人无固定工作。2017年年初，杨某递交了以临时救助规定的“遭遇其他特殊困难”导致基本生活陷入困难为由的临时救助申请。工作人员在规定时间内进行了入户调查，调查结果显示，杨某之女工资不高，其家庭基本生活确实存在暂时性困难，但其致困原因是因常年打官司导致基本生活陷入困难，不属于临时救助规定的情形，所以不符合临时救助的救助条件，不能享受临时救助待遇。救助人员依法依规，对杨某及时做了书面答复。而后杨某对结果不满，仍以临时救助规定的“遭遇其他特殊困难”为由，申请复议，继续要求享受临时救助。法律意见认为，申请人申请事由系长期打官司导致支出增加，这种支出并非“突发性”，也不符合“紧迫性”，进而认定其不符合临时救助的救助条件，双方各执一词。而对此案件，存在两种观点：一种认为打官司是维权的正确手段，属正常支出，造成基本生活出现暂时困难时也可以申请临时救助；另一种认为打官司支出属主观为之，不符合临时救助制度的“突发性”“紧迫性”“临时性”特点，故不可以申请临时救助。所以，临时救助制度的弹性规定在一定程度上也增加了救助工作的难度。

（四）缺乏奖惩监督

第一，南宁市临时救助制度缺乏一定奖励措施。南宁市临时救助制度对如何奖励和鼓励社会公众参与主动发现“救急难”工作未做明确合理的规定。临时救助制度是“救急难”工作的主体制度，主动发现是“救急难”工作的机制保障，所以要充分发挥主动发现工作机制在临时救助制度中的核心作用，而主动发现工作机制需要大力借助全社会的力量，这不仅要靠提高救助责任意识，营造良好互助氛围下的自觉行动，也要靠一定激励措施的鼓励和引导，尤其是在制度前期实施阶段。第二，南宁市临时救助制度责任追究惩罚机制不完善。对于施助者，按照权责对等的原则，在赋予基层临时救助受理人员一定自由裁量权的同时，相应地要加强对其权力的监督，而南宁市临时救助制度只规定了一般惩罚措施，且未针对主观故意、客观偏差和改革创新等不同情形造成的工作失误和损失进行区分，分类处罚，故而对工作人员的行为不能形成强化和引导。对于受助者，部分申请者主观上存在侥幸心理，在申报个人收入和财产时，存在瞒报行为，比如，不如实申报其车子和房产、银行存款等情况，有些又因为外出务工，收入难以核实，增加了核查难度。又由于临时救助允许后置审批程序，所以更增加了后期收入核查出不符合救助对象条件的风险。而对一些不如实申报且难以核查而获得救助的对象，经过核实后，除了给予退回处理和批评教育外，缺乏有效的惩戒手段，这在一定程度上也使得一些人存在钻空子的心理。第三，南宁市临时救助制度监督机制作用有限。一方面，公众等外部监督主体责任缺失。由于临时救助制度是一项新的制度，公众原本熟知度不高，再加上缺乏有效的宣传和激励手段，更使外部监督机制流于形式。另一方面，内部监督主体责任规定流于形式。由于临时救助工作灵活性大，突发意外事件较多，很多情况下难以核定主体责任，所以内部监督主体责任规定流于形式。以上相关机制的缺位，使得临时救助工作缺乏激励性和强制性，削弱了制度效力。

二、南宁市临时救助制度实施层面存在的问题

（一）主观随意性强

由于立法层次较低，缺乏监督机制等，南宁市临时救助工作在实施过程中极易受各方主观因素影响，存在随意性。救助工作属于社会的再次分配，在调节社会收入分配格局，缩小贫富差距方面意义重大。所以，社会救助工作的开展与工作人员主观因素影响临时救助工作。因为新的临时救助制度建立不久，且针对的是不确定的风险困境，这就要求一线临时救助工作人员不仅要熟悉政策，更要用活、用好政策，而基层临时救助工作大多由民政助理负责，其往往身兼数职，不仅精力有限，而且专业性不强，所以一线救助人员的主观因素很大程度上影响了临时救助工作的实施效果。据实地走访调查了解，在实际救助工作中，工作人员经常会面临很多现有政策不适用，但实际生活确实很困难的群众来申请临时救助待遇，工作人员由于吃不透政策，往往耗时耗力。实际操作中出现两种相反的情况：一种是消极作为，即部分工作人员遇到规定中未详细列明的救助情形时，对政策吃不透，所以为了避免审计追责，宁愿不救，也不愿承担责任；另一种是错误作为，即部分工作人员利用临时救助工作的灵活性和自由裁量权，把它作为救助工作的“万金油”，甚至放宽救助条件。所以，临时救助制度中规定的其他特殊救助情形，以及对一线工作人员赋予的一定自由裁量权和“先行救助”程序，因在实际工作中难以把握和抉择，并没有切实发挥应有的作用。

（二）“救急难”工作不到位

临时救助制度是“救急难”工作的主体制度安排，“救急难”工作是临时救助制度的重要实现途径，所以落实好“救急难”工作机制可有力促进临时救助作用的实现。南宁市开展“救急难”试点工作以来，在制度、机制、人员、资金等方面都提供了保障，但具体工作的落实程度还有待提高。在制度保障方面，南宁市出台了《南宁市临时救助暂行办法》，为工作的实施提供了政策依据，但相关配套制度不完善，如临时救助专项资金使用办法、临时救助制度实施细则等文件未制定和出台。在机制保障方面，主动发现工作机制作用有限。以江南区为例，2017 年上半年，江南区共受理主动发现救助对象 57 户 191 人次，总体受理量较小。所以，南宁市主动发现机制尚不够完善，主动发现队伍不够壮大。目前，在没有专门的救助信息数据平台下，部门之间的合力尚未发挥到最大优势，更多的还是靠群众自行申请，或者单部门开展救助，救助效果

不够理想。此外，由于宣传手段不够多，新政策实施时间较短，群众对政策的熟知程度不高。所以，在“主动发现”实际工作中，仍有部分群众不知晓或不熟悉临时救助政策，造成一些符合临时救助条件的困难群众因为不了解临时救助政策而得不到或不能及时得到救助。加上民政基层力量薄弱，主动发现机制作用有限，使得临时救助制度保障能力打折扣。在人员保障方面，临时救助工作未安排专门人员负责管理，使原有工作人员存在徒增工作量，又没有补偿的厌烦心理，从而在思想和工作上对临时救助工作不重视，甚至存在偏见，影响了临时救助制度的实施效果。在资金保障方面，个别地区存在低保资金与临时救助资金混用的乱象。这些方面的保障工作落实不到位，极大地影响了“救急难”工作的良好开展，并进而影响临时救助制度保障作用的发挥。

（三）救助主体力量有限

首先，政府救助力量有限。南宁市辖区每个乡镇配一个民政助理，大乡镇可能配两个民政助理，全权负责当地社会救助、优抚安置、基层政权、民宗事务等三十余项民政工作，压力之大可想而知。而新的临时救助制度建立不久，且针对的是不确定的风险困境，不能将现实中可能遇到的所有情况明确纳入进来做出严格的制度规范，所以临时救助工作难度较大。通过调查了解，南宁市个别县区的救助工作同时面临“老人”思维固化和“新人”业务不熟的双重困境，初级、中级社工师证书持证者占极低比例。所以，救助工作人员专业性不强，队伍建设滞后，削弱了政府的救助力量。其次，社会组织救助力量有限。南宁市社会组织发育尚未成熟，只有少部分具有能力承接政府部门转介的服务。例如南宁市在寻求购买第三方机构开展救急难主动发现工作服务时，自发布公告至时间截止后，只有少数几家公司进行竞标，可选范围和能力有限，实施效果需进一步验证。最后，公众救助力量有限。一方面，公众对临时救助等救助政策把握不准，存在因不知是否符合政策，或不知道符合何种政策而丧失或放弃更好的救助机会。另一方面，公众救助理念落后，甚至对需救助对象态度冷漠，有时即使发现需救助对象也表现为事不关己，使主动发现工作机制在公众中失去效力。

（四）救助信息共享不畅

目前，南宁市的社会救助资源相对分散，包括由民政、教育、住建、人社、卫计等社会救助管理部门掌握的救助资源，由残联、妇联、工会、组织部、共青团等其他部门掌握的救助资源，以及由慈善机构、慈善基金会等社会组织掌握的救助资源。所以，南宁市的社会救助业务也分布在不同部门，如南宁市的城乡低保、特困人员供养、医疗救助和临时救助工作均由当地民政局社会救助科（股）和最低生活保障办公室负责，而其他专项救助则由各相关职能部门管理。这些救助资源本应形成巨大合力，有力保障困难群众基本生活，解决人民群众实际困难，但由于部门间沟通协调不畅，信息尚未有效共享，所以造成了资源浪费和救助漏洞同时存在的矛盾困境。基于临时救助制度的灵活性，完善落实主动发现机制，更需要推动各方力量参与，并建立一种资源统筹的机制，充分发挥其“救急难”的社会效应，而这些目标要求绝不是仅靠民政部门就能实现的。如家庭收入经济状况核查作为救助对象认定的必经程序，虽然可进行入户调查确认，但仍需要相关部门提供申请救助者各项财产信息，才能做出认定结论。目前，南宁市民政局已分别与公安部门、车辆管理部门达成协议，可申请查询救助对象的户籍信息和车辆信息；与个别银行达成协议，可申请查询救助对象账户信息；与住建部门尚未达成协议，有关信息尚不可查询。所以，已救助信息和申请救助所需信息衔接不畅，均为救助工作的准确性增加了一定难度。

三、南宁市临时救助制度存在问题的原因分析

南宁市临时救助制度存在问题的原因是多方面的，且需考虑整个社会救助体系，通过总结分析，按照救助理念、制度本身、组织机构和技术条件四个层面可归纳为以下四点。

（一）救助理念落后

落后的救助理念是南宁市临时救助制度存在问题的根本原因。在制度层面上体现为立法层次低、救助门槛高、救助水平低等，在实践层面上表现为救助工作落实不到位、救助信息难以共享等。我国传统的社会救助是一种剩余型的社会福利，是一种消极救助，没有充分意识到接受救助是救助对象的一项权利，以及如何更好地促进人的全面发展和社会的可持续发展。① 再者，临时救助工作作为民政社会救助工作的组成部分，面临着受行政长官救助工作理念影响的同样问题。民政工作一直以来都难以放在政府政务的中心位置来抓，使得部分当地政府以经济建设为中心的同时，没有统筹兼顾好共享发展成果的任务，造成经济水平和社会发展有了偏差。所以，在面临情况复杂多样、救助灵活多变的临时救助工作时，制度制定者在制定制度时没有赋予其较强的强制性，内容规定也具有偏向性，没有充分体现积极救助理念，制度实施者在实施救助时也往往采取被动的态度消极作为，临时救助工作落实不到位。

① 包学雄．瑶族地区农村社会福利研究［M］．北京：中国致公出版社，2012：242.

（二）制度衔接不顺

制度衔接不顺是南宁市临时救助制度存在问题的重要原因。一方面，南宁市临时救助制度与社会救助体系内其他救助制度衔接不畅使得临时救助内容规定模糊，降低临时救助效率。如临时救助制度与城市生活无着的流浪乞讨人员救助制度救助对象规定衔接不畅，使得部分特殊困难群体不能及时得到更好的救助；临时救助制度与医疗救助制度救助标准衔接不畅，使得救助出现断层；临时救助制度与最低生活保障制度衔接不畅，使得临时救助成了避免麻烦的“万金油”。另一方面，南宁市临时救助制度的灵活性与外部审计制度的严苛性衔接不畅易发生矛盾，使救助工作更加被动。由于临时救助制度本身具有较高的灵活性，且新的临时救助制度建立不久，内容和程序等还不够完善、合理，不能将所有情况明确纳入进来，又我国现阶段的社会救助工作更加复杂多样，也不可能将所有困难情况明确纳入进来。在实际救助工作中，经常会面临很多与现有政策不符，但实际生活确实很困难、确实需要得到救助的困难对象，部分工作人员为了减少麻烦，尤其是要通过审计关，宁愿不救，也不愿承担责任，同时缺乏内部监督机制，削弱了临时救助查漏兜底的作用。

（三）多头管理

救助部门和救助机构设置的不合理是造成救助资源分散、救助信息不畅、救助程序烦琐效率低等问题的关键原因。例如，南宁市民政部门负责医疗救助，人社部门负责医疗保险，部门间常需要进行信息交换；南宁市民政部门负责最低生活保障制度，其中艾滋病致贫群体、残疾人致贫群体等又有卫计委和残联负责，极易造成重复救助，形成“福利依赖”，削弱救助制度的公平性；民政部门负责家庭经济收入核算，住房管理部门对申请公租房对象要求开具家庭经济收入核算证明，而民政部门进行家庭经济收入核算时又需要住房管理部门公开被核算对象的房产等财产信息，救助程序繁杂，降低了救助工作效率。临时救助作为社会救助的组成部分，难免受组织弊端的影响，不利于制度转介和服务转介的实现。

（四）技术条件限制

技术条件限制是问题存在的客观原因。技术服务于人的活动。借助于现代技术，社会救助活动取得了更快更好的发展，同时救助活动也对技术提出了更高的要求，技术的限制在客观上又限制了救助活动的更好发展。南宁市地处我国中西部，信息化水平与东部省份仍有一定差距，所以在救助工作利用技术条件方面也处于落后地位。例如，由于目前计算机技术的限制，尚未完全形成社会救助数据大平台，救助信息尚未实现共享，救助资源未能充分利用，救助时效性和便携性有待提高；由于管理技术的限制，各救助主体的合作方式和救助模式有待完善，救助队伍建设也缺乏科学合理性，专业水平待提高等。所以，分析南宁市临时救助存在问题的原因时应着眼整个社会救助体系，考虑到技术等客观条件的限制。但可预期，随着各项技术条件的发展，有关问题将逐步得到解决。

第五节　完善临时救助制度的建议

一、完善临时救助制度理论层面的建议

（一）提高立法层次，坚持依法救助

所在城市应结合自身实际，在因地制宜的基础上保证临时救助制度的公平性和统一性，及时出台法律法规提高临时救助制度的立法层次，使临时救助机构及政府相关部门有法可依，为临时救助工作提供规范、准确、强有力的指导。首先，要量力而行。根据经济水平和技术条件合理确定标准与程序。其次，要注重整体。加强细化临时救助制度与其他救助制度的衔接，避免制度间的重叠、漏洞或冲突，维护社会救助制度的权威性。最后，要突出重点。强调临时救助制度的制度目标和特点，着重保障临时救助制度及时查漏兜底功能的发挥。这样，不仅可以加快临时救助制度建设进程，而且能让救助对象通过法律手段维护自身合法权利，更好地保障困难群众。

提高临时救助立法层次后，更要坚持依法执政，避免主观因素的影响。首先，行政长官要转变工作理念，依法行政。在以经济建设为中心的同时，统筹兼顾好共享发展成果的任务，使经济和社会得以同步发展。一方面，可通过贯彻民主集中制原则，完善决策、监督机制，以法律形式严格规范行政长官个人意志；再者提高社会效应类指标在政绩考核指标中的比重和分值，形成工作导向性。另一方面，要尽快解决个别地方民政部门没有独立账户的问题，使其正常的救助资金预算尽可能地摆脱当地政府的不利影响，保证专项资金及时足额到位。其次，工作人员应坚持依法救助，正视审计。救助工作人员应及时进行政策学习，更新陈旧知识，自觉提高业务水平和处理实际问题的能力，坚持依法救助，弱化或消除社会救助工作的灵活性与审计审查的严谨性产生的冲突。临时救助较高的灵活性更要求工作人员严格依法依规依程序进行救助，经得起

审计和群众的考验。也只有这样，救助人员才能用好自由裁量权和“先行救助”程序，解决不作为和乱作为的问题，充分发挥临时救助制度查漏兜底作用。

（二）逐步取消起付线，保证救助水平

一方面，建议逐步取消因病支出型贫困群体享受临时救助待遇的起付线。因病支出型贫困群体享受临时救助待遇的前提条件是经医疗保险报销、各种医疗救助和社会帮扶等分担之后需个人和家庭负担的费用仍超出经济承受能力，且部分救助规定也有起付线限制，故此时因病支出型贫困群体面临巨大经济压力，已无力承担医疗支出甚至是生活支出，否则不会进入申请临时救助程序，所以，申请享受临时救助待遇设置起付线规定不尽合理，因为它将起付线以下的部分困难群体挡在制度之外，没有切实起到兜底作用。另外，临时救助制度的待遇标准以最低生活保障标准为参考，水平有限。所以，与某些因病支出型贫困救助对象隐瞒、欺瞒申请临时救助待遇的道德风险危害相比，设置起付线造成的社会不利影响更大，且因病支出型贫困群体的道德风险行为更易通过严格的审核审批加以识别，进而得到控制，故建议取消起付线规定，同时可以预期取消起付线规定后更多的救助对象将被囊括进来，给财政造成一定压力，所以起付线的取消可采取渐进方式，逐渐降低直至取消。

另一方面，就临时救助待遇水平而言，对于一般性基本生活困难的，临时救助标准可与最低生活保障标准挂钩，保证救助水平；对于重大生活困难的，可考虑采取一事一议的方式适当提高救助额度，达到救助效果。所以，一般性基本生活困难群体的临时救助待遇水平与最低生活保障标准相关，要保证其救助水平，就要科学合理测定低保标准，前文利用恩格尔系数所计算出的理论值可作为参考；重大生活困难群体的临时救助待遇水平由其实际经济承受能力决定。但需要明确的是，临时救助制度的救助目标是保证困难群众的基本生活，帮助其渡过暂时难关，原则上施行一次性救助。所以，对于长期性支出型贫困家庭摆脱贫困的救助问题，需进行制度转介和服务转介。

（三）细化救助内容，完善制度衔接

细化救助内容，完善制度衔接，才能提高救助效率。

首先，明确非本地户籍救助对象的救助方式，引导救助工作人员合理救助非本地户籍救助对象。建议在《南宁市临时救助暂行办法》中明确规定，哪类非本地户籍救助对象需要进行临时救助，哪类非本地户籍救助对象需要进行生活无着人员救助。例如，可规定，申请人为非本市户籍且无本市居住证的处于流浪乞讨状态或存在流浪乞讨行为的救助对象，尤其是无法确定身份的流浪乞讨人员，根据生活无着人员救助管理办法救助，其他无本市户籍与居住证、在南宁市辖区范围内因突发事件使基本生活暂时出现困难的生活无着人员可申请临时救助。或者救助人员根据救助对象实际情况和其个人意愿选择救助方式。

其次，进一步细化临时救助情形的规定。临时救助工作中出现的未被制度覆盖的特殊情况，若属于临时救助范围，应及时纳入进来。但是细化临时救助情形有利有弊，一方面，可以使临时救助工作更加制度化，工作人员在救助时可以有章可循，按章办事，提高救助效率，也更容易通过纪委审计和向不符合临时救助条件的申请对象进行说明，避免因规定不明引发的救助矛盾和冲突；另一方面，临时救助工作制度化越强，就会越削弱临时救助的灵活性和自由裁量权，造成工作人员为了减少工作压力，逃避纪委审计，而固守政策，不知变通，不能从实际出发解决群众的实际困难。故细化临时救助情形需谨慎合理把握，经科学反复论证后，才能纳入进来，以使负面效应降到最小。

最后，在个人对象和家庭对象分类的基础上，根据困难情形，将救助对象分为急难型救助对象和支出型救助对象。针对急难型救助对象，应充分发挥临时救助制度“救急难”的作用，大力借助主动发现工作机制，贯彻落实“先行救助”程序，并根据实际困难程度实施救助。针对支出型救助对象，应强调利用临时救助制度的应急性、过渡性功能，尤其是因病支出型救助对象，在扣除医疗费用等生活必需支出后，若满足最低生活保障等其他救助制度救助条件，应及时纳入相应救助制度。针对所有原有救助对象，不管是急难型救助对象还是支出型救助对象，在各项救助之后基本生活仍面临困难的，应做好制度衔接和转介服务。

（四）健全奖惩监督机制，落实主体责任

第一，制定奖励激励措施。建议明确规定相应合理的奖励激励措施鼓励和引导社会公众参与“救急难”主动发现工作和临时救助监督工作，并细化奖励标准，同时对恶意骗取奖金等行为，也要进行相应处罚。第二，完善责任追究惩罚机制。对“救急难”综合试点工作开展情况进行绩效评估，科学设置评估指标体系，使基层临时救助受理人员自由裁量权在规范化轨道运行；加大工作督查，明确责任追究范围，开展责任追究，对主观故意、客观偏差和改革创新等不同情形造成的工作失误和损失要进行区分，分类处罚：对主观故意造成工作失误和损失的，严肃追究相关责任；对客观偏差或探索创新、先行先试造成工作失误和损失的，考虑从轻追责。第三，发挥监督机制作用。一方面，引导公众等外部监督主体责任落实。利用合理的奖励激励措施鼓励和引导社会公众参与“救急难”主动发现工作和临时救助监督工作，大力宣传临时救助制度，提高公众知晓率和熟知度，激发公众等外部监督责任主体参与临时救助各项工作的积极性，使外部监督机制发挥作用。另一方面，强化业务部门内部监督主体责任。临时救助机构要主动履行信息公开责任，加大监督惩戒力度，减少和避免没有严格按照文件规定的救助标准进行审批，救助金额存在随意性等问题。

二、完善临时救助制度实施层面的建议

（一）贯彻积极救助理念，提高责任意识

思想指导实践。只有转变落后的救助思想，贯彻积极救助的理念，才能保证各项救助工作正常有序有效开展。首先，救助实施主体要贯彻积极救助理念，在思想和行动上重视临时救助工作。一方面，加强临时救助资金保障。县级财政部门通过预拨资金支持等方式，在乡镇（街道）全面建立临时救助备用金制度。另一方面，强化落实主动发现工作机制。紧急程序体现了临时救助的高效便捷性，在国家利益与个人生命权衡上，更加重视个体生命的重要。所以，要增强社会救助工作责任感，让主动发现救助、及时救助成为自觉、常态的行为，达到救助目标，而不仅仅是为了完成工作任务，满足考核指标要求，更不能为了避免承担责任消极救助。其次，救助对象要贯彻积极救助理念，积极主动、依法依规申请救助。申请社会救助是国家赋予困难群众的一项基本权利，申请对象要树立正确的心态，积极寻求救助渡过难关，避免因承受较大的心理压力等原因而放弃救助，对生活造成不可逆的损失。所以，困难群众在积极申请救助的同时更要依法依规，这也要求困难群众要积极主动了解相关救助政策，更要求救助业务实施部门大力宣传救助政策，提高知晓率。最后，社会成员要落实积极救助理念，广泛参与救助工作。公众个人要落实积极救助理念，充分发挥邻里互助、社区帮助的及时、便捷优势，发现需救助对象后及时进行帮扶并视情况告知相关部门，提供救助申请帮助。社会组织要贯彻积极救助理念，整合社会零散救助资源，积极探索与政府部门进行救助合作的机制、内容和方法。例如，一是积极组织志愿服务活动。不仅为有条件、有意愿的志愿对象提供服务机会，而且满足困难群众的救助需求。二是建立有效的联络员机制。与政府部门沟通协商，争取开放相关医保、低保等必须查询的信息库，提高救助准确性、合理性。三是提高自身业务能力和专业素质。充分发挥自身在急难对象发现、快速响应、临时安置、对象接送、转介服务等方面的优势，以专业的社会工作服务承接临时救助转介需求。

（二）落实“救急难”工作，强化机制保障

“救急难”工作是落实好临时救助制度的重要途径，在总结自身和其他地区

“救急难”工作经验的基础上，建议着重从以下几个方面进一步贯彻落实好“救急难”工作，以充分发挥临时救助制度效能。一是根据实际需要制定出台配套制度措施。可借鉴其他地市做法，探索制定和实施临时救助专项资金使用办法、临时救助制度实施细则等文件，以规范资金使用，指导临时救助工作。二是强化主动发现工作机制。结合全市社区网格化管理，完善平台数据，使主动发现更精准，救助更及时；完善“一门受理、协同办理”机制，必要时可通过购买岗位服务的方式，解决人少事多的困境。当前购买第三方入户核查低保户等服务，对低保核查起到了重要的作用，后期可研究拓宽第三方服务的范畴，如增加和完善主动发现急难情况等服务，确保救助及时。三是落实人员保障。可以说社会救助制度体系中其他救助制度比临时救助制度的制度性更强，也更容易衡量和操作，所以临时救助工作的灵活性需要工作人员更加熟悉政策、业务能力更强。故建议选派业务能力强，综合素质高的工作人员专门负责临时救助工作，并争取在机构改革编制紧张的情况下解决编制问题。四是建立救助工作绩效评估体系。如建议在年度绩效考评工作中增加“救急难”工作实施情况指标，包括救助对象户次、救助资金使用率、制度和服务转介率等，以形成工作导向性，提高“救急难”工作实效，进而完善落实临时救助工作。

（三）增强救助力量，实现信息共享

各方救助主体均要增强救助力量。第一，加强一线施救者业务培训，增强民政救助主体力量。民政部门是各项社会救助工作的业务指导和具体实施单位，加强自身培训，提高业务水平是保证工作更好完成的基础。打铁还需自身硬，尤其是在当前基层民政力量薄弱，审计审查严谨性与救助工作灵活性易发生冲突的情况下，坚持依法行政，提高工作效率，更是统筹兼顾救助工作与通过审计的当务之急。所以，培训主管部门应结合各方实际，在保证其工作正常运行的前提下，加大培训经费投入，提高培训质量，保证培训效果。参陪人员更要树立正确的救助意识，增强救助工作的责任感和使命感，争取学有所获、学有所用。第二，依托困难群众基本生活保障协调机制，充分发挥部门协助力量。建立由政府负责人牵头，民政部门负责，其他有关部门和单位参加的救助工作协调机制，并通过政府购买服务、内部调剂、公开招聘等方式解决部分乡镇基层社会救助经办人员不足等问题。第三，继续探索政府购买服务方式、内容，大力发动社会互助力量。一方面，可利用政府购买服务进行临时救助制度宣传与急难事件的及时发现，加强政府部门与社会的联系，充分利用外部力量进行网格化管理，及时发现了解发生的急难事件，使符合条件的困难群众及时得到救助；另一方面，广泛动员社会组织参与临时救助工作，完善和落实支持社会

力量参与各项救助的政策措施，搭建社会力量参与临时救助的平台。

实现救助信息共享，一方面，政府内部各部门间要加快搭建信息交流平台，实现信息共享。首先，应切实发挥南宁市社会救助局际联席会议制度的沟通、协调作用，以服务好人民群众为一切工作的出发点和落脚点，弱化部门局部利益，尤其是在部门间政策出现冲突时要发挥领导者统筹全局的主观能动作用，协调各方，推进工作开展。这样才能整合利用好各类救助资源，提高救助水平和效率。其次，落实好县级社会救助部门协调机制，畅通部门间信息共享渠道。如相关部门可在保密协议的规定下依法申请、依法提供申请救助者部分财产信息，提高申请救助者家庭收入经济状况透明度，减少和杜绝虚报、瞒报行为。最后，依据信息共享平台，促进救助部门“一门受理、协同办理”平台建设。加强基层受理工作人员入户核对 APP 操作培训，重点讲授 APP 试点使用情况、操作流程、大数据网络与安全等内容知识，增强工作人员专业水平，保证经济收入核对效率。另一方面，政府与外部社会组织间要加快搭建信息共享平台，实现信息共享。建议政府部门视情况将自身掌握的救助信息对社会进行合理开放，实现社会救助信息系统与相关救助资源的有效衔接，解决重复救助和救助不足问题。其中，民政部门作为救助工作的主管部门，要发挥好牵头作用，全面掌握信息和救助资源情况，提出统筹救助方案。

（四）借助机构改革，着重精准发力

国家新一轮机构改革将一部分原来由民政部门管理的业务（或事务）划拨到其他部门管理，或单列出来由新建立的部门负责，对民政部门进行了“瘦身”，力度空前。改革后的民政部门不仅理顺了与其他部门间的职能和合作关系，解决了部门分割、政出多门、问责困难的难题，更有助于民政部门自身从过于繁重的工作中抽离出来，着力主要职能，实现精准发力，提高工作效率。而救助工作作为民政部门的传统和核心业务之一，也必将被赋予更高的重视，投入更多的资源，提供更有力的保障。此外，民政部门仍然负责和管理社会组织和慈善事业，而要做好救助工作，需要大力借助社会组织和慈善事业的优势和资源。所以，民政部门在工作中要注重将社会救助工作，尤其救助情况复杂多样、灵活性要求较高的临时救助工作与社会组织和慈善事业的发展有机结合起来，不仅要鼓励、支持、引导社会组织承接政府救助之后“转介”的个案，更要为社会组织的发展创造良好的条件，使其有能力承接各项临时救助转介需求。只有这样，政府和社会才能形成良性互动，形成救助合力，完成救助工作。

第七章

案例分析：从残疾儿童的成长教育看特殊教育的发展困境

第一节 案例正文

长期以来，残疾人的社会保障问题一直是社会关注的热点，尤其是教育保障。残疾人受教育权利的保障程度是衡量一国人权状况的重要指标。根据《中国教育监测与评价统计指标体系》规定的计算方法，依据教育部网站公布的2012—2016年教育事业发展统计公报数据和中国残疾人联合协会网站公布的年度数据，十九大以来，我国残疾儿童教育快速发展，义务教育入学率显著增长，义务教育普及水平提高，融合教育比重加大，特教教师队伍不断壮大。但是残疾儿童教育发展仍然存在一些不足。本案例通过回顾两名残疾儿童的成长教育经历，以期发现残疾儿童教育保障存在的问题，从而绘制出一幅残疾儿童成长教育过程中的典型画面。这个案例要从小满和星星（化名，下同）出生开始说起。

一、待盛开的色彩

“每种色彩，都应该盛开。别让阳光背后只剩下黑白，每一个人，都有权利期待，爱在手心，跟我来。这是最好的未来，我们用爱筑造美好现在，千万溪流汇聚成大海，每朵浪花一样澎湃。每个梦想，都值得灌溉，眼泪变成雨水，就能落下来，每个孩子，都应该被宠爱，他们是我们的未来。同一天空底下相关怀，这就是最好的未来……”在一次六一儿童节晚会中，伴随着这首歌，一位妈妈潸然泪下，泪流满面，就这样我认识了小满一家。当时小满还是个不满一岁的宝宝，爸爸是公务员，妈妈是教师。从爸爸口中了解到，小满患有唐氏综合征，了解残疾人康复中心针对0~6岁残疾儿童可以免费进行康复教育，特地过来咨询，沟通过程中，从小满父母的言谈内容中可以知道，他们已经做了很多“功课”，了解了很多关于残疾儿童康复教育的相关知识，并且对小满的言行引导有方，虽然小满并不懂也不能给出任何回应。最终，由于孩子太小，他们并未报名参加康复活动。

时隔一年多，小满已是一个跌跌撞撞可以自己走路的孩子，父母怀揣着不安的心最终送小满来进行康复教育，并发誓说如果女儿能够康复，愿用一辈子时间去做善事帮助更多孩子。通过初步综合评估，小满在粗大运动、精细运动、生活自理、认知、言语方面均发展非常迟滞。在康复救助制度的保障下，在老师和爸爸妈妈的帮助下，三年来小满各方面在残疾人康复中心都有了不小的进步，小满爸爸妈妈终于露出了欣慰的微笑。然而这久违的开心对于他们来说似乎是那么来之不易，只见他们满脸洋溢着激动，瞬间就沉浸到了惆怅中，因为小满的年龄马上到了康复救助的最大限龄。按照正常儿童的发展阶段，马上该进入小学了。可是小满的智力还远远达不到，无奈只能尽早做打算去找幼儿园。或许从小满出生开始她这一生就注定是坎坷的，父母工作之余找了很多大大小小公立私立幼儿园，却没有一家愿意接收，原因都是制度不允许，学校条件不允许，影响其他孩子，等等。

小满上不了幼儿园，对于双职工家庭来说，需要有人照顾小满，这成了重中之重。于是妈妈顶着经济压力毅然决然选择了辞职，全心照顾小满。而此时，爸爸也萌生了自己创建幼儿园的想法。建园谈何容易，在经济条件的限制下，选址首先成了最大难题，市中心太贵，便宜的地方又很偏远。一颗怀揣梦想饱满的心又一次跌入了低谷，陷入了困境。这次，他们彻底对小满上学之路绝望了，到底哪里才能接收呢？上不了学，小满又不能停止康复教育，一旦停止很快就会退步如从前。一次机缘巧合，爸爸看望小满爷爷突然间灵光一现，爷爷不就是木匠吗？于是他们开始了自己制作生产康复器械。家里就是小满的学校，地上摆满了各种康复器械，墙上贴满了各种图片，妈妈负责每天对小满进行言语认知教育，爸爸下班回来一起进行感统训练，并且将学习心得发给有同样需求的家庭。他们还四处学习，研究更具有实用性多功能的康复器械，无论多苦多累，一家人认认真真不辞劳苦地在为小满的教育努力拼搏着。同时，将研发成功的康复器械悄悄寄送至有需要的家庭，甚至远至国外。他们是折翼天使也是田螺姑娘，默默地走上了慈善之路，帮助着更多家庭更多孩子，而他们仅仅只是一个四口之家，却为了孩子的教育做出了这么多努力，小满也不孚众望，有了很大的进步。

正当小满爸爸全身心投入这份爱心事业中时，由于没有相关的安全生产经营资质，又涉及医疗康复器械，按照国务院颁布的《民办非企业单位登记管理暂行条例》，民办非企业单位登记需要经业务主管部门审查办理登记。而民政部颁发的《社会福利机构管理暂行办法》中第十二条第四款规定，社会福利机构的设置需要建设、消防、卫生防疫等有关部门的验收报告或审查意见书。就此，小满爸爸不得不停止为孩子提供帮助。

眼看着小满到了上小学的时候，由于该地区没有相应的特殊教育学校，只能去普通学校的随班就读班级，爸爸妈妈在多次走访和求助下依然无果，因为小满残疾程度较重，学校没有相应的配套康复设施和特教教师，以小满的水平会严重拖全班的后腿，并且对孩子们也是一种影响，“拒收”是他们唯一的答案。说到这里，小满妈妈流下了绝望的泪水。他们似乎清楚地看到了小满的未来，于是，决定两人自己教育孩子，同时为了将来小满有人照顾生了二宝，生活压力变得空前的巨大。但就是在这么难的时候，除了上班时间，两口子利用所有碎片时间，自己学习钢琴、吉他、唱歌、绘画、游泳、陶艺、舞蹈、乒乓球等，自己认认真真帮着孩子练习，并且将所有的课堂知识一点一点地教给小满。就这样，他们苦中作乐，没有学校接收，家里却更有爱了。我很清楚地记得一个春天，小满爸爸发来一张图文，旁边是小满开心地站在大树旁边，右边配文“愿做一棵树，站成永恒。没有悲欢的姿势，一半站在尘土里安详，一半在风里飞扬；一半洒落阴凉，一半沐浴阳光。非常沉默、非常骄傲。从不依靠，从不寻找”。看完心里阵阵酸楚，是他们自己的心境更是对小满将来的期望。那么试问，小满有这样有学识有思想的爸爸妈妈，那么其他孩子呢？他们又将怎么办？谁来管？

二、十七岁的“幼儿园”

无独有偶，17 年前，星星在所有人的期待中降落到了人世，星星生而俊俏，家人开心得不得了。可随着星星的长大，突然发现星星迟迟不会说话，“贵人语迟”成了家人唯一的心里安慰。到了幼儿园，星星不爱跟小朋友们玩耍，有时性格乖张，乱发脾气，打小朋友，家长多次反映孩子被打，老师多次找星星爸爸妈妈谈话，希望他们尽快带孩子去看看。作为父母，没有太多的文化，他们如何相信这么可爱的孩子会有什么病呢？在老师多次的劝说下，二人鼓起勇气到大大小小不同医院进行诊断，诊断结果都是星星是一名自闭症孩子，这个诊断犹如晴天霹雳降落在这个家庭。接下来的日子，以泪洗面，吵闹不停，日复一日。最终，他们决定离婚，孩子跟妈妈。

从此以后，妈妈靠着微薄的收入带着星星四处求医康复，长期在外奔波，高昂的开销终于把妈妈压垮了，扛不住了，好在孩子的脾气等不良习惯略有好转。于是决定带着孩子回家试图再次申请入学。同上面小满求学的结果一样，四处碰壁，没有特教学校，没有随班就读班级接收，求学无门。孩子在家中老人照看不了，无人照看便带着去上班，但却严重影响了自己和同事的工作。怎么办，到底该怎么办，星星妈妈整晚整晚的彻夜无眠。最后，她决定辞职，回家专心带孩子。

没有了收入，节衣缩食，靠家人接济和爸爸那边有限的生活补贴，开始没日没夜地学习如何康复教育自闭症儿童，开始了对孩子的“坏脾气”抗争。一眨眼就是五年过去了，挣扎过、绝望过、哭泣过、重燃过也开心过，无论怎样都依然硬着头皮咬着牙关继续前行。或许真的梅花香自苦寒来，刻骨铭心才能历久弥新，在孩子成长的同时，妈妈也成长成了一名专业的康复教育老师。尽管孩子进步了，可是孩子面临的问题依然是上不了学，孩子需要跟别的小伙伴在一起，需要学习技能，需要融入社会，结果却永远是求学无门。

社会政府不能给予帮助和机会，于是，星星妈妈开始申请筹办特殊教育机构，为有需要的孩子们提供更有利的学习环境，历经重重困难，终于被政府认可为正规机构了。这里的孩子年龄层次从 7 岁到 18 岁大小不一，残疾程度和认知水平也各不相同，课程该怎么上呢，每个人的层次都不一样，需求都不一样。初衷是美好的，现实遇到的问题总是很棘手，在收费低前提下如何能够更好地满足孩子们的需求？面对这样的问题，星星妈妈心有余而力不足，她请不到高水平的教师，买不到好的设备。加之邻里之间的投诉，严重影响周边民众的生活。星星妈妈多次求助之后，至今仍未得到相关正面的帮助。如今星星 17 岁了，这里的孩子们似乎都瞬间长大了懂事了，而在外人看来却依旧称这里为“幼儿园”。周边没有人接纳他们，没有人给他们应有的受教育权利，没有人给他们学习职业技能的机会，没有人给他们就业平台，更没有人把他们看作大人。他们就这样在这个为了不扰到别人而砌得高高的围墙里看着天空一天天慢慢长大，却不能成为社会人。

三、“全覆盖、零拒收”仍然在路上

小满和星星有同样的遭遇但也同样是幸运的，有这样努力的家人。但绝大多数特殊儿童家长仍然没有这种意识，多数选择将孩子滞留家中，需要政府帮助，却又不向政府提出要求。

国务院第 161 次常务会议修订通过的《残疾人教育条例》将于 2017 年 5 月 1 日施行。教育部、中国残联近日印发《关于做好残疾儿童少年义务教育招生入学工作的通知》（以下简称《通知》），从高度重视统筹安排、认真组织入学前登记、“一人一案”落实教育安置、加强条件保障、加大社会宣传力度等五方面做出部署，进一步保障适龄残疾儿童少年接受义务教育的权利。《通知》要求，各省（区、市）要高度重视，针对残疾儿童少年的类别和程度制定具体的实施办法，与义务教育招生入学整体工作进行统一部署和要求。以区县为单位，要设立残疾人教育专家委员会，建立残疾儿童少年信息交流和共享机制。要根据新生儿疾病筛查、学龄前儿童残疾筛查和残疾人统计等信息，对义务教育适龄残疾儿童少年进行入学前登记，全面掌握适龄残疾儿童少年的数量和残疾情况。要按照“全覆盖、零拒绝”的要求，根据残疾儿童的实际制订教育安置方案，逐一做好适龄残疾儿童少年的入学安置工作。

据了解该地区市区仅有一所盲聋学校，并没有特殊儿童学前教育、培智学校、残疾人职业教育学校，在各县区均在普通小学挂名有随班就读班级，却因影响成绩影响大局拒收特殊儿童。面对这么大这么强烈的学习需求，政府财政投入不足。国家保障残疾儿童接受合适的教育，是实现教育公平、提升综合国力、提高人权保障水平的重要途径，也是解决因残致贫及贫困代际传递的治本之策。而现在唯一能提供保障的只有残联为符合要求的0~6岁残疾儿童提供及时的康复救助，7岁之后呢，何去何从？“全覆盖、零拒绝”任重道远。

全生命周期教育是残疾儿童毕生的需要，接受教育是残疾人参与社会生活、获得就业机会的前提，也是完善自我、追求美好生活、回归主流社会的重要前提。这是两个幸运的孩子，得到家长的钟爱。对于其他一些不幸的孩子又将面临什么？究竟是什么原因造成了这样的局面？这例案例背后所反映的深层次问题值得我们深思。

第二节　案例分析正文

回想起整个访谈过程，内心五味杂陈，将这些不同层次阶段的残疾儿童糅合在一起，似乎让笔者看到了一个残疾儿童无助的一生。而这恰恰反映了当代残疾人的康复服务、受教育情况、就业与民生保障、残疾人创业等问题的现状。接受教育是残疾人参与社会生活、获得就业机会的前提，也是完善自我、追求美好生活的前提。残疾人受教育的保障程度体现一国的综合实力和人权保障水平。国家保障残疾儿童接受合适的教育，是实现教育公平、提升综合国力、提高人权保障水平的重要途径，也是解决因残致贫及贫困代际传递的治本之策。残疾人社会保障作为制度性措施，分为一般性社会保障制度与特殊性社会保障制度。其中，一般性社会保障制度包括社会救助、社会保险和社会福利。特殊性社会保障制度包括残疾人津贴、康复保障、特殊教育保障、就业保障和无障碍保障。可以说残疾人社会保障涵盖了残疾人基本生活的医疗卫生、康复、教育、就业、社会参与等多个方面。但我国残疾人学前、高中和高等教育阶段的发展整体相对滞后，残疾人高职教育和残疾人就业等社会保障体系还未成形，社会保障机制不够完善，致使残疾人义务教育发展不均衡、教育质量不高，非义务教育发展速度缓慢，就业成为难题。

一、残疾儿童教育保障现存问题及原因

（一）相关保障制度体系不健全

接受教育是残疾人参与社会生活、获得就业机会的前提，也是完善自我、追求美好生活的前提①。残疾人受教育的保障程度体现了一国的综合实力和人权保障水平。我国残疾人教育起步晚、发展缓，与发达国家相比差距明显。2017年，国家修改了《残疾人教育条例》（以下简称《条例》）。修订后的条例对残疾人学前教育、义务教育、职业教育、高等教育的保障制度予以规定，完善了随班就读、教师培养培训等制度。第二十七条提出了“残疾人职业教育应当大力发展中等职业教育，加快发展高等职业教育”。该提法着重强调中等职业技术教育的发展，对高等职业教育只是鼓励发展，并未出台具体措施。我国制定了《残疾人保障法》及其他一系列残疾人社会保障制度，但条款内容绝大多数都是以道德约束和理论层面为主，并未制定具体的法律来切实保护残疾人的合法权益。

（二）教育保障发展不平衡

即便已有发达城市已经初步实现我国相关政策，但由于欠发达城市与之差距及城乡差距较大，对残疾人教育就业保障几乎处于零发展状态，保障范围有限且力度不足致使供需极度不平衡。

义务教育阶段的发展水平不均衡，残疾人受教育权利的保障水平不高，受教育普及水平偏低，特殊教育专业人才匮乏，教育保障水平低，康复、教育等基本公共服务不能满足残疾人的需求。政府部门对特殊教育认识不到位，认为残疾人教育工作仅仅是救助工作，是慈善事业，一些工作人员的法制观念不强，制约了残疾人教育事业的发展。

非义务教育阶段残疾人要实现高层次、更宽程度的发展，必须在义务教育之后，继续接受更高层次的教育。残疾人继续接受高中教育和高等教育，是对

① 刘璞．我国残疾人义务教育阶段的发展进程．中国人权事业发展报告（2018）［M］．北京：社会科学文献出版社，2018：8.

其社会能力、劳动就业能力的提升，能够真正实现学校教育与劳动就业的转衔。但是我国残疾人非义务教育入学率极低，残疾人的非义务教育发展相对滞后。

（三）师资力量较薄弱

残疾人接受教育是全生命周期的，其接受教育的场所不仅包括普通学校、特殊教育学校、特殊教育机构，还包括医院或家庭。教师数量的多少和素质的高低决定着教育的质量。我国特殊教育长期存在教师数量不足，专业文化程度不高的问题。特殊教育学校接受过特教专业培训的专任教师数，是教育条件保障类和教育质量类的指标，可以反映特殊教育教师的专业化程度。该地区甚至全国绝大多数地区的特殊教育教师资源短缺，且特殊教育学校形式较少。目前，只有盲聋学生入学率尚可，智障、自闭症、脑瘫等儿童很难得到教育机会。幼儿园无法接收，针对中重度的残疾人没有相应的学校接收，轻度残疾人在设有随班就读的有些普通学校就读，而这些学校虽然建立了特殊教育资源教室，硬件设备很齐全，但是缺乏专业人员，很多教学仪器、设备被闲置，且教师迫于学习成绩排名，往往会忽略残疾人的教育。教育监督体系缺乏实时监测和动态管理，未能及时分析和解决教育过程中所出现的问题，导致一些随班就读学生出现回流现象。针对有学习能力的残疾人没有相应的中高等教育机构、职业机构接收，直接导致大多数残疾人留守家中，受教育权利得不到应有的保障。

（四）部分家长认识不足

家长是对特殊人关注度最高和最熟悉的群体，家长的教育需求不等于残疾人的需求，不是特殊儿童需求的全部表达，但却是重要参照点，在某种意义上，家长是残疾人的“代言人”，家长视角的需求与残疾人的教育需求最切合，家长是学生需要发生的给定者和创造者之一，制造出学生的教育需求①。但现实生活中很多家长对残疾人持有一种偏见，甚至持否定态度。一方面，普通家长认为随班就读的残疾人会对普通儿童的学习质量和人际交往造成不利影响，这直接影响了二者之间的双向互动。对残疾人家长而言，他们对融合教育的认识不够全面和深入，既担心影响到其他孩子学习，也害怕自己孩子消极对待，这就使得家长无法积极地、及时地与学校沟通交流，从而无法进行有效的配合。另一方面，迫于升学压力，教师没有足够的精力和时间给予他们持续的支持和教导，普通学生易受到外界关于残疾人看法的影响，对残疾儿童有一种消极印象，从而在交往过程中，对残疾人产生排斥和否定。老师的忽略，同伴的排斥，再加

① 张旸．事实与可能：学生需要与成人的教育需要之关系［J］．陕西师范大学学报（哲学社会科学版），2011（2）：170-176.

上自身的怀疑，无疑会使残疾儿童的情绪和行为更加严重，最终使得残疾儿童重新回到更多限制的环境中去，无法使残疾人回归主流社会。

二、政策建议

残疾人的全生命周期教育，其宗旨是促进残疾人回归主流社会，即社会融入。所谓社会融入，是指社会弱势群体成员通过主动参与社会交流、主动同他人展开持续性积极互动，最终能够平等地参与社会行为的过程。社会融入的社会性、能动性、持续性、反思性和交互性都要求政府、社会群体和家庭协同努力。

（一）政府支持

社会保障实现的条件是相应的社会立法，其最终责任主体是政府。一个国家的社会保障制度是否发挥了应有的作用，是否得到了国民的全力拥护，关键看政府在这一制度行为中是否负起了应有的责任。因此，要使残疾人的受教育、就业权利得到保障。一方面，国家有责任建立较为完善的残疾人社会保障制度，加大政府的财政投入，为改善残疾人基本环境提供更为扎实的经济支撑。另一方面，国家与各级政府应倡导关注残疾人问题的社会氛围，与人民群众一起共同树立尊重、关爱残疾人的健康理念。

各级政府应充分了解农村残疾人的弱势与需求，并在社会保障制度与政策上给予适当优待。在制定农村残疾人社会保障制度时，优先考虑到贫困农村残疾人群众的基本生活需求，因地制宜，实现精准保障。此外在残疾人基本生活保障的基础上，结合社会需求与残疾人自身特点，定期组织残疾人职业技能培训，并联系相关企业，从根本上提升残疾人的职业技能水平。

政府应在师范类高等院校增开特殊教育专业，引进特教师资，提升教学质量、教师专业素养，掌握处理残疾人相关事件的技巧和方法，不断改进教育计划和课程设置，增加教育安置方式，保证残疾人接受义务教育的同时积极发展残疾人非义务教育，扩大教育规模，统筹残疾人高等教育资源的布局，支持高校增设适合残疾人学习的相关专业，增加招生量，提高录取率。

将制度转化为特殊教育制度的基本原则和具体程序。加强特殊教育专项督导和评估，建立督导检查问责机制、评估监测指标体系、评估机制，将特殊教育督导结果作为教育均衡发展的一项指标。完善重度和多重残疾学生的教育保障制度，落实并完善送教上门制度巩固义务教育残疾儿童的入学率，对特殊教育教学工作开展巡回指导、绩效评估、咨询等工作。支持普通幼儿园接收残疾人的制度，在有条件的地区设置特殊幼儿园。政府应做到政策执行到位、资金专项利用，整合资源，加强多渠道联合，建立以学校为本位的服务支持系统，做到“全覆盖，零拒绝”，普及义务教育，并积极发展非义务教育，扩大教育规模，为残疾人提供应有的教育场所。

残疾人高职教育社会保障的主体是政府，政府还需要加大投入力度、加强顶层设计、政策引领，积极进行宣传和动员，制定政策保障残疾高职毕业生就业。残疾人毕业生的就业是一个大问题，也是制约残疾人高职教育发展的瓶颈。尽管政府出台了《残疾人就业条例》，规定了用人单位安排残疾人就业的最低比例，并要求未达到比例的用人单位缴纳残疾人就业保障金，但很多单位宁愿缴纳保障金也不接收残疾人就业。因此，相关部门应为残疾人设立免费的就业指导服务中心，提高残疾人的职业生涯规划能力和岗位职业能力。政府可给予接纳残疾人就业的单位一些优惠政策，做到有奖有罚，以此带动残疾人就业。同时，保障残疾人在单位享有与正常人同等的晋升和获得劳动报酬的权利。当这些权利受到侵害时，残疾人可到相关职能部门进行投诉，以期获得权利保障。

（二）群体支持

关心残疾人是社会文明进步的重要标志。党的十九大报告指出，“发展残疾人事业，加强残疾康复服务”，为残疾人事业发展指明了方向。残疾人是一个数量众多、特性突出、最需要帮助的社会群体，残疾人群体问题日益成为政府高度关注的民生问题，而残疾人群体社会支持体系优化是解决残疾人群体问题最重要的方法举措。所谓社会支持，一般是指来自个人之外的各种支持的总称，它往往同弱势群体相伴而存在，是为弱势群体提供各种社会资源以及确保其能够摆脱困境、实现自我发展的总和。政府应通过各种引导教育和鼓励支持奖励性政策促进社会群体对残疾人的接纳和帮助。优化残疾人群体社会组织支持工作，发挥社会组织的精神抚慰功能，规范社会组织，改善对残疾人的歧视，能够公平对待，给予残疾人平等待遇。鼓励兴办福利企业，帮助残疾人集中就业，加强对福利企业的监管，保障残疾职工的合法权益，落实减免税、免收行政事业性收费等扶持政策，积极鼓励残疾人自谋职业。残疾人群体的社会支持工作是一项重要的持久的民生工程，应着力加强社会组织对残疾人群体的心理关怀、教育辅助和就业发展，促进残疾人的全生命周期教育得到保障。

（三）家庭支持

无论先天还是后天原因导致的残疾，对其家庭成员都是一种巨大的冲击，使他们感到无所适从或过分的悲伤。这种心理状态又会反过来对残疾人形成巨大的压力和消极的影响。如何对残疾人家长进行有针对性的指导，使其较快地适应自己孩子遭受不幸的实际是我们应当注意研究的一个重大现实问题。因此，在政府提供教育、就业机会的前提下，一方面，应注重家庭引导，使家长能科学正确对待残疾人发展的各种阶段，增强自身与孩子的自信心，正确引导，同时积极配合学校的教育方案。与家长之间加强联系与沟通，相互启发、相互借鉴，建立提供相互支援的机制。另一方面，家长应增强维权意识，保护孩子享受受教育和社会福利的权利，杜绝停留在非正式的社会物质帮助层面。正在求学路上的残疾人应该珍惜学习机会，努力提高自身的学业水平，为更多的残疾朋友做榜样、做表率，为社会和国家做出自己的贡献。只有树立科学的认知发展观，才能正面促进残疾人的健康发展。

“多一些关爱，少一点障碍”，教育是残疾人事业发展的永恒主题，就业是残疾人发展的永恒方向。提高特殊教育的社会认同，建立地方政府、高校、特教机构、社会组织与个体联动机制①，完善全生命周期可持续发展体系，因为“回归主流社会”并不仅仅是一种状态的改变，更是一种持续的发生过程，即残疾人教育并不是简单地改变环境或变化安置方式，更重要的是将教育理念贯彻到残疾人成长和发展的整个过程中去。残疾人之所以会出现大量留守家庭，很大层面上是因为残疾人在教育过程中缺少一个完整可持续发展体系，这个体系包含了从学前到高中，甚至是更高学历、职业教育在内的各个阶段。也就是说，残疾人的整个教育发展体系不完善、不持续，很容易导致残疾人在教育过程中的中断和发展方向不明确。

受教育权不仅是时代发展的产物，还是人类进步的结晶。特殊教育已经成为教育系统中的一个重要组成部分。特殊教育的发展是衡量残疾儿童是否拥有公平教育权利的标尺。教育活动中提供适宜的教育内容和教育方式也是教育公平的体现。教育公平不仅意味着每个人具有平等的受教育机会，也意味着每个人具有相等的机会接受符合其能力发展的教育。在平等的基础上以不同的方式对待不同的对象。而特殊教育的“因材施教”更多反映的是对待教育对象过程中帮助教育对象获得最大利益的切合性平等，这是一种高期望值的教育②。从该角度出发，根据残疾人个体身心特征及特殊教育需要，提供满足其特殊教育需要的教育，才能保证残疾人在全生命周期中享受教育公平。

---

① 李尚卫．我国义务特殊教育发展战略 40 年：回顾与展望［J］．当代教育论坛，2019（6）：1-14.

② 马益珍．论义务教育阶段学生受教育过程的公平问题［D］．上海：上海师范大学，2005：5-29.

参考文献

[1] Aljunied, M., Frederickson, N. Cognitive Indicators of Different Levels of Special Educational Support Needs in Autism [J]. *Research in Autism Spectrum Disorders*, 2011, 5 (1): 368-376.

[2] Deleire T. The Unintended Consequences of the Americans with Disabilities Act [J]. *Regulation*, Vol. 23, 2003: 1811-1834.

[3] Dorothy Kerzner Lipsky, Alan Gartner. Inclusion, School Restructuring, and the Remaking of American Society [J]. *Harvard Educational Review*, 1996, 44 (4): 762-796.

[4] Kuznetsova Y., Yalcin B., Priestley M. Labour Market Integration and Equality for Disabled People: A Comparative Analysis of Nordic and Baltic Countries [J]. *Social Policy & Administration*, Vol. 51, 2017: 577-597.

[5] Milton Nektarios. "Deregulation, Insurance Supervision and Guaranty Funds" [J]. *The Geneva Papers on Risk and Insurance-Issues and Practice*, Vol. 7 (2010): 452-468.

[6] Paula Stamps Duston. Analyzing Form, Function, and Financing of the U. S. Health Care System [J]. *CRC Press*, 2016: 257.

[7] Pierre Charles Pradier. "The Evolution of Insurance Regulation in the EU Since 2005" [J]. *Financial Regulation in the EU*, Vol. 8 (2017): 199-251.

[8] Seeley A. "National Insurance Contributions: an Introduction" [J]. *House of Commons Library*, Vol. 3 (2014): 253-261.

[9] Stephen Claytonsup/sup, Ben Barrsup/sup, Lotta Nylensup/sup, Bo Burströmsup/sup, Karsten Thielensup/sup, Finn Diderichsensup/sup, Espen Dahlsup/sup and Margaret Whiteheadsup/sup. Effectiveness of Return-to-work Interventions for Disabled People: A Systematic Review of Government Initiatives Focused on Changing the Behaviour of Employers [J]. *European Journal of Public Health*, Vol. 22, 2012:

434-439.

[10] UNESCO. *Guidelines for Inclusion*：*Ensuring Access to Education for All* [M]. Paris：UNESCO，2005.

[11] UNESCO. The Salamanca Statement and Framework for Action on Special Education [R]. *Adapted by the World Conference Special Needs Education and Access and Quality*，*Salamanca*，*Spain*，*June*，1994.

[12] 艾靓，刘若亚，郭欣，等. 乡村残疾人家庭支持效果评价的影响因素研究 [J]. 黑龙江社会科学，2020（6）.

[13] 巴曙松，谭迎庆，丁波. 社会保险基金监管的现状、问题与建议 [J]. 当代经济科学，2007（5）.

[14] 白永亮. 共享经济下灵活就业法律制度重构 [J]. 江西社会科学，2017（10）.

[15] 鲍春雷. 发展新就业形态和灵活就业的政策建议 [N]. 中国经济时报，2020-09-21（004）.

[16] 包学雄. 残疾人社会保障与基金管理研究 [M]. 北京：中国致公出版社，2011.

[17] 包学雄. 中国残疾人社会福利研究——积极福利视角 [M]. 沈阳：辽宁人民出版社，2015.

[18] 柴瑞章. 非政府组织提供社会福利服务研究文献综述 [J]. 社会福利，2012（10）.

[19] 陈成文. 对贫困类型划分的再认识及其政策意义 [J]. 社会科学家，2017（6）.

[20] 郭林，张巍. 积极救助述评：20 世纪以来社会救助的理论内核与政策实践 [J]. 学术研究，2014（4）.

[21] 程凯. 我国残疾人社会保障和公共服务状况与发展对策 [J]. 红旗文稿，2010（9）.

[22] 陈鹏. 残疾人按比例就业制度实施效果的评估——以《残疾人保障法》修订为例的比较数据分析 [J]. 武汉理工大学学报（社会科学版），2018（5）.

[23] 单琳琳. 论社会保险基金运营中政府监管的作用 [J]. 辽宁行政学院学报，2018（2）.

[24] 丁建定，裴默涵. “第三条道路”社会福利思想主张的发展 [J]. 社会保障研究，2020（6）.

[25] 丁勇．全纳教育——当代教育发展的方向、内涵和启示［J］．外国教育研究，2007（8）．

[26] 段晓红．公众参与社会保险基金预算：法理、条件与路径［J］．中南民族大学学报（人文社会科学版），2015（3）．

[27] 邓猛．随班就读与融合教育——中西方特殊教育模式的比较［J］．华中师范大学学报，2007（4）．

[28] 邓朴方．人道主义的呼唤（第一辑）［M］．北京：华夏出版社，2006.

[29] 方仪，何侃，潘威．残疾人就业服务的发展现状、问题及对策［J］．现代特殊教育，2017（20）．

[30] 葛新斌，杨岩岩．"融合教育"与"全纳教育"意涵之辨析［J］．湖南师范大学教育科学学报，2016，15（4）：58-62.

[31] 葛忠明，杨彦．关于残疾人组织发展的思考［J］．残疾人研究，2013（4）．

[32] 关信平．关于全面建立临时救助制度应当注意的几个问题［J］．中国民政，2015（7）．

[33] 广西壮族自治区残疾人联合会．2020年度广西壮族自治区残疾人事业统计公报［EB/OL］．http：//www. gxdpf. org. cn/contents/618/33817. Html. 2021-04-26.

[34] 胡仕勇，周悦然．农村残疾人就业影响因素的实证研究［J］．安徽农业科学，2014（21）．

[35] 黄剑锋．我国残疾人就业研究的系统性文献综述：2007—2018年［J］．人口与社会，2019（5）．

[36] 焦若水，李国权．残疾人就业：互联网时代的机遇与挑战［J］．残疾人研究，2019（4）．

[37] 赖德胜，廖娟，刘伟．我国残疾人就业及其影响因素分析［J］．中国人民大学学报，2008（1）：10-15.

[38] 匡亚林，梁晓林，张帆．新业态灵活就业人员社会保障制度健全研究［J］．学习与实践，2021（1）：93-104.

[39] 厉才茂，冯善伟，杨亚亚，等．2019年全国残疾人家庭收入状况调查报告［J］．残疾人研究，2020（2）：75-81.

[40] 李亚青．政府购买服务模式下的大病保险有效监管研究［J］．中国卫生政策研究，2017（4）．

［41］李永忠．论我国政府与社会组织之间的互信合作关系及其构建［J］．湖南社会科学，2012（1）．

［42］李源．论残疾人的就业援助［J］．湖北社会科学，2009（2）．

［43］梁德友，周沛．中国特色残疾人事业发展的三个向度［J］．河南社会科学，2015（1）．

［44］梁宏志．中国灵活就业者社会保障问题研究［J］．云南师范大学学报（哲学社会科学版），2010（4）．

［45］梁土坤．时代变迁中的临时救助制度：实践效果与未来方向［J］．西北人口，2016，37（2）．

［46］廖慧卿，罗观翠．基于残障概念模式的残疾人就业政策目标评价［J］．华中科技大学学报（社会科学版），2012（2）．

［47］廖娟．残疾人就业政策效果评估——来自 CHIP 数据的经验证据［J］．人口与经济，2015（2）．

［48］林莉红，孔繁华．社会救助法研究［M］．北京：法律出版社，2008.

［49］刘根荣．共享经济：传统经济模式的颠覆者［J］．经济学家，2017（5）．

［50］刘琼莲．残疾人均等享有公共服务问题研究［M］．天津：天津人民出版社，2015.

［51］刘杰，李可可．彼得·汤森的相对贫困理论及其在英国的实践［J］．社会保障研究（北京），2016（1）．

［52］刘战旗，阳庆云，陈兵，等．智力残疾人支持性就业支持过程及影响因素研究——基于长沙市个案调查［J］．残疾人研究，2015（2）．

［53］明兰，伍蛟蛟，杨艳梅．少数民族地区残疾人生活质量提升策略研究——以威宁彝族回族苗族自治县为例［J］．贵州民族研究，2019（2）．

［54］苗红培．政府与社会组织关系重构——基于政府购买公共服务的分析［J］．广东社会科学，2015（3）．

［55］［美］尼尔·吉尔伯特（Neil Gilbert），［美］保罗·特雷尔（Paul Terrell）．社会福利政策导论［M］．黄晨熹，周烨，刘红，译．上海：华东理工大学出版社，2003.

［56］涂永前．应对灵活用工的劳动法制度重构［J］．中国法学，2018（5）．

［57］尚珂，梁土坤．我国按比例安排残疾人就业地区差异及影响因素分析［J］．华东经济管理，2013（2）．

[58] 宋乃庆，罗士琰，王晓杰．义务教育改革与发展 40 年的中国模式［J］．南京社会科学，2018（9）．

[59] 孙茂晓．社会保险基金的财政监管与审计监管探究［J］．中国国际财经（中英文），2017（13）．

[60] 唐果．宁波基本公共就业服务质量改善机制构建［J］．北京航空航天大学学报（社会科学版），2018（1）．

[61] 王豪．积极福利视角下的残疾人就业问题研究［J］．中州学刊，2016（8）．

[62] 王华丽，张倩，何佳儒．少数民族地区残疾人社会保障体系和服务体系建设满意度及影响因素分析——基于新疆维吾尔自治区的调查［J］．社会保障研究，2016（6）．

[63] 王立剑．共享经济平台个体经营者用工关系及社会保障实践困境研究［J］．社会保障评论，2021（3）：12-22.

[64] 王三秀，刘丹霞．农村残疾人就业能力构建与就业援助困境应对［J］．青海社会科学，2017（1）：115-122.

[65] 王晓峰，赵腾腾．互联网影响残疾人就业的作用机制研究［J］．人口学刊，2021（1）．

[66] 王岳．从骗取医保基金现象看医保管理观念的转变［J］．中国医疗保险，2008（2）．

[67] 王治坤，林闽钢．中国社会救助：制度运行与理论探索［M］．北京：人民出版社，2015.

[68] 吴传琦，尹振宇，张志强．非正规就业劳动者就业满意度的性别差异［J］．首都经济贸易大学学报，2021（4）．

[69] 习近平．习近平谈治国理政（第 1 卷）［M］．北京：外文出版社，2018.

[70] 习近平．习近平总书记重要讲话文章选编［M］．北京：中央文献出版社、党建读物出版社，2016.

[71] 向悦．新型助残社会组织孵化的路径探讨——以武汉市武昌区为例［J］．残疾人研究，2015（2）．

[72] 谢勇才，丁建定．从生存型救助到发展型救助：我国社会救助制度的发展困境与完善路径［J］．中国软科学，2015（11）．

[73] 许琳，张晖．从西部残疾人就业现状透视政府在弱势群体扶助中的责任［J］．河南师范大学学报（哲学社会科学版），2007（6）．

［74］许琳，张艳妮．我国残疾人社会保障的现状与问题研究［J］．西北大学学报（哲学社会科学版），2007（6）．

［75］徐倩．我国残疾人就业服务现状、困境与优化［J］．残疾人研究，2015（3）．

［76］徐星月．残疾人就业影响因素研究文献综述［J］．社会保障研究，2016（6）．

［77］杨燕绥．社会保险基金风险管理研究［J］．广西大学学报（哲学社会科学版），2010（4）．

［78］杨燕绥．以法制化智能化抵制权力寻租［J］．中国医疗保险，2018（5）．

［79］［日］俞炳匡．医疗改革的经济学［M］．赵银华，译，北京：中信出版社，2008.

［80］俞可平．治理理论与中国行政改革——作为一种新政治分析框架的治理和善治理论［J］．新视野，2001（5）．

［81］于松海．美国《障碍者教育法》的演进及其特殊教育理念［J］．辽宁师范大学学报（社会科学版），2008（4）．

［82］袁丹，朱传耿，陈寒昱．中国按比例安排残疾人就业的动力机制与空间分布［J］．地理学报，2021（2）．

［83］张成刚．问题与对策：我国新就业形态发展中的公共政策研究［J］．中国人力资源开发，2019（2）．

［84］张奇林，刘二鹏，刘轶锋．残疾人就业保障金制度的评价与优化［J］．江淮论坛，2018（2）．

［85］张秀艳，潘云．贫困理论与反贫困政策研究进展［J］．经济问题，2017（3）．

［86］张小燕，管越，李森．户籍制度背景下我国残疾人就业影响因素分析［J］．人口与发展，2020（2）．

［87］张艳霞．西部农村残疾人的民生保障与公共服务——基于贵州省黔西南自治州的调查［J］．中国农业大学学报（社会科学版），2016（3）：83-92.

［88］郑秉文．社会保险基金违规的制度分析与改革思路［J］．中国人口科学，2004（4）．

［89］赵萌萌，吕学静．中美日残疾人就业保障比较研究［J］．社会福利（理论版），2012（10）．

［90］珍妮特·V. 登哈特，罗伯特·B. 登哈特．新公共服务：服务，而不

是掌舵［M］．丁煌，译，北京：中国人民大学出版社，2010.

［91］周丹，王雁，胡玉君．二十一世纪以来国际融合教育教师研究热点——基于科学知识图谱的可视化分析［J］．中国特殊教育，2017（12）．

［92］周进萍．新时代残疾人就业服务精准供给的路径研究［J］．残疾人研究，2019（3）．

［93］周云，荣茹静．我国残疾人就业保障策略研究——基于人力资源开发视角［J］．中国人力资源开发，2015（7）．

［94］朱照莉，周蕾．江苏省多元化社会救助体系设计和成本预测研究——基于收入型贫困和支出型贫困结合的角度［J］．南京中医药大学学报（社会科学版），2017（2）．

［95］钟仁耀．社会救助改革中应进行适当的理念转向［N］．中国社会报，2016-01-07（003）．

［96］卓志强，张东霞，谢颖，刘念，张美玲，靳皓晨．社会质量视角下社会工作介入临时救助策略分析——以广州市D街道为例［J］．中国社会工作，2017（1）．

后记

我自1992年起跨入社会保障研究领域，至今已有30年。这些年来，社会保障已从一门乏人问津的学科成长为一门热门学科。除2002年获得国家社科基金课题《民族地区残疾人社会保障问题研究》立项外，我近年来又获得了一些课题立项，其研究方向大多属于残疾人社会保障和社会保障基金管理。《残疾人保障与社保基金管理：理论、实践与案例》一书，是在多年研究成果的基础上，经过多次修改完成的，其目的是进一步推动社会保障学科建设，繁荣发展哲学社会科学。除本人外，周源、聂桢海、莫小慧、欧红芳、魏朝永、肖静等几位公共管理硕士分别参加了第一章到第六章的写作，张媛等MPA硕士参加了案例的写作。初稿完成后，课题组成员到河南省、广西壮族自治区南宁市、防城港市和河池市等地进行了补充调研。全书由本人负责修改、统稿。

本书的出版得到了光明日报社高级记者刘昆同志、中共防城港市委政研室（改革办）副主任盘明德同志、中共防城港市委办王晖同志、广西民族大学曲用心教授和唐贤秋教授等人的大力支持。在此，谨表示衷心的感谢！本研究得到了本人主持的横向科研项目“新时代无障碍建设与电力建设企业的社会责任研究”（编号：DYWGX202201）和“广西残疾人社会保障与基本公共服务现状调查与研究：积极福利视角”（编号：GXCL2015Z01）及广西民族大学“2022年学科学位点建设项目——广西一流学科校级培育（政治学）”经费的资助。特此致谢！

由于时间及水平所限，书中难免存在错误和遗漏之处，敬请各界读者指正。

包学雄

2022年10月30日